学校管理職試験
採点者の心をつかむ！
合格論文の全技術

学校管理職試験研究会会長
久保田正己

学陽書房

はじめに

学校管理職試験で合格論文を書くためには、必須の「技術」があります。

この技術を身に付けることができれば、どんな問題が出ても自分の力で合格論文を書き上げることができるようになります。

本書は受験者の先生方に、この「技術」のすべてを伝えるとともに、実際に「これだけ書ければ合格」といえる模範論文を多数掲載し、めざすべき「ゴール」を示します。

・管理職試験の受験を決意したが、何から始めたらよいかわからない
・たくさんの模範論文を読んできたが、未だに書き方がわからない
・どんな問題でもきちんと書き上げるにはどうしたらよいのかわからない

こんな悩みを持つ方は、ぜひ本書で学び、試験に備えてください。

本書は、大きく分けて２編で構成しています。

第１編は、「合格論文を書く技術」です。

第１章「評価される大論文の書き方」では、大論文（本書では、1,200 ～ 2,000字で書く論文を「大論文」と呼んでいます）の書き方について、基礎・基本から、応用、注意すべきポイントまでを解説します。大論文は、現在学校教育が抱えているさまざまな課題について、校長や教頭などの管理職として行う方策について書くものです。したがって、思いついたまま書く随想や随筆と違って、合格するための書き方があります。

まず、設問で掲げられた課題をどのように捉えるのか、そして、序論の書き方、本論の中での柱の立て方、論・例・策の書き方、結論の書き方などについてまとめました。さらに、時系列に沿った書き方、多角的な視点で考察するコツなどを解説しています。

第２章「差がつく小論文の書き方」では、大論文とはまた異なる小論文を書くための工夫を解説しています。800 字程度の小論文は、字数が少ない分、きわめて短い時間しか与えられません。したがって、小論文特有の書き方を知っていることが、合格するためには必要です。

第３章「ダメ論文の添削改善例」では、このような論文では絶対に合格しないだろう、という典型例を９つ例示しています。そのうえで、どのように

改善すれば合格論文にできるかを示しました。この添削改善例を参考に、ぜひ自分の書いている論文と比較して、論文の書き方を工夫してみてください。

第４章「提出論文の書き方」では、東京都などで行われている管理職試験の事前提出の論文の書き方を示しました。

第２編は、「模範論文」です。

第５章「最新教育課題の模範解答例」では、1,500 字と 1,200 字の論文を、学校論・教師論・子ども論・教育論の４つのテーマごとに、計 12 本掲載しました。

第６章「校長論文の模範解答例」、第７章「教頭論文の模範解答例」、第８章の「事例問題の模範解答例」では、頻出・重要課題を精選し、48 本を掲載しました。

第９章「小論文の模範解答例」では、17 本の論文例を 800 字で掲載しました。

論文には、「不易」と「流行」の問題があります。この論文例で示したように、学校・教師・子ども・教育それぞれのテーマで、さまざまな課題があります。本書は、その中でもアップトゥデートな課題を選んで書いてありますので、ぜひ参考にしてください。

なお、本書は『学校管理職試験　合格論文の技術』（初版・2014 年刊、第１次改訂版・2017 年刊）のタイトルを変更し、改訂したものです。

「個別最適な学びと協働的な学び」「チームとしての学校」「特別の教科道徳」をはじめとする、学校教育をめぐる近年の動きをフォローするとともに、テーマ・字数を問わず、採点者の心をつかむ合格論文の書き方を詳解するという本書の最大の特長をタイトルに示すべく、この改訂を機に改題することとしました。

本書が受験される先生方のお役に立ち、試験に合格されることを心よりお祈り申し上げます。

2022 年３月

学校管理職試験研究会会長
久保田 正己

第1編 合格論文を書く技術

第1章 評価される大論文の書き方

第2章 差がつく小論文の書き方

第2編 模範論文

第5章 最新教育課題の模範解答例

第6章　校長論文の模範解答例

第7章 教頭論文の模範解答例

第8章　事例問題の模範解答例

第9章 小論文の模範解答例

第1編

合格論文を書く技術

第1章

評価される
大論文の書き方

❶ 学校課題への最善な解決策を記述する

CHECK!

◎管理職としての能力と識見を論文で示す
◎日常の真剣な教育実践で、解決策を獲得できる

◆管理職試験では「論文・論作文」が出題

校長がつかさどり、副校長が助け、教頭が整理する校務は、次の「８管理２連携」があります。

①学校教育の管理、②所属職員の管理、③児童・生徒の管理、④施設・設備の管理、⑤学校保健の管理、⑥学校予算の管理、⑦諸文書の管理、⑧情報等の管理、⑨保護者・地域社会との連携、⑩教育委員会・行政との連携です。

これらの校務を適正に進めるための能力と識見が管理職には求められます。教職員の働き方改革、いじめによる自殺や体罰などの問題、学力や体力の向上などの問題、保護者からの苦情など、管理職として真摯に対応し、解決しなければならない学校課題も数多く存在します。そこで、広い視野と豊かな経験を持って教育上の諸課題を把握し、その解決を図る能力や識見、具体的な方策を持っているかどうかが管理職には必要です。また、教育実践に日々誠実に取り組み、現任校の教育改善に努めることから対応力の向上を図ることもできます。こうしたことは必ず論文内容に現れます。したがって、「論文や論作文」を記述させることは、管理職として最善の対応ができるかどうかを見定めるのに最適なのです。

学校課題への対応や解決策をしっかり記述することができれば、管理職としての能力や識見を論文の中に十分に示すことができるのです。

◆管理職試験の特徴

管理職試験は、「競争試験」ではなく「選考試験」です。

選考とは、他者との競争ではなく、本人の職務遂行能力の有無を判定する試験のことをいいます。つまり、管理職試験は、受験者が管理職としての能力と識見を持っているかどうか、そして、一校を任せられる人物であるかどうかを調べる試験なのです。

しかし、○×テストや択一、穴埋め試験などだけでは、こうした資質・能力はなかなか把握できません。一方、論文試験はその論述の仕方の中に、校務に対する考え方、学校内のあらゆる分掌に関わる課題解決能力など、管理職として必要な資質や能力、識見を見ることができるため、多くの教育委員会で行われているのです。

◆日常の真剣な教育実践から、方策を獲得

日頃の教育実践に真剣に取り組んでいると、論文の中に今まで自分が課題解決に努めた「解決例」や「解決策」を豊富に盛り込むことができます。

日頃の教育実践が貧弱な場合には、論文の中で具体的な「解決例」や「解決策」を論述することができません。つまり、単に試験のために論文を書く練習をするだけでは、試験官を首肯させる論文を書くことはできないのです。

例えば、「これからの学校教育を進める上で実現するべき子どもたちの学びについて、あなたはどのように考えますか」という論文問題が出題されたとします。これは管理職としてつねに考えておかなければならない学校教育課題です。そこで次のような記述ができれば、説得力が出てきます。

> すべての子どもたちの可能性を引き出す、個別最適な学びと協働的な学びの実現を図ることが必要である。それには、支援が必要な児童生徒へのより重点的な指導の個別化と、その子どもならではの課題の設定など学習の個性化を図る必要がある。また学校ならではの協働的な学び合いや地域の方々をはじめ多様な他者と協働した探究的な学びなどを通じ、持続可能な社会の創り手としての必要な資質や能力を育成する協働的な学びも必要である。

論文にこうした最善の方策を記述するには、何より日常の教育実践に真剣に取り組むことが大切だということを忘れないようにしましょう。

❷ 論文の決め手は「論・例・策」

CHECK!

◎本論の中は「柱」を立てて「論・例・策」を盛り込む
◎分量のバランスを考えて構成する

◆論文の記述の仕方

管理職試験では、論文の書き方に関する決まりや形式は特にありません。原則は自由記述です。しかし、論文は受験者の主張を記述するものですから、随筆や随想のように自分の思いつくままを書いても説得力は出てきません。課題に正対した、説得力のある論文を書くには、記述の工夫が必要です。

説得力のある書き方の基本は、「序論・本論・結論」という形です。

「序論」では、設問内容が教育委員会が抱えている課題であり、早急に教育現場で解決すべきであるという現状認識や解決への方向性を示します。

次に論文の中心となる「本論」では、学校全体でこのように実践すると課題解決に結び付く、という具体的方策を述べます。また、本論の中には2～3本の「柱」を立て、「論・例・策」という構成で記述すると、論点が整理された、明確な主張を述べた論文になります。この「論・例・策」の3つが、説得力ある論文を書くためのポイントです。

最後に「結論」では、どんなに困難な道であろうとやりぬく、という決意と覚悟を力強く示して、論文をまとめます。

◆「論・例・策」の記述の仕方

論文には、約1,200字から2,000字で書く、分量の多い「大論文」と、約800字程度の分量の少ない「小論文」の2つがあります。大論文の場合は、「序論・本論・結論」の形で構成し、本論の中に3本の「柱」を立てて、「論・例・策」という形で記述すると、多くの視点から論文記述ができます。

「柱」は、設問の課題を解決していく視点や方法を簡潔にまとめたものです。「組織の活性化を図り、チームとしての学校の体制を築く」という文章形式でもよいし、「カリキュラム・マネジメントの確立」といった言い切りの形でもよいと思います。課題解決の方針を明確に伝えることが大切です。

「論」は、その「柱」を立てた理由を書きます。「どんな学校をつくるのか、どんな生徒を育てていくのか明確なビジョンを示すことで、学校は保護者や地域住民から信頼されるのである」といった具合です。

「例」では、「柱」の効果を裏付ける現任校や前任校での取組みや、その取組みによって変容した事実などを記述します。

最後に「策」では、設問の課題への解決策として、校長や教頭になったときにどのような手立てで実践をしていくのかを記述します。この「策」が貧弱だと説得力に欠けてしまいます。このように、3本柱の論文の場合は、視点や方向の異なる「柱」を3つ書き、それぞれの「柱」の中で「論・例・策」を記述します。1,600字程度で、解答用紙が40字×40行の大論文(40行論文)の場合は、概ね次のようになります。

1．序論	5行		
2．本論	（1）柱1	論・例・策	11行
	（2）柱2	論・例・策	10行
	（3）柱3	論・例・策	10行
3．結論	4行		

800字程度の小論文の場合は、柱は2本程度にして記述しなければ、論点を明確に示した論文にはなりません。柱の中も、「論・例・策」ではなく、柱1は「論・策」、柱2は「例・策」と、論と例はどちらかにすると簡潔に記述できます。どちらの柱にも、「策」は必須です。

1．序論	3行		
2．本論	（1）柱1	論・策	7行
	（2）柱2	例・策	8行
3．結論	2行		

序論は、問題の背景やその解決の仕方などを3行程度で記述します。論や例も短く記述し、策も重要なものを2つか3つ書くといっぱいになります。そして、結論は2行でまとめます。全体として歯切れのよい記述が求められます。

❸「序論」は４文で決める

CHECK!

◎序論は短くまとめて本論につなげる
◎問題の背景、方向性や主張する論点を記述する

◆「序論」は４文で簡潔にまとめる

「序論」は論文の始まりの部分であり、その後の論文展開を左右する重要な部分だといえます。40行論文の場合には、4文くらいで簡潔にまとめます。

まず、なぜ今この問題が大きな話題となるのか、その意図を考察して社会的背景について述べていきます。次に、問題の出題に対して賛意を示し、出題者の求めている方向と同じ考えであることを記述します。そして、本論につながっていく校長（教頭）としての自分の考える方向性を記述します。さらに、最後の文は、本論への橋渡しをするような簡潔かつ力強い表現でまとめます。なお、教頭の場合は、「校長の指導のもとに」というような謙虚な文節を入れ、学校の中心は校長であることを示しておくようにします。

「序論」４文の例

第１文……問題の背景を書く。
第２文……課題への賛意を示しつつ、うまくいっていない現状を書く。
第３文……解決に向けた方向性や方針を書く。
第４文……課題に向かっていく決意を書く。

それでは、実際に例を挙げてみましょう。

問題

魅力ある教育の展開のためには、児童・生徒や保護者、地域から信頼される学校をつくることが必要であるといわれています。あなたは校長として、信頼される学校づくりをどのように行っていきますか。具体的に述べなさい。

解答例

子どもたちに確かな学力と豊かな心を育成する創意溢れた教育活動が、今求められている。（この第１文が、問題の背景です）しかし、学力の低下、いじめや体罰などの問題で学校の信頼は大きく揺らいでいる。（第２文で、うまくいっていない現状を書く）学校が自立的な学校経営を行うとともに、教職員が一致協力して教育活動に取り組めば教育効果を上げることができる。（第３文で、解決に向けた方針を書く）そこで私は、校長として双方向に開かれた学校づくりや教職員の資質向上に取り組み、次のように進めていく。（第４文で、課題に向かっていく決意を書く）

このように、「序論」の中に背景や方向性、方針について書くことによって、本論での「校長としてどのような策を用いるのか」という主張につなげます。「序論」で書く設問への視点が曖昧だと、「本論」での主張が説得力の乏しいものになってしまいがちです。４～５行の短い「序論」ですが、短いからこそ入念に考える必要があります。もう一題、書いてみましょう。

問題

いじめの問題は原因も背景もさまざまで、その解決が大変難しい場合があります。あなたは教頭としていじめ撲滅を期して、学校の指導体制をどのように整え、どのように取り組みますか。具体的に述べなさい。

解答例Ａ

子どもはかけがえのない存在であり、いじめは絶対あってはならないことである。（第１文）いじめは、子どもの特性ともいえる自己中心性を最もよく表しているが、いじめが原因で自殺してしまう子どもが出てしまうような現状を簡単に看過することはできない。（第２文）いじめ問題を早期に発見し解決するには、学校における指導体制の見直し、また保護者、家庭との緊密な連携、地域との協力が必要である。（第３文）そこで私は教頭として校長の指導を仰ぎ、生徒指導体制を確立し、教職員の意識を高め、いじめ撲滅に次のように取り組んでまいりたい。（第４文）

解答例Ｂ

情報化、国際化、価値観の多様化など社会の各方面での変化はますます加速し、受験戦争の激化が社会問題化するなど、児童・生徒の健全な成長を阻害する問題が多く見られる。（第１文）社会のこのような影響を受け、児童・生徒の間で起こる陰湿ないじめが深刻な問題となっている。（第２文）いじめを早期に発見し解決するには、児童・生徒の行動を的確に把握し、学校と家庭・地域それぞれの役割を明確にし、より緊密な連携を深めて取り組むことが重要になる。（第３文）そこで、校長を中心に、教職員の指導体制を充実するとともに、地域・保護者の協力を得た組織を機能させ、教頭としていじめ撲滅に次のように取り組んでまいりたい。（第４文）

「序論」は、だらだらと長い文章で書いてしまうと、どうしてもくどくなります。くどくなることによって、自分が何を本論で展開したいのかが、はっきりしなくなってしまいます。また、本論で書くべき内容を序論の中で書いてしまったりすることにもなりかねません。序論は、方向性や主張をすっきりと書くことが大切です。

解答例Ａと解答例Ｂは、ともに４文で書いています。同じ序論ですが、解答例Ａは、子どもたちの心の問題に触れ、解答例Ｂは社会的な背景を取り上げて記述しています。どちらも４文の中で、本論に向かっての方向性や主張を記述することができています。特に、解答例Ｂは、社会的な背景を大上段に取り上げたにもかかわらず、その後の３文でうまくまとめた記述になっています。

このように序論では、はっきりとした主張を記述し、本論につないでいくことが大切です。序論の中での方向性や主張がはっきりしないと、説得力のない出だしになり、本論での展開が貧弱になってしまいます。大論文では、どうしても序論を長く書きたくなりますが、序論は短くまとめ、自分が校長や教頭として、どのような「策」を持って学校経営にあたるのかという本論に論文の重心を持っていくように心がけましょう。

④「柱」を立てて読みやすい論文にする

CHECK!

◎「柱」は広い視点で2つか3つ立てる
◎「柱」は、文章でも言い切りの形でもOK

◆「柱」の立て方

管理職論文では、設問で示された課題の解決に向けて、校長（教頭）としてどのように取り組むのかを書く必要があります。

例えば、「心の教育を進めていく場合にはどうしますか」というような問題が出た場合に、「道徳教育の指導計画を見直す」ことと「教職員の指導力向上を図る」という視点を思い付いたとします。

序論を書き、続けて「指導計画」について書き、次に「指導力向上」について書くという書き方もできます。しかし、「柱」がないと、自分が行いたい方策が何なのか、どうしてそれが必要なのかなどが混在した、くどくて長い、読みにくい文章になりがちです。読む側にとって読みやすく、そして自分にとっても書きやすい論文にするためには、「柱」を立てることが有効です。

例えば、「1．指導計画を見直し豊かな人間性を培う」を「柱1」として立てた場合は、この「柱1」の中には、「指導計画」に関すること、授業内容や生き方や心に響く資料作りなどについて書きます。教職員に関することは「柱2」で書くため、「柱1」には教職員関係のことを書く必要はありません。

◆「柱」の内容

「柱」を立てるときには、校長（教頭）が、課題に対して学校教育を改善していく場合に、最も効果的なのはどうすることなのかを想像してみることが有効です。

まず、児童・生徒や教職員、保護者・地域などの学校を取り巻く実態を把握し、課題解決への見通しを立てます。そして全教職員が理解して納得できる方向性や方針を示して、課題を解決する計画を策定していきます。同時に、課題解決には、教職員の資質・能力が深く関わっているため、研修などを意図的・計画的・組織的に行って向上を図る必要があります。また、課題によっては、家庭・地域などの協力が不可欠な場合もあります。そうすると、家庭・地域との連携も１つの視点となります。

こうして、「柱１」には課題解決への学校全体の計画という視点での「柱」を立て、「柱２」ではその計画を実践・改善する教職員の育成という視点で「柱」を立てます。「柱３」では、課題解決を補完するものとして、保護者・地域・関係機関との連携・協力や、教育施設・設備など環境の整備などの視点で「柱」を立てるのが適切です。

「柱」の数が、２つがいいのか３つがいいのかは、問題によって異なります。２つでもたくさんの「策」を提示して詳しく書くことができますし、３つでも設問の課題に対してさまざまな方向からの視点を示すことができます。しかし、４つとか５つの「柱」を立ててしまうと、それぞれの「柱」の中の内容が貧弱になり十分な主張ができなくなるため、「柱」の数は２つか３つに絞ることが大切です。

また、最も重要だと思うことを「柱１」、次に重要だと思うことを「柱２」、３番目に重要だと思うことを「柱３」で記述します。もう１つ重要だと思うことがあった場合には、結論（まとめ）の中で記述します。

◆「柱」は、できるだけ広い視点で立てる

例えば、「特色ある学校づくりについて」という設問が出たとします。そのときの「柱」はどちらがよいでしょうか。

柱A

1．活発な授業研究による指導力の向上
2．英語教育に力点を置いた学力向上
3．理数教育の強化による学ぶ力の育成

柱B

1．教育課程を見直し、授業力の向上を図る
2．体験や活動を重視した教育活動の推進を図る
3．保護者・地域と連携し、協力体制の整備を図る

柱Aは、「特色ある学校づくり」のためには授業を盛んにすればよいと捉

えていますが、実際に記述する場合には、おそらく課題解決策が重複してしまうはずです。そうすると、内容に広がりが出ません。学校管理職には、学校全体を鳥瞰する、広く大きな視点が求められます。

柱Bは、授業力の向上については「柱１」で書き、他の教育活動については「柱２」で書くことができ、双方向の教育活動が必要な学校と保護者・地域については「柱３」で書くことができるなど、視点を広く示すことができています。管理職論文の場合には、学校教育活動をすべて捉えるという視点が必要なことは、いうまでもありません。

◆「柱」の書き方

前述の柱Ａは「言い切り」の形で、柱Ｂは「文章」の形でした。柱は、言い切りでも文章でもどちらでもよいのですが、はっきりとした内容や視点を示すことが大切です。

「～して、～する」という、２文節の書き方の柱を立てると、この「柱」だけで内容をつかむことができます。管理職として、何に力を入れて取り組んで課題解決をしていくのかがよくわかります。

・指導法の改善に取り組む校内研修を推進し、個に応じた指導の充実を図る
・教職員との円滑な人間関係を醸成し、学校経営方針の具体化を図る
・校内指導体制を確立し、積極的な生徒指導に取り組む

また、「柱」はまとまりのある言い切りの形でも迫力がありますし、何を主張したいのかがよくわかります。「柱」は短く簡潔にまとめ、その後の「論・例・策」でしっかりとした文章で主張するのも、論文として合理的です。

・児童・生徒の生命尊重を第一に
・学校の支援による家庭の教育力向上
・安全点検と緊急体制の確立

なお、「柱」で、「１．教育課程」とか「２．授業研究」など、単に教育用語を書くのは、何を主張したいのかがわからないので好ましくありません。

5 設問に対応した「柱」を立てる

CHECK!

◎設問は、大きく５つに分類できる
◎設問内容ごとに「柱」を立ててみる

> **問題Ａ**
> 　教育基本法が改正され、第２条には教育の目標として「幅広い知識と教養を身に付け、真理を求める態度を養い、豊かな情操と道徳心を培うとともに、健やかな体を養うこと」が示されました。あなたは校長として、この目標を達成するためにどのように学校経営を行いますか。具体的に述べなさい。

　この問題は、校長としての「教育論」に関わる問題です。

> **問題Ｂ**
> 　学校経営を進めていくときには、学校経営方針が最も重要です。あなたが校長として着任したときには、学校経営方針をどのように立案しますか。その方針を実践するためにどのような点を努力していきますか。具体的に述べなさい。

　この問題は、校長としての「学校経営」に関する問題です。

　管理職論文として出題される設問内容を大きく分類すると、おおむね次の５つに分けることができます。

> １．学校経営・運営に関する問題（学校論）
> ２．教員をどうするかという問題（教師論）
> ３．児童・生徒の指導に関する問題（子ども論）
> ４．学校教育をどうするかという問題（教育論）
> ５．新しい教育課題に関する問題（新課題論）

5つの問題について、それぞれ典型的な柱立ての例を挙げてみましょう。

学校経営・運営に関する問題（学校論）の柱立て

（柱１）学校の実態を把握し、学校経営方針を立て、教職員に理解を求める
（柱２）カリキュラム・マネジメントを確立し、組織的な取組みを図る
（柱３）授業研究を推進し、教職員の意識変革を図る

教員をどうするかという問題（教師論）の柱立て

（柱１）教職に対する強い情熱を育て、教育公務員としての使命感を育てる
（柱２）明確な方針に基づいた計画を策定し、指導力を育てる
（柱３）日常活動の実務を通して、人間性の陶冶を図る

児童・生徒の指導に関する問題（子ども論）の柱立て

（柱１）教育課程の工夫と改善を進め、全教育活動を通して推進する
（柱２）持続可能な社会の創り手として必要な資質・能力を育成する
（柱３）家庭・地域との連携で、意識の変革を推進する

学校教育をどうするかという問題（教育論）の柱立て

（柱１）学校経営方針に掲げ、社会に開かれた教育課程の実現に努める
（柱２）教職員の指導力を向上させ、授業の質的変換を図る
（柱３）家庭・地域との連携・協力を図り、推進していく

新しい教育課題に関する問題（新課題論）の柱立て

（柱１）新しい教育課題のねらいと内容を把握し、実践化を図る
（柱２）育成すべき資質・能力を把握し、具体的な計画を策定する
（柱３）保護者・地域と協働した探究的な学びを推進する

「柱」として立てる内容は、どの問題に分類されるかによって異なります。例えば、教師論の問題にもかかわらず、学校論のような「柱」を立ててしまうと、的外れな内容の論文になるおそれがあります。

どのような「柱」を立てるにしても、次の３点が基本になります。

第１に、教職員が理解・納得できる教育理念を示し、学校経営方針や重点事項を策定して進めることです。そのためには、学校や地域の実態・課題を

把握して、見通しを持ち解決への道筋を立てた計画を策定しなければなりません。そして、校長であれば、自分で計画を策定することができますが、教頭の場合は校長への「進言」という形にする必要があります。

第２に、児童・生徒の教育活動に直接携わっている教職員の指導力を高めることが必要になります。そして、各種の研修や研究授業などを実施することで、意図的な意識改革を図るとともに、教育内容に関わる授業を充実させることも重要です。なお、PDCA 理論をふまえると、学校評価や人事考課の教職員評価などを活用して改善に努めることも重要です。

第３に、教育内容の充実をさらに図っていくためには、保護者・地域との連携を深めることです。双方向に開かれた学校を意識して、教育活動を展開します。

冒頭で挙げた、問題Ａと問題Ｂの柱立ては、次のようになります。

問題Ａの柱立て

（柱１）「個別最適な学びと協働的な学び」の視点から、学習過程の質的改善に努める

（柱２）教職員の指導力の向上を図り、思考を深める授業づくりを進める

（柱３）保護者・地域と連携し、「知・徳・体」の調和のとれた子どもを育成する

問題Ｂの柱立て

（柱１）学校の実態を迅速に把握し、学校経営方針を立案する

（柱２）組織的な取組みを通して方針を浸透させ、教育の質的向上を推進する

（柱３）人事評価や学校評価を活用し、PDCA サイクルで取り組む

❻「柱」としっかりリンクした「論」を書く

CHECK!

◎「柱」の内容がなぜ必要かを説明する
◎課題解決につながる説得力のある「論」を書く

◆2～3文で、「柱」の方策を具体化する

「論」とは、課題解決をしていく上で、「柱」に示した方法がなぜ課題解決に結び付くのかを説明するものです。２～３文程度の文章で、「柱」の価値や意義、必要性など「柱」を立てた理由を簡潔な表現で記述します。

１文目は、「柱」の内容を行うとなぜよいのかについて説明します。そして２、３文目は、そうすることによって、どのような効果が出るかを記述します。具体例を挙げてみましょう。例えば、「学力の向上を図るにはどうしたらよいですか」というような問題が出題されたとします。

次に示す２つの解答例（A・B）は、どちらも「柱」は同じです。どちらの「論」が、「柱」の内容をきちんと説明できているでしょうか。

解答例 A

（柱）１．指導計画の見直しを図り、基礎的・基本的な内容の定着を図る
（論）保護者の学校への一番の願いは、我が子の学力の保証である。この願いに応えることが、学校の責務であり、存在価値である。そのために教員は、自らの指導力を向上すべく研修に努めることはもちろん、自己点検・自己評価を行い、課題解決を図っていくことが必要である。

解答例 B

（柱）１．指導計画の見直しを図り、基礎的・基本的な内容の定着を図る
（論）学校経営方針をもとに指導計画を見直し、発達段階や系統性などを考慮しながら、各学年の重点目標を立案し実践していくことが必要である。また、ミニテスト等を行って定着を確かめ、子どものつまずきを解消することによって学力の向上に結び付ける。

解答例Ａは、３文とも間違ったことは書いてありませんが、これでは「論」とはいえません。「保護者の願いは、我が子の学力の保証」、そのとおりです。「この願いに応えることが、学校の責務、存在価値」で、まったくそのとおりです。「教員は、自らの指導力を向上すべく研修に努め、自己点検・自己評価」を行うのも、正しいです。決して間違ってはいません。

しかし、この「柱１」は、「指導計画の見直し」について書かなければならないはずですが、３文ともまったく触れていません。「指導計画を見直す」と、なぜ「学力の向上が図れるのか」を書かなければ、「論」にはなりません。

一方、解答例Ｂは「学校経営方針をもとに指導計画を見直し」て、「発達段階や系統性などを考慮し、重点目標を立案し実践」し、「定着を確かめ、子どものつまずきを解消」すれば、確かに学力の向上に結び付きます。「課題」に対して立てた、「柱」と「論」がしっかりとリンクしています。学校経営方針の中に「指導計画の見直し」が入れば、学校全体で進めていくことが可能です。

これならば、確かに「指導計画を見直せば、学力の向上につながっていくはずだ」という主張が、課題の解決につながり説得力を持つのです。

◆「柱」としっかり結び付く「論」を書く

もう１題、例を挙げてみましょう。「環境教育は重要ですが、あなたはどのように教頭として実践していきますか」という課題です。

> **解答例Ｃ**
>
> （柱）１．環境教育全体計画をもとに、指導計画に基づいた指導を推進する
>
> （論）校長の学校経営方針に環境教育の推進を入れるように進言し、環境教育の全体計画を立案する。児童の発達を考慮に入れて、生活科・理科等の授業を中心に、さまざまな教育活動で意図的・計画的・継続的に実践することにより推進できる。

管理職論文は、管理職として学校経営を十分できるのかどうかを判定するものです。「この人ならば学校における環境教育を十分に進めていける」と、試験官を納得させるには、このように、立てた「柱」をさらに深めていくような、具体的に実践できる「論」の書き方を心がけてください。

7 「例」には成果や効果を必ず入れる

CHECK!

◎「例」は多くの教育実践から最適なものを選択する
◎仕えた校長・教頭の実践でもかまわない

◆今までの教育実践から「例」を記述

「例」とは、「柱」の内容に関わる教育実践の例を書くものです。

今までの教育実践経験の中から、児童・生徒が変容した例など成果を上げた取組みを選び、「このような実践を行った結果、このような成果を出すことができた」と記述します。

現任校の実践だけでなく、前任校の実践でもかまいません。しかし、成果や結果の出ていない単なる経験談を記述したり、低い水準の「例」を記述したりしても意味がありません。受験者は長い間教員をしてきたわけですから、今までに「柱」に関わる実践を経験したことが必ずあるはずです。自分の実践だけでなく、仕えた校長・教頭の中での実践でもかまいません。それらの実践の中から最適なものを選んで、「その実践に学んで、自分は管理職として次のような『策』を掲げて、実践していく」という書き方になります。

◆必ず「成果」と「結果」を書く

実際の例題で「例」の書き方を考えてみましょう。「あなたは校長として、教員の不祥事防止にどのように取り組んでいきますか」という問題です。

解答例A

（柱）１．校内研修会等で、計画的・組織的に指導する
（論）※省略
（例）現任校では、夏休みに校長と教頭による、教職員の服務に関する研修会を実践している。懲戒処分や分限処分とは何か、信用失墜行為にはどのようなものがあるかなど丁寧な説明を行っている。

解答例Aに掲げられた「例」は、内容に悪いところはないのですが、「柱」

では「計画的・組織的」と書かれているため、これでは少し物足りません。また、この「研修会」でどのように教職員が変容したのか、その成果や結果が示されていません。

また、夏休みに服務に関する研修を行うだけで、教職員の不祥事防止が図られるくらいであれば、これだけ多くの教職員の不祥事による問題が社会問題になることはありません。ですから、これでは管理職論文の「例」としては不十分です。

解答例B

(柱) 1．校内研修会等で、計画的・組織的に指導する

(論) ※省略

(例) 前任校では、会議中の短い時間を活用し、時期に応じた服務規律遵守の研修を行っていた。また校長から「教職員事故防止ワンポイント集」が配布され、職員会議ごとに少しずつ説明していくことで、教職員の意識を継続することができていた。

解答例Bでは、短い時間でも時期に応じた服務規律遵守の研修を行っていることが書かれています。これならば、1年間を通じて研修が続くため、教職員の服務に対する勤勉な態度の維持を図ることができるはずです。また、2文目には、「教職員の意識を継続」と書かれていますが、このように成果や結果を書いておくことが大切です。そうすると、この「例」を受けて、自分が管理職として行う「策」は、より発展した高度のものが記述できるようになります。事実だけを書いていたのでは、「例」としては物足りません。

次の例題で見てみましょう。「不登校問題にあなたは教頭としてどのように対応していきますか」という問題です。

解答例C

(柱) 1．不登校防止対策を明確にし、不登校減少に努める

(論) ※省略

(例) 前任校では、いじめ・不登校対策委員会を組織し、日頃の生徒の様子について定期的に情報交換を行っていた。また、指導者を招聘して生徒の行動に関する校内研修会も実施していた。

解答例Cでは、前任校の様子がしっかりと記述されているように見えますが、これではどのように効果が出ているのかが見えません。また不登校は減ったのかどうかなどもわかりません。対策を講じたなら、その結果を書くことが絶対に必要です。

解答例D

（柱）1．不登校防止対策を明確にし、不登校の減少に努める
（論）※省略
（例）前任校では、定期的に情報交換会を行い、不登校の早期発見・早期対策を行っていた。不登校の前兆となる欠席数の把握などの対策を立てて実践した結果、わずかではあるが不登校生徒の減少の効果が出てきていた。

解答例Dには、2文目に対策を行った効果が書いてあるので、説得力があります。このように「例」には、必ず成果や効果を記述しましょう。

◆現任校の批判は避ける

論文の中には、「現任校では、研修を行っているのだが、成果が見られない」とか「本校では、校長や教頭の指示が不十分で、指導が日々の実践に十分に結び付いていない」などと、自分の勤務している学校に対する批判を記述している論文が時折見られます。しかし、このような現任校や前任校を批判する「例」は絶対に書いてはいけません。

なぜなら、前任校や現任校には自分も勤務している（していた）わけであり、もしも成果が不十分だった場合は、自分も何らかの対策を立てて取り組まなければならないはずです。

校長試験を受けるのであれば、現任校で教頭や副校長をしているわけですし、教頭試験を受けるのであれば、現任校で教務主任や生徒指導主任、保健主事などの要職についているはずです。現任校でできなかったことが、自分が校長・教頭として着任した新しい学校でできるはずはありません。

試験官はこのように考えることを、忘れないでください。

8 抽象的でなく具体的な「策」を書く

CHECK!

◎「〜したい」という願望でなく、「〜する」という言い切りで
◎組織を生かしてどのように取り組むかを記述する

◆管理職としての具体的な解決策を記述

「策」とは、設問の課題解決に向けて具体的に行う実践策のことです。「柱」の内容を学校現場でどのように実践していくのか、その方法について記述します。つまり、管理職になったときの具体的な解決策を記述する、論文の中で最も重要な部分といえます。管理職になったら何をしたいのか、どのようにしたいのかを伝える記述だからです。

「策」は、「例」と同様に、自分が新しく考えたものだけでなく、現任校や、前任校の校長や教頭が実践していた学校経営の方策の中で、すばらしい実践だったと思えることも記述してかまいません。これまで仕えた管理職の実践の中には、自分もしてみたいと思ったものがきっとあるはずです。

また、ありきたりの内容では、その効果もたかが知れていますので、広い視野に立った実践策を記述します。それも、組織を生かしてどのように取り組むのかについて詳しく書きます。

そのためには、管理職としての職務内容（職務権限や管理職としての責任）についても正しく知っておかなければなりません。ただし、職務権限を越えた解決策は行うことはできないので、記述することはできません。また、突拍子もないことやあまりにも大胆なことを書いたのでは、学校現場での実践は不可能ですし、その策を実践してくれる教職員もいません。当然、論文の評価も下がってしまいます。また、学級担任の立場や教務主任としての方策などを書いても、得点にはなりません。管理職の立場をよく考えて、自信に満ちた書き方を心がけましょう。

例えば、「学習意欲の向上と学習習慣の確立をどのように取り組んでいきますか」という設問が出されたとします。

解答例 A

（柱）１．年間指導計画の改善に努め、授業力の向上を図る
（論・例）※省略
（策）私は校長として、教育改革には強い情熱を持っている。教職員のめざすべき方向を指し示し、教職員に熱く語りかけ、教職員の信頼を勝ち得ていきたい。生徒がしっかりと学習に向かうようにし、生徒の学習意欲の向上を図っていきたい。年間指導計画についても十分に見直し、改善を図り使いやすいものにしていきたい。それが、授業力の向上につながると確信している。

解答例Ａは、管理職としての「策」が抽象的で、具体性がありません。１文目に「教育改革」と自信を持って記述していますが、問題は「生徒の学習意欲の向上と学習習慣の確立」であって、「教育改革」ではありません。これでは問題に正対できていないと思われてしまいます。２文目の「方向を指し示し」や「熱く語りかけ」という文も、抽象的です。管理職としてどのような場面でそれを行うのか書いていないと、「信頼」を得ることはできないはずです。３文目の「生徒が学習に向かうように」では、立場が担任に戻ってしまっています。また、「～したい」という願望の表現にも問題があります。管理職なら「～する」という言い切りの形にするべきです。

解答例 B

（柱）１．年間指導計画の改善に努め、授業力の向上を図る
（論・例）※省略
（策）私は校長として、①「確かな学力の向上」を重点目標に掲げ、年間指導計画の改善を教職員に共通理解させる。②授業力向上委員会を組織し「確かな学力」と「学習意欲・学習習慣」との関連を明確にし、授業力の向上をめざす。③資質・能力育成のために個別最適な学びと協働的な学びに取り組み、学習意欲の向上を図る。④定期的な学校評価や諸検査の結果をもとに、重点目標の定着状況に努める。

解答例Ｂでは、授業力の向上を図るために、まず「年間指導計画の改善」を教職員に理解させることから実践しています。確かに、授業力が向上すれば、学習意欲の向上につながるはずです。また、「授業力向上委員会」とい

う組織を立ち上げ、組織を使って目標の実現をめざすのもとても具体的です。さらに、「定期的な学校評価や諸検査」などから課題の解決にあたるという、時間的な経過についての記述も具体的で、管理職としての広い視野が感じられます。

「策」を立てたら、それが実現できるまでのさまざまな面からの方策について考えておくことが必要です。「策」は、このように具体的な内容を書きます。参考のため、柱２の「策」も掲げておきます。

解答例Ｃ

（柱）２．授業研究を活発化させ、教職員の指導力の向上を図る

（論・例）※省略

（策）私は校長として、①授業力向上委員会と研究主任に、管理職が参加できる研修計画を立案させる。②計画に基づき、毎月１回の研究授業を行い、指導主事を招聘し日常の授業に生かせる研究協議を行わせる。③個別最適な学びと協働的な学びの実現に努め、学習意欲の向上を図る。

柱２では「教職員の指導力の向上」を取り上げており、そこから学習意欲の向上を図ると述べています。児童・生徒が学習意欲を向上させ、熱心に授業に取り組むには、教職員の指導力が密接に関わってくるからです。また、このように「策」に番号を付けて記述すると行うことが明確になり、「策」の重複を防ぐことができます。

◆日頃から「策」を考えておく

校長として着任して、必ず取り組まなければならないのが「学習意欲の向上と学習習慣の確立」という課題です。おそらく学校経営方針の第一に掲げ、学校の総力を上げて取り組むはずです。

研究授業を何回か行っただけでは、目的を達成することなどできません。校内のすべての組織を活用し、教職員を督励してこの課題解決に向かっていく必要があります。また、学習習慣の確立には家庭の協力も欠かせないため、他の柱の中には「保護者・家庭の理解・協力」という「策」も入ってくるはずです。このようにさまざまな「策」を論文に書くためには、常日頃からこうした問題に関心を持ち、その解決策について考えておくことが必要です。

9 「策」は重要な順に番号を付けて書く

CHECK!

◎設問内容に応じた「策」を書く
◎さまざまな視点からの「策」を考察する

◆策は重要な順に記述する

論文試験を行うにあたって、都道府県市教委員会は、「この受験者は、管理職として学校管理がしっかりできるだろうか。その策を持っているだろうか」と思って出題しています。当然、試験官もこのような考えのもとで、論文審査を行うはずです。そのため、管理職論文では、豊かな「策」の記述が決め手になります。「策」が貧弱であっては、管理職の視点が不十分と判断され、当然よい評価にならないのです。

「策」は重要度、必要性が高いものから順に記述していきます。そして、前頁の解答例Cのように、番号をふって「①……、②……」と書いていくと、試験官にも論文内容がわかりやすく伝わります。

◆日頃から管理職の動きを見つめ、策を収集しておく

校長試験受験者であれば、教頭を経験しているため、校長がとるべき「策」については書くのは比較的容易だと思います。しかし、教頭を経験したことがない教頭試験受験者が、教頭としての「策」を書くのは容易ではありません。しかし、「策」が書けないと当然合格ラインには達しません。では、どうしたらよいのでしょうか。

最も大切なことは、日頃から学校での校長・副校長・教頭の動きを、しっかり見つめておくことです。学校で何かが起きたときに、校長・副校長・教頭がどのように動くのかをよく見て、それをメモして集めておきます。この管理職の動き方こそが管理職のとる「策」です。

以下に、論文に必要な管理職としての具体的な「策」について、さまざまな視点から列挙しますので、ぜひ参考にしてください。

学校経営方針に関わる「策」

・前年度の学校評価や児童・生徒の実態、地域の実態等に基づき、具体的でわかりやすい学校教育目標や学校経営方針・重点目標を策定する。
・各教科領域における指導内容を厳選し、主体的・対話的で深い学びを実現するため、教育課程の設定にあたる。
・チームとしての学校の体制を構築し学校の組織力・教育力を向上し、学校教育目標の達成をめざす。
・目標と評価の一体化を図り、長期と短期の目標設定に努め、取組み指標を設定して確実な達成に向けて、評価する。
・リーダーシップを発揮し、学校のマネジメント機能を強化し、児童・生徒の変容をめざす。
・朝・昼・放課後の教室巡回の中で児童・生徒、教職員の様子をしっかり確認し、校長の補佐に徹して、校長への報告・連絡・相談に努める。
・人事評価を利用し、自己目標をしっかり立てさせ、自己目標達成と実績評価に努める。

組織を生かした「策」

・企画委員会で、校長の示す学校教育目標を明確化し、教職員の共通理解、全体への浸透を図る。
・学校評価委員会を設置し、「何が身に付いたか」という取組み内容と成果指標とを比較させながら改善を図りつつ、全教職員に取り組ませる。
・教育課程検討委員会を組織し、教育課程の見直しを図りつつ、日々の授業の向上、教育課程の完全実施をめざさせる。
・職員会議で全教職員に課題解決への方針を示し、経営参加意欲の向上を図り、協働意識を高める中で日々の教育活動の向上に努める。
・教科領域部会に出席し、目標達成状況を確認し、教職員との意思疎通を図りながら、学校教育目標の達成に努める。
・研修体制を整備し、「どのように学ぶか」という視点での研究授業を実施し、資料分析にも力を入れさせ、指導力向上とともに授業の充実を図る。

研修を通じて行う「策」

・研究授業を通じて、指導案検討などに努め、教職員の研修意識を高め、研修の活性化を図り、指導力の向上に努める。
・授業研究を真に実りあるものにするために、研修主任に働きかけ、教職員の力量を高めつつ、児童・生徒の変容をめざす。
・研修部の案をもとに、学びの質や深まりを重視した研究授業を推進し、意図的、実践的、先進的な授業実践に努める。
・授業のねらいの明確化、教材や教具を工夫した指導法、指導と評価の一体化という視点に立つ授業研究に取り組ませる。
・教務主任に命じ、教職員相互の授業公開を活性化し、ねらいや評価基準を記した学習指導案を作り、教職員の指導力向上を図る。

PTA・保護者・地域等に関わる「策」

・「社会に開かれた教育課程」の実現をめざし、地域の方々をはじめ多様な他者と協働した探究的な学びなどを通じ、学校課題解決に取り組む。
・地域懇談会を設け、学校の方針や児童・生徒の状況を具体的に知らせ、学校と保護者・地域との連携を深め、児童・生徒の変容をめざす。
・保護者・地域住民代表による学校評価委員会を組織し、自己評価結果と改善方策について情報提供し、学校への理解を進め、連携・協力に努める。
・学校評議員と定期的に会議を持ち、学校課題の達成に向けた意見を求め、協力・連携に努める。
・授業参観懇談会や地区別懇談会などで、インクルーシブ教育の視点も踏まえ、家庭・地域全体で健全な生徒の育成に努める。
・生徒が取り組む校内での花いっぱい運動について、保護者や町会・地域にも協力を依頼し、通学路花いっぱい運動として展開し、豊かな心の育成につなげる。
・中学校区内の小中全学校で協力し、PTAにも協力を呼びかけてごみゼロ運動を展開し、児童・生徒の豊かな心の育成に努める。

⑩「結論」では覚悟や決意を示す

CHECK!

◎「結論」で論文全体を引き締める
◎「結論」は短くてもよいので必ず書く

◆管理職としての意志・決意を記述する

「結論」とは、論文の最後を締めくくる、まとめの部分です。児童や生徒の変容の姿、教職員の成長など、序論で述べた課題が解決した後の学校の姿を記述します。解決できていない場合には、確実に解決に向かっている姿について記述しておくようにします。また、本論の中で記述できなかった内容を、簡単に書き加えることも可能です。そして、必ず書いておきたいのが、管理職としての覚悟や決意です。結論で、より一層自己研鑽に励むという決意を示しておくことが必要です。

序論、本論と書き進めたら、どんなに短くてもよいので結論としてまとめておくことは必須です。１文だけでもよいので、必ず記述してください。

> 私は校長として、道徳教育の一層の充実を図るために自己研鑽に励み、自己の力量を高めていく決意である。

たった１文ですが、この文が最後に記述してあるだけで、論文全体が締まります。結論がないと、尻切れトンボの論文になってしまい、論文の体をなさなくなります。本論を書き終えてから、結論をどのくらいにするか長さを調整することになりますが、少し多く余ってしまうようであれば、必ず用紙がすべて埋まるように､結論を長めに記述しましょう。反対に本論が長くなったとしても、最後の２行は必ず残しておき、結論を書くようにします。

実際の問題で結論の書き方について考えてみましょう。「保護者・地域の教育力の向上を図るために、あなたは校長してどのようにしていきますか」という問題です。

解答例A

学校だけでなく、家庭や地域を含む社会全体の教育力向上のための手立てが今こそ必要である。そして、校長として教職員とともに新しい教育課題に向かって前進していく。そのために自分自身も自己研鑽に励んでいく所存である。

解答例Aの「教育力向上のための手立て」は、本論の中で記述することで、結論で書くことではありません。また、「教職員とともに」と書いてあるので、校長としての指導力を発揮しているように見えますが、「新しい教育課題」とは何なのでしょう。結論の中でこのような新たな問題提起をしてしまうと、論文が課題を残したまま終わることになります。結論では、しっかりと論文全体をまとめるようにします。

また、文章表現の問題として、「所存である」は、書簡文になどに用いられるあらたまった言い方ですので、適切ではありません。やはり論文のまとめは、「決意である」「覚悟である」といった、学校を力いっぱい経営していくような言い切りの文章がよいでしょう。

解答例B

地域あっての学校であり、学校あっての地域である。校長自らの教育に向かう姿で、教職員や保護者・地域の人々を感化し、教育力の向上を図る。そのために日々研鑽に励み、資質の向上に努める決意である。

解答例Bは、3つの文で論文の最後を締めており、校長としての強い決意が感じられます。このように、「決意である」という論文全体を引き締めるような最後の記述が望ましいでしょう。

なお、副校長・教頭の場合には、校長の補佐・調整役に徹することや、校長の指導を受けて理想に向かって努力する決意や覚悟を記述します。

解答例C（教頭の場合）

教職員全体でのすばやい対応は、子どもたちが安心して学校生活が送れ、保護者・地域の信頼を深める。私は校長の指導のもと、教頭として自己研鑽に努め、生徒指導充実のためリーダーシップを発揮する覚悟である。

⑪「結論」は「光る言葉」で差をつける

CHECK!

◎普段の読書で使える言葉を集めておく
◎安易な乱用はNG

次の２つの「結論」の例を見てください。

解答例A

「教育は信頼の上に成り立つ」。学校に積極的に協力する保護者や地域の姿は、子どもたちへの大きな支援となる。児童・生徒、保護者・地域に信頼される学校づくりをめざし、自ら指導力、人間性の向上のため自己研鑽に励む覚悟である。

解答例B

社会の急激な変化の中で、この厳正な服務規律の確保を、喫緊の課題として捉え、その課題解決を図る中で、教職員を育てていきたい。「意志あるところに道は通じる」を固く信じ、校長の指導のもと、自己研鑽に励みつつ、教職員のリーダーとして課題解決に取り組む覚悟である。

解答例Aは「教育は信頼の上に成り立つ」、解答例Bは「意志あるところに道は通じる」と記述しています。もちろん、これらの言葉がなくても結論としては十分なのですが、この言葉があると、「結論」の文の重みが違ってきます。こうした教育に関する箴言・格言のような言葉は、結論の中で記述すると、論文全体を引き締めるものであり、「光る言葉」ともいわれています。

しかし、「光る言葉」を安易に使うのは危険です。例えば、教育は人によるところが多いのは確かですが、どんな問題でも「教育は人なり」という言葉を書くのでは、論文として特色が示せずに、少し陳腐です。いましめとなる短い言葉ですので、適当に使うのではなく適切に使わなければなりません。

普段の読書の中で見つけた言葉を集めておく必要があります。「光る言葉」を少し紹介しますので、参考にしてみてください。

「光る言葉」の例

・教育は人なり
・教育は、児童とともに生きる共育である
・教育は、児童と響きあう響育である
・困難な時代だからこそ、教育は興育であると思う
・どの子どもにとっても、学校が真の学び舎となる
・学ばざるもの教えるべからず
・学ぶ者のみが、教える資格がある
・言うは易く、行うは難し
・意志あるところに道は通じる
・学びて足らざるを知る
・教育は、厳にして、慈なものである
・信じなければ、成長しない
・教育は、限りない信頼の上にしか花開かない
・念ずれば、花開く
・子どもたちは未来からの使者である
・子どもは、かけがえのない宝である
・為すことによって学び、学んだことを生かして再び為す
・信念、気迫、使命感こそが原動力である
・教育は、飽くことのない地道な実践の積み重ねである
・歩みはともに、考えは一歩先にを忘れない
・根を養えば、樹は自ずから育つ
・勤務には厳しく、人間関係は温かく
・適所に置いて、適材を育てる
・教職員は偉大な財産である
・部下は「選ぶ」ものではなく「育てる」ものである
・教頭は職員室の主任である
・教頭は学校の窓口であり、扇の要である
・厳しい評価なくして、よりよい改善はありえない
・みどりの学校――実りある教育課程・努力する教職員・理解ある保護者・地域・伸びる子どもたち

⑫ 小見出しで分ける書き方もある

CHECK!

◎「小見出し」を立て、わかりやすい論文をめざす
◎「小見出し」は、3つか4つ立ててまとめる

柱を立てた論文でなく、小見出しで区切った論文を記述しても、わかりやすい論文構成になります。小見出しで分ける場合には、小見出しは「はじめに」「解決をめざして」「その他の対応」「まとめ」というように4つくらいに分けて記述します。

まず、「はじめに」では、問題の社会的な背景やこの問題が今なぜ重要なのかについて記述します。次に、「解決をめざして」で、この問題の解決策について記述します。「その他の対応」では、前の小見出しの「解決をめざして」で書き切れなかったことを記述します。そして、最後の「まとめ」では、管理職としての決意を書いて論文全体をまとめます。

それでは、実際の論文問題で書き方について確認します。問題は、「教職員の資質能力の向上」です。

問題

児童・生徒の教育活動に直接携わるのは、教職員であり、学校教育の成否は、教職員の資質能力に負うところが大きいといえます。あなたは校長としてどのように教職員の資質能力の向上に努めていきますか。具体的に述べなさい。

はじめに

「教育は人なり」といわれているように、学校での教育活動を進めていく上で、教職員の果たす役割は大きい。わかる授業の実践や、心に寄り添う生徒指導などは、子どもたちの心身の健全な成長をもたらす。私は校長として、このような資質能力の高い教職員の育成に全力であたり、信頼される学校づくりに努める。

「はじめに」には、なぜこの問題が重要なのか問題に対する自分の考えや方向性を示します。長くなりすぎないように、3～4文でまとめます。

解決をめざして

資質・能力の向上には、教職員自身の意識を高めることが最も必要である。そこで、年度当初の学校経営方針の策定で、重点目標の第一に教職員の資質・能力向上を掲げ、教職員の自覚を促すようにする。そして、教職員の自己目標の中に資質・能力の向上策を必ず入れるよう指導し、年度当初面接で資質・能力向上の具体策について話し合う。特に教科指導や授業については、指導力の向上をめざして、真剣に取り組むことを確認する。

次に、教職員にとって、最も重要なことはわかる授業を実践することである。そこで、研修主任に授業研究の年間計画を立てさせ、全員に年１回の研究授業に取り組ませる。それぞれの授業について研究協議で教職員同士が学び合う中で各自の研修意欲を高めさせ、教職員間の協働意識も醸成していく。また、市の指導主事等を招聘し、指導力向上のための的確な指導を受けさせる。

そして、教頭とともに教室訪問を行い、日常の授業における発問、板書、児童・生徒への支援の仕方などについて、個別最適な学びや協働的な学びの視点に立っているかどうか、教職員個々の指導の適否を判断する。よい点は称賛し、改善点に関しては指導助言をして指導力の向上をめざす。こうして、教職員の資質・能力を高め、学校教育目標の達成をめざす。

「解決をめざして」には、上記のようにこの課題を解決するための校長としての方策を記述します。これが本論ですので、つなぎ言葉などを適切に使って、最も重要なことから順に、わかりやすく書き進めていきます。

その他の対応

中間面接を夏休みに行い、資質・能力向上に対する自己評価を行うようにさせる。また、自己目標に対する評価を行わせ、年度後半への意欲を高めさせ、自己目標達成をめざさせる。

校務分掌については、一人一役の責任ある分掌を与え、職能の活性化を図り、資質能力の向上を図る。また、新しい校務分掌にも積極的に取り組ませ、多くの分掌を経験する中で、資質能力の向上をめざさせる。

「その他の対応」では、「解決をめざして」で書き切れなかったものについて、書き加えます。小見出しが多くなって読みにくいと思う場合は、「解決をめざして」の最後に加え、3つにまとめることもできます。

まとめ

　私は校長として、社会に開かれた教育課程を推進し、自己研鑽に努め、強いリーダーシップを発揮しながら、教職員一人ひとりの資質能力向上を図り、信頼される学校づくりを行っていく決意である。

「まとめ」は、課題に戻って論文全体をまとめます。学校教育目標の達成に向けて、校長としての決意を書いてまとめるようにします。「柱」を立てない論文ですが、このように「小見出し」を立てることにより、わかりやすい論文となります。

⑬柱や小見出しを立てずに書く

CHECK!

◎これだけは書いておきたい重要度が高い順に記述する
◎段落の中に「論」や「例」も盛り込む

時間がないときは、「柱」や「小見出し」を立てずに書くこともできます。「柱」や「小見出し」を考える時間を省くことができる一方、どの部分が自分の論理で、どの部分が今までの経験なのか、どの部分が自分の行いたい方策なのかがはっきりとしなくなってしまうことがあります。また、論だけを繰り返すとくどくなってしまうこともあります。

「柱」や「小見出し」を立てる一般的な書き方に比べ、他の受験者と差別化できる一方、論述する力が最も必要とされる書き方といえます。

基本的な書き方は、次のとおりです。

まず、その課題に対して、学校として何を一番最初に行うべきか、重要度が高いものから記述します。そして、次に何を行うのか、次に重要なこと、その他の方策の順に記述します。

方策の中には、行わなければならない理由も書いておきます。この理由に関する記述が「論」の部分にあたります。もちろん、校長としてどのように行っていくのかを書かなければなりません。そのときに、今までこのような経験をして、とても役に立ったことがあるというような「例」を記述すると論文が生き生きとしてきます。行うべき方策を3つか4つ並べ、最後にまとめを記述して論文を締めくくります。

では実際に次のような問題で、記述してみましょう。

問題

同級生からのいじめを苦にした自殺が起きるなど、生徒指導上いじめは大変に憂慮すべき問題です。あなたは校長として、学校におけるいじめの防止にどのように取り組んでいきますか。具体的に述べなさい。

問題文には「生徒指導上いじめは大変に憂慮すべき問題」と書かれている

ので、そのことに対して賛意を示した文から解答を書き始めます。

解答例

多くの児童・生徒を擁する学校において、最も優先しなければならないことは、児童・生徒の人権の保障である。悪ふざけ的な行為や差別的な言動、集団による継続的ないじめが行われるようなことは決してあってはならない。しっかりとした生徒指導を進めることにより、児童・生徒に対するいじめは何としても防がなければならない。私は校長としていじめをしない、させない、見逃さない指導を徹底させるため、次のように取り組む。

まず、生徒指導部を中心にして生徒指導推進委員会を立ち上げ、いじめのような事案がないかどうか定期的に調査を行う。全教職員で共通理解をし、児童・生徒の的確な情報収集にあたり、校内全体で生徒指導の徹底を図っていく。そして、もしもいじめの予兆のような情報を把握した場合は、担任、学年主任、生徒指導主任等で、いじめ対策マニュアルを活用し緊急的な対応を行う。まず学年集会や学級指導で、いじめは絶対に許されない行為であることをしっかりと指導する。児童・生徒にもいじめを傍観しない、見逃さない、許さないという気持ちを持たせ、いじめによって一人の子が追い詰められることがないような学級、学校にしていくようにさせる。また、いじめは休み時間や放課後などの教職員の見えないところで行われることが多い。そこで、「いじめを見たら先生に伝えることが友達を守ることである」という指導を徹底し、何かの兆候が見えたら遠慮なく相談に来るようにと伝えさせる。

次に、経営方針に「社会に開かれた教育課程の実現」を掲げ、道徳教育を重視した教育課程の実践を全教育活動の中で進める。児童・生徒に善悪を判断する力を身に付けさせ、人間として、してはならないことはしないという心を育むには、児童・生徒の心を育て、児童・生徒に自立心や自律性、自他の生命を尊重する心を育てる必要があるからである。授業でも、学習規律を確立し、わかる授業を進め、一人ひとりが自己の成長を実感できるようになれば落ち着いた心を育てることができる。

また、全教職員に児童・生徒と接する時間を持つことの重要性を指導し、休み時間などに児童・生徒の行動の把握に十分に努めさせる。前任校では、廊下を歩く際に生徒に声をかけ、生徒の行動をしっかり観察することにより、いじめを未然に防ぐことができた経験がある。いじめは、早期発見、早期対応が何よりも重要である。生徒指導推進委員会を週に１回開催し、問題を抱えている児童・生徒の情報や不登校傾向にある児童・生徒の情報を交換しながら、いじめの防止に取り組んでいく。

いじめの早期発見には、家庭や保護者への情報提供も大切である。「開かれた学校」として保護者・地域の協力を得ながら、いじめ問題に対する学校の方針を説明し、理解を求めるとともに、情報の提供を依頼する。保護者会などでも、いじめを受けていることは家族にはなかなか話さないが、家庭での児童・生徒の様子にいじめを受けているような何らかの兆候が見られたら、まず学校に相談してほしいということを説明する。そのときに、相談内容に関する秘密保持は徹底することなども付け加え、保護者や家庭の信頼を得る。

さらに、もしも明確にいじめを受けている児童・生徒がわかった場合は、担任や学年主任に情報収集にあたらせ、教育相談主任や養護教諭に本人との面談を行わせ、本人の思いに寄り添った丁寧な指導を行う。また、いじめを受けている児童・生徒の様子は、担任がしっかりと把握し適切なフォローを行う。いじめを行っている児童・生徒がわかった場合は、学年主任や担任、生徒指導主任等がいじめは絶対に許されない行為であることを指導し、必ずやめるよう指導する。また、いじめを行う理由も把握し、その原因を取り除くようにし、いじめの防止に努める。

最後に、校長として、児童・生徒や教職員との信頼関係を深め、いじめのない教育環境の確立に全力で取り組む。いじめによる自殺などが決して起きないように自己研鑽に努め、保護者・地域との連携を進め、リーダーシップを発揮する決意である。

いじめのような問題では、まず緊急にしなければならないことを書くことで、問題に対して真剣に捉えていることが読み手に伝わります。そして、その次に優先順位が高いことを、全体的、個別的に分けて書き進めます。この場合は、すでに緊急的な対応は記述しているので、順番はあまり気にしなくてもよいかもしれません。それぞれの段落の書き方に注意し、段落の中に「論」や「例」を含ませることで、説得力を持つ論文に仕上げていきます。

また、今その問題が起きていたらどうするのか、という観点から書くと、より説得力のある論文となります。「柱」や「小見出し」を立てるか立てないかは、設問内容に応じて考えればよいでしょう。

⑭ 時系列に沿って対応策を書く

CHECK!

◎行うべき「策」を時系列に沿って記述する
◎「論」や「例」がなくても十分な説得力のある論文になる

大論文では、柱を立てずに時系列に沿って対応策を記述しても、十分合格論文になります。これは前項の「柱や小見出しのない論文」と似ているようで異なります。前項は重要な順に記述する方法を示しました。

こちらは時系列順に書く方法です。時系列に沿って「策」を箇条書きにまとめていくことで、整然とした、統一感やまとまりのある書き方になります。また、「策」を漏れなく挙げることができます。「論」や「例」は省略することになりますが、問題によっては、それらがなくても、校長（教頭）として行う「策」を次々と並べていくことで、十分説得力のある論文になります。では、実際の問題で時系列に沿って記述した解答例を見てみましょう。

問題

あなたは校長として着任した場合、教職員の指導をどのように行っていきますか。年度始めにあたり、学校運営の基本的方針を示すとともに、教職員の服務についてどのような指導を行いますか。具体的に述べなさい。

解答例

1．前任校長から引き継いだ、学校評価結果、学力・学習状況調査結果、人事評価資料などから児童・生徒の実態、教職員の情報等の概略を把握する。
2．今までの学校教育目標と学校の実態、自分の理想とする教育理念などを総合的に判断し、学校教育目標、学校経営方針を立案する。副校長とも事前に熟議を重ね、着実な学校経営を進められるようにする。
3．4月の年度当初の職員会議で、学校教育目標、学校経営方針、本年度の重点事項を教職員に丁寧に説明し、児童・生徒に知・徳・体を一体で育む教育活動を展開し、努力することを共通理解させる。

4．学校経営全体計画、１年間の月別の教職員指導計画も示し、教職員の資質向上と教育公務員としての法令・服務の遵守（使命感・指導力・人間性）を指導する。
5．人事考課推進のために、校長としての本年度の人事評価シートと自己目標、人事評価に関する指針を教職員に明示し、それをふまえて全教職員に自己申告のための自己目標を立てるよう指導する。
6．教職員の不祥事防止のため、副校長を委員長とし、教務主任・保健主事・生徒指導主任・学年主任を構成員とする服務規律委員会を組織する。
7．服務規律委員会に命じて、法令遵守・規律遵守のための服務厳正のマニュアル作成にあたる。
8．校務分掌の担当になった教科・領域主任にそれぞれの部会を開き、年間の教育活動計画・指導計画を立案し、職員会議で説明するように指導し、学校全体が動き始めるようにする。
9．全教職員と年度当初の自己申告に基づいた当初面接を行う。本年度力を注ぐ校務や将来の見通し、能力開発のための研修計画なども話題にし、適切な指導助言に努める。本人が掲げた自己目標が校長が求める目標と大きくかけ離れていた場合は指導し、書き直させ再度の面接を行う。
10．人事評価に関する指針をふまえて、教室訪問を実施し、教職員の資質・能力の観察を行う。指導力は、発問や指示、板書などから評価する。使命感や人間性は、服装や勤務態度、学級事務の進捗状況、校務分掌活動などでその服務を観察する。
11．全学級の教室訪問を終えた段階で、全体評価の指導助言を実施する。成果が見られる点は称賛し、努力してほしい点は改善に向けて適切な助言を行う。時間の許すかぎり、個別の指導計画に基づき、副校長とともに指導にあたる。
12．校内研修計画や授業研究計画などについては、校長・副校長・教務主任の３名による会議で綿密な計画を立て、研修主任等に職員会議に提出させ、研修を始めるようにする。

これで約1,200字の大論文です。番号順に羅列して記述しているだけですが、校長として年度当初に行わなければならないことを、しっかり伝えることができています。試験官を首肯させる、十分合格圏内の論文です。

⑮ 多角的な視点で対応策を考える

CHECK!

◎学校全体、地域全体を鳥瞰的な視野で見つめる
◎1つの策に固執せず多角的に考えてみる

大論文は、多角的な視点から対応策を書くと、論文構成が豊かになります。「学校経営方針に示して、校内研修をして、教職員に授業をさせて、教職員を変えて成果を上げる」というような書き方だけをしていると、金太郎飴的な内容になってしまい、深まっていきません。「これは難しいかもしれないが考えてみよう」と、できるかぎり多角的な視点で対応策を導き出す必要があります。例えば、次のような問題の場合にどうするかです。

問題

子どもたちに人権に対する正しい知識がないために、いじめや暴力行為が起きています。あなたは、教頭として人権教育を進めるために教育活動をどのように推進していきますか。具体的に述べなさい。

人権教育を進めるのですから、「校内研修の授業研究で人権教育授業を行って、教職員が人権教育推進をしていけば、問題の解決が図れるはずだ」と考えがちです。もちろん、それでもよいのですが、もっと多角的に考えることができるはずです。この問題で取れる対応策を列挙してみましょう。

1．学校教育の本年度の重点事項に人権教育を掲げ、各教科・領域、道徳、特別活動など、すべての教育活動で人権教育推進を図る。
2．人権教育全体計画を見直し、各学年ごとに教育課程に人権教育を位置づけ、教科指導計画に盛り込み実践することで、子どもたちに確かな人権意識を養う。
3．道徳、国語などの教科を人権の視点から見直し、指導の重点目標にして、授業実践を図り、子どもたちの人権感覚を養う。
4．人権を守る標語や人権を守るポスターを作る活動を通して、人権意識の

高揚を図る。
5．校内研修で人権教育を取り上げ、全教職員で学び合い、共通理解を図り人権意識を高める。
6．人権教育を学校研修の柱に据えて取り組み、教職員の人権感覚を豊かにし、子どもたちへの対応を的確にさせる。
7．共感的理解を深める指導や支援のあり方を学ばせ、インクルーシブ教育の視点も取り入れる。
8．人権教育推進における学年の課題を各学年ごとに明確にさせ、課題解決を図る実践に取り組ませる。
9．人権教育を主題とする授業参観日を設け、保護者・地域住民の参観を求め意識啓発を図る。
10．人権教育の専門家や指導主事等を招いて人権教育懇談会を行い、家庭・地域の人権意識の向上に努める。
11．保護者や地域住民との人権に関する話し合いの機会を設け、話し合ったことを学校ホームページや学校だよりで知らせ、人権意識への理解を広げる。
12．学校評議員やPTA役員との連絡会で人権教育を話題にし、人権意識の向上に努める。
13．学校評価に人権教育の項目を入れ、学校関係者評価を通して、地域住民の人権意識の向上を図る。
14．近隣の小・中・高等学校と人権教育についての取組みについて情報交換を定期的に行い、地域全体の子どもたちの人権意識を向上させる。
15．教育委員会、児童相談所、民生委員・児童委員、保護司など人権に関わる関係機関との連携を密にし、学校全体の人権意識の高揚を図っていく。

子ども、教職員、保護者・地域、関係機関などを「人権教育」という視点で考えてもこのくらいの対応策があります。

管理職論文は、読んだ試験官に「なるほど、これなら学校の管理が任せられそうだ」と思わせなければなりません。ですから、学校全体、地域全体を鳥瞰的な視野で見つめる必要があります。「校内研修だけやればいいだろう」とか、「教職員だけ授業研究をすればなんとかなる」というような閉鎖的な考えでは困るのです。

どのような問題でも、必ず多角的な視点で考え、記述することを心がけましょう。

COLUMN 1

「1文は短く」を心がける

1．1文が短い論文はテンポがよく、読みやすい

内容は間違っていないのに、1文が長すぎる文章があります。

> まず校長が学校や地域の実態・課題を把握して、特色ある教育活動を推進するための見通しを持ち、教職員が理解・納得できる学校経営方針を示して、特色ある教育活動の推進に関する計画を策定し組織を整備した上で、各学年に検討させ、教務主任と研究主任などがあらかじめ集約し検討委員会で検討し、検討委員会は学年主任のほか管理職も参加し、一部の学年だけの実践にならないように配慮し、縦系列の実践が継続するようにする。

1文がこれだけ長いと、読むリズムを崩し、内容も頭に入りません。試験官から、受験者は仕事も適切に処理ができないと思われかねません。

2．1文は、80字程度が限度

上の文を、長くても1文80字を限度に書き直してみます。

> まず校長が学校や地域の実態・課題を把握して、特色ある教育活動を推進するための見通しを持つ。教職員が理解・納得できる学校経営方針を示して、特色ある教育活動の推進に関する計画を策定し組織を整備する。その上で、各学年に検討させ、教務主任と研究主任などがあらかじめ集約し検討委員会で検討する。検討委員会は学年主任のほか管理職も参加し、一部の学年だけの実践にならないように配慮し、縦系列の実践が継続するようにする。

このように、4文に分けると、読みやすくなります。長い文を書く癖がある場合は、1つの内容は1文で書くことを強く意識してください。

第2章

差がつく
小論文の書き方

1 小論文は実務能力が問われる

CHECK!

◎管理職としての職務能力の有無を判定する
◎正確な知識をもとに、必ず簡潔な文章で記述する

すでに述べたとおり、大論文と小論文は論文に記述する文字数の違いで分けられます。大論文の場合、文字数は約1,200～2,000字程度で、記述する時間は60分から90分くらいの時間が与えられます。一方、小論文は約600～800字程度で、時間は30分くらい与えられます。

この文字数の違いは、記述する内容にも大きな影響をもたらします。大論文は時間があるため、十分に構想を練って、第1章で述べたとおり、序論・本論（論・例・策）・結論で構成する読みやすい論文が書けます。

また、小論文の場合は、教育問題への考え方もさることながら、管理職としての実務能力を特に見られます。なぜなら、少ない字数の中で学校課題への具体的な「策」を記述することが求められるため、現場での実践力が鮮明に現れるからです。したがって、現実に起きている事例問題や法規に関する問題等が多く出題されます。小論文は記述できる文字数が限られていますから、歯切れのよいはっきりとした主張をする必要があります。

◆管理職としての職務能力の有無を判定する

小論文は、なぜ出題されるのでしょう。それは、管理職（校長・副校長・教頭）としての職務能力の有無を判定するためです。管理職試験受験者が、まず日本国憲法および教育基本法等の示すところにより、学校教育を適正に進めるための自らの信念や理念を持っているかどうかを問われます。

次に、広い視野と豊かな経験を持って教育上の諸課題を把握し、その解決を図る能力や見識、具体的な方策を持っているかどうかを判断します。そして、教育管理職としての責任感や意欲、実践の姿勢があるかどうかも見られます。したがって、公立学校の管理運営や教育に関する基礎的事項、法令及び社会の状況に関する理解や関心を持つことが必要です。

また、教育実践に日々誠実に取り組み、現任校の教育改善に努めることも

必要です。こうしたことが、論文内容に現れます。また、小論文が出題されるのは、法規に則って処理をすることができるかどうかを見るためでもあります。法規を知らなければ迅速な処理は不可能ですし、法規に反した処理を行うことは許されません。それが、「教頭は職員室の法の番人」といわれるゆえんなのです。

◆どんな問題に対しても対応できる能力を測る

現在の学校は、学力向上や健全育成、地域との連携や安全確保など、多様な課題を抱えています。学校で起きる問題は、こうした学校に関わるものすべてです。多種多様な問題に、副校長・教頭は対応し、校長は最適な判断をしなければなりません。「それは苦手なので……」などという言い訳は許されません。どんな問題に対しても対応できる力があるかを見られるのが小論文なのです。

◆書かなければならないことは、必ず簡潔な文章で記述

小論文は記述する時間が少ないため、構想に時間をかける暇はありません。構想に時間をかけてしまうと、時間がどんどんなくなっていってしまいます。また、記述できる文字数も限られています。

したがって、要点をしっかりまとめ、書かなければならないことを必ず書き、簡潔な文章で記述するようにします。特に出題された問題に対する方策は、重要な順にしっかりと記述する必要があります。その方策が書いていないと、学校管理能力が不足していると見られてしまうからです。

◆知識は正確に記述

管理職試験を受験する人は、誰でも15年以上教職についているはずです。出題される問題は、いつかどこかで聞いた言葉ばかりです。どんな問題が出ても、「何となく書けそうだ」が逆に盲点になります。それらしいことが何となく書けてしまうので、あまり勉強しなくても、何とかなりそうだと思ってしまうのです。

しかし、あやふやな記憶で記述するのと、正確な知識を覚えて書くのは、全く異なります。「大体書けた」では生ぬるく、「完全に書けた」でなければ、得点にはならないことを忘れてはいけません。

② 小論文には不易と流行の問題がある

CHECK!

◎学校運営や事件・事故の問題は的確な対応力が問われる
◎新しい法規や改正点は正確に覚えておく

小論文で出題される問題は、大きく分けると、次の４つに分けられます。どの分野の問題が出題されても、法規に則って記述する必要があります。

①学校運営全般等に関する問題

教職員に関わる事故が、新聞やテレビ等で度々報道され、学校教育への不信につながっています。具体的な事例をもとに、教頭としてどのように指導するか法令等に触れながら述べなさい。

小論文は、短い時間の中で簡潔にまとめる必要があります。30分くらいの時間に、600～800字で記述しなければなりません。この問題の場合は、「教職員の事故」なので、「交通事故、体罰事故、経理上の事故、猥褻セクハラ等非違行為、個人情報流失等の教職員の事故」について、具体的にどう指導するのかを記述しなければなりません。また、それを法規に触れて記述します。

さらに、小論文問題には、不易と流行の問題があります。例えば、「教職員の服務に関する問題」は、毎年どこかの都道府県市で出題されています。その他にも、「体罰、いじめ、不登校、学校評価、人事評価、学校安全、学校施設の目的外使用」等、繰り返し出題される「不易の問題」は数多くあります。こうした問題は確実に記述できるようにしておくことが必要です。

②事件・事故等に関する問題

算数科でできる子とできない子に分けて習熟度別授業を行ったところ、できる子ができない子をからかうような態度が見られるそうですが、教頭としてどのように対応しますか。具体的に述べなさい。

いわゆる学校で起きる事件・事故ものです。東京都の教育管理職選考実施要綱には、事例問題は「学校経営に関する具体的問題に対し事例式により出題し、表現力、理解力、判断力、問題解決能力について評定する」とあります。事例式に似たこの「子ども同士の争い」のような問題も小論文としてよく出題されますが、管理職としての対応力が十分判断できます。

こうした事実が発覚したら、大至急取り組み、問題解決にあたらなくてはなりません。どのような順序で、誰を動かし、迅速に何をどうするのかを記述しなければなりません。今までの教職経験の豊かさが問われる問題であり、学年主任や教務主任時の、行動力、判断力等が瞬時に判断できる問題でもあります。

③法規等に関する問題

教職員の職務上の義務と服務上の義務を述べなさい。また、それはどの法規に規定されていますか。

典型的な法規問題です。法規に関する問題の場合、知らなければ何も記述できません。正誤問題形式や択一問題形式であれば、勘やあてずっぽうで答えることもできますが、小論文として記述式問題で出題されると、覚えていないと全く記述できないため、しっかり準備しておく必要があります。

④新しい法規や中教審答申等に関する問題

GIGA スクール構想を推進した学力向上策について述べなさい。

GIGA スクールや教員の働き方改革、STEAM 教育、自己調整学習、遠隔オンライン教育等について、これらは管理職として当然知っていなければならないものです。

前述した不易と流行の「流行の問題」がこれに当たります。特に、新しい答申の内容や法の改正点等を正確に覚えていないと、小論文は全く記述できません。いい加減な論述では、試験官を首肯させ、納得させることはできず、高得点は得られません。ぜひサブノートを作るなど、工夫して正確に覚えておきましょう。

❸ 小論文も「序論・本論・結論」が基本

CHECK!

◎「序論・本論・結論」でコンパクトにまとめる
◎「本論」は重複しない複数の異なる視点から対応を考える

小論文は、短い記述時間の中でどのように書いていくのか工夫する必要があります。小論文の書き方には、大きく分けて3つぐらいの書き方があります。1つめは、大論文と同じように「序論・本論・結論」と3つに分けて書く方法です。2つめは、箇条書きのように「策」を思いついた順に次々と書いていく方法です。3つめは、時系列にしたがって、管理職として行わなければならないことを順々に書く方法です。

最もオーソドックスで「まとまった論文だな」と見られるのは、1つめの方法ですが、短い時間で書くには、あらかじめ練習しておく必要があります。実際の問題を例に、説明しましょう。

問題

不登校児童・生徒数は減少していますが、小中学校間の接続のギャップ（中1ギャップ）による中1不登校は大きな課題です。あなたは教頭として、中1不登校への対応にどのように取り組んでいきますか。具体的に述べなさい。

まず「序論」は、600字程度の論文であれば、2文くらいで簡潔に記述します。記述内容は、出題された背景について述べ、与えられた問題に対して自分の考えの方向性をはっきりと記述します。また、その問題が学校経営上の大きな課題であり、早急に取り組む必要があるとの認識を述べます。

中学校進学にともなう学習環境の変化や人間関係の戸惑いなどから中学入学時の子どもたちの精神的な負担は大きい。この負担を減らし、小中間の円滑な接続を図るために、校長の指導のもと、教頭として次のように取り組む。

次に「本論」は、重複しない複数の異なる視点から対応を考えて、同じくらいの分量で記述するようにします。この問題で「本論」の内容を考えるとすると、例えば「小中連携を活発化し、活性化を図る」と「授業公開だけでなく、幅広い小中交流に努める」の２つが考えられます。内容が重複していないので大丈夫です。「本論」を実際に記述すると、次のようになります。

１．小中連携を活発化し、活性化を図る
　まず、中学校学区内の小・中学校の全教職員が三密を防ぎながら定期的に情報交換会を行い、子どもたちの状況について正確に把握することが必要である。次に、共通のテーマのもとに、授業研究会や校内研修を行い、小・中９年間を見通したカリキュラムの開発などに取り組む。生活規律についても中学校区内の全教職員が、共通認識を持って子どもの指導にあたっていく。学区内の教頭・主幹教諭の情報交換会を行い、発達障害傾向のある子、アレルギー体質の子など新入学生徒の個別的配慮事項について個別支援体制の確立に努める。教頭として、一貫した児童・生徒理解、生徒指導の推進にあたっていく。
２．授業公開だけでなく、幅広い小中交流に努める
　同じ学区内の小学校６年生が、入学前に中学校での十分な間隔を取りながら合同体験学習を行うなどレクリエーションを通して人間関係づくりの基礎的な訓練を行う。次に、小学校に中学生を招き、中学校生活や部活動の内容などの説明を行い、中学校生活への希望を持たせる。また、定期的に小・中学校の教務主任・生徒指導主任・特別活動主任の連絡会を開き、生徒指導情報等の情報交換に努める。

「本論」は、これで約500字です。この２つの「策」にしっかり取り組むことが中１ギャップの防止には必要です。最後のまとめとなる「結論」では、設問に正対していることを印象付け、力強く締めくくります。

　以上のような方策を着実に推進し、子どもたちの精神的な負担を軽くするように努め、中１ギャップの発生を防ぎたい。また、日々研鑽に励み、自己の力量を高める覚悟である。

4 小論文は特に「策」が重要

CHECK!

◎「論」や「例」が少なくても「策」はしっかりと記述する
◎根拠法令については、確実に記述しておく

小論文は文字数が少ないため、大論文と同じように「論・例・策」という書き方も可能ですが、大論文のように詳細に書いているとたちまち紙数がつきて、中途半端な論文になってしまいます。そこで、大論文とは違った工夫が必要になります。

まず、序論（前文ともいう）は、３行程度で簡潔に書きます。前置きのこの部分が、簡潔な論文展開ができるかどうかの分かれ目です。

次に、本論ですが、ここも簡潔な記述が求められます。通常、論文は「論・例・策」といわれていますが、小論文では「策」が最も重要です。策の記述がない論文はありえません。なぜなら、「あなたはこのような課題について、校長（教頭）としてどのように対応していきますか」というのが、論文試験で問われているものだからです。したがって、小論文では「論」と「例」は少なくても、「策」をしっかりと記述しておきましょう。最後の結論（まとめ）ですが、ここも２行程度で簡潔にまとめます。

では、教職員の研修に関する問題で、書き方を考えてみましょう。

問題

教職員は、その職責を遂行するために絶えず研修と修養に努めなければなりません。あなたは校長として、それにふさわしい研修をどのように整えますか。法令等に触れながら具体的に述べなさい。

序論（前文）には、次のように、２文で簡潔な導入を行います。

子どもの教育にあたる教職員には、幅広い専門的な知識や、子どもに対する深い理解などが必要であり、その職責の重要性から自己の資質・能力の向上に向けて不断の努力が必要である。私は、校長として、教職員の研修を次

のように推進する。

次に本論ですが、教育公務員特例法第21条第1項には「教育公務員は、その職責を遂行するために、絶えず研究と修養に努めなければならない」と定められており、問題には「法令等に触れながら」と書いてあるので、教育公務員特例法の記述は必須です。

また、第22条第1項には、「教育公務員には、研修を受ける機会が与えられなければならない」、第2項には「教員は、授業に支障がない限り、本属長の承認を受けて、勤務場所を離れて研修を行うことができる」と研修の機会に関する規定もあります。

このように考えると、本論の中を2つに分けて次のように記述します。

教育公務員特例法第21条第1項には「教育公務員は、その職責を遂行するために、絶えず研究と修養に努めなければならない」、第22条第1項には「教育公務員には、研修を受ける機会が与えられなければならない」と定められている。私は、教職員に積極的に研修に参加させ、その資質と能力の向上を図る。

また、「職務研修」として法令上で定められている初任者研修、中堅教諭等資質向上研修などは必ず参加させ、教育委員会が主催して教育センターなどで行われる管理職や各種主任を対象とした研修にも積極的に参加させる。これらは、服務監督者（校長等）の職務命令により公務上の出張扱いとなる。さらに、教育公務員特例法第22条第2項は、「教員は、授業に支障がない限り、本属長の承認を受けて、勤務場所を離れて研修を行うことができる」と定めている。この規定に基づいて、職務専念義務が免除されて行われる研修を「職専免研修」という。この職専免研修についても、積極的な参加を奨励する。他には、承認権者である校長が承認すると可能な「勤務場所を離れて行う研修」、教員が自主的に勤務時間外に自費で行う「自主研修」等もあり、これらも学校運営上支障がないかどうか判断してできるだけ奨励していく。さまざまな研修を利用して、教職員の資質と能力の向上に努めさせるように取り組む。

校長としての立場から小論文でこれらを書くわけですが、できるだけ記述内容は平均化して見やすくすることに努めます。すべての事項で法令名や条文を書いていると、行数が足りなくなってしまいます。前半で法規については触れているので、それで留めてもよいと思います。
　最後に、結論は、次のように簡潔にまとめます。

教職員自らがその重責を深く自覚し、研修を通じて不断の教育実践と自己啓発に努めるように支援し、校長として職務に邁進する覚悟である。

　これで約800字の小論文です。このように、小論文では、管理職として何ができるか、「策」をしっかり書くことが大切です。

5 PDCAの観点から「策」を並べる

CHECK!

◎時間がないときは思いついた「策」を列挙する
◎ PDCAを意識すれば、豊富な「策」が思い浮かぶ

小論文では、与えられた短い時間の中で構成をじっくり練っていては、たちまち時間切れになってしまいます。そんなときは、記述すべきことを思いついた順に箇条書きで書いたとしても、全く問題はありません。

最も気をつけなければならないことは、管理職としての「策」を豊富に並べることです。試験官は受験者の「策」を評価するからです。

「人事評価制度の活用」という、実際の問題で記述してみましょう。

問題

人事評価制度が始まっていますが、あなたは教頭としてこの制度をどのように活用して、学校の活性化につなげていきますか。具体的に述べなさい。

序論は書かずに、すぐに教頭として行う「策」を列挙していきます。

1．年度当初に人事評価について簡単にまとめたリーフレットを配布し、教職員に人事評価制度の利点を理解させ、校長の指導のもと、職員会議でその重要性について強調する。
2．人事評価は、1年間の自己目標を決めて取り組むものであり、教職員の資質・能力の向上に寄与し、管理職と教職員の人間関係を深めるために行うことを理解させる。
3．自己申告書は、学校経営方針や重点目標を受け、各教職員が1年間の自己目標を記述し、この目標達成のために日々の教育活動を行うため、能力開発に有用であることを訴える。
4．自己申告書作成のポイントを簡潔にまとめたリーフレットを教職員に配布し、作成段階で積極的に相談にのるとともに、当初面談では目標達成への手順や改善策を指導する。

5．教職員が同じ目標達成に向かって励んでいく中で教職員間に同僚としての連帯感が育くまれ、学校改善が進むように教頭として、指導力を発揮する。
6．授業観察、学級経営観察を丁寧に実施し、教職員のプラス面を校長に報告するとともに、加点主義に徹して人材育成をめざしていく。
7．自己目標が達成できずに悩んでいる教職員には親身になって相談にのり、適切な指導助言をし、「職員室の主任」として教職員一人ひとりへの支援を行う。
8．当初面談や中間面談、最終面談、授業観察時の面談、週案点検等の機会を通して教職員の長所を認め、励ますようにして育てていく。
9．最終面談では自己目標達成状況を総括し、1年間の資質向上について多面的な総合評価をし、全教職員が次年度に向けて意欲を喚起できるように進めていく。
10．評価結果を伝える開示面談では、目標達成を適切に評価するとともに、未達成の場合でも取組みの姿勢を評価し、次年度の実践につなげていくようにする。
11．校長の指導を受け、人事評価制度をもとに、学校教育活動の充実・向上、学校組織の活性化、教職員の意識改革・意欲・資質能力の向上に努め、学校全体の力量向上を図る。

これで約800字です。箇条書きで数多くの「策」を書くには、PDCA（Plan-Do-Check-Action）の観点から考えると、アプローチできる「策」が数多く浮かんできます。まず、P（計画）の段階です。この例文では「1～5」の記述がそれにあたります。人事評価の最初の段階である自己目標の設定などのときに気をつけることを、「策」として記述します。次に、D（実施）の段階のときに心配りをすることを記述します。この「例」では、「6、7」がそれにあたります。次にC（評価）です。この例では、「8、9」で、評価をするときの教職員への対応の仕方を記述してあります。そして最後に、A（調整・改善）です。この「例」では、「10、11」がそれにあたります。もちろん最後の11の「策」には、教頭としての決意を書くと、結論のような書き方になるので高い評価になるはずです。文末表現に気をつけて、教頭として行う「策」をたくさん記述することが大切です。

⑥ 法規に関する得意分野を持つ

CHECK!

◎何か法規で自信の持てる分野をつくる
◎出題されやすい変更点は確実に押さえる

◆自信の持てる分野をつくる

小論文では、法規に関して得意な分野を持つことも必要です。例えば、「出産・育児に関する法規関係」であれば、産前・産後休暇、産前障害休暇、加算休暇、通院休暇、通勤緩和休暇、育児休暇、育児休業等について都道府県条例・規則をもとに一覧表を作成しておきます。教職員の出産・育児については何でも知っているとなれば、論文試験の自信にもなるはずです。「人事評価制度」でも、「学校安全や危機管理」でも、自信を持てる分野を１つでも２つでもつくることです。そうすることによって、教育法規全体への自信もついてくるはずです。

◆出題されやすい変更点は確実に押さえる

更に、新しく変わった事柄についてもマスターしておく必要があります。学校管理職は教育の最前線に立ち、その指揮を執るわけですから、最新の情報を持っていなければなりません。例えば、学校における働き方改革・業務改善については、教員のこれまでの働き方を見直す問題として多くの都道府県市教育委員会の管理職試験で出題されています。「新しい時代の教育に向けた持続可能な学校指導・運営体制の構築のための学校における働き方改革に関する総合的な方策について」が中央教育審議会答申として平成31年１月に発出されており、それをしっかり読んでいれば十分に対応できます。

また、勤務時間の上限ガイドラインについては、文部科学省から「公立学校の教師の勤務時間の上限に関するガイドライン」が平成31年１月に示されていますが、すでにそれについても問題として出題されています。こうした新しく示されたケースについては、出題される頻度が高いと考え、マスターしておきましょう。

◆押さえておきたい「不易」の問題

不易の問題として、管理職として当然押さえておかなければならない基本的なことについても、とても多く出題されます。例えば「体罰の禁止」や「いじめ」「教職員の分限・懲戒」などの問題です。

体罰の禁止は、学校教育法第11条において、「校長及び教員は、教育上必要があると認めるときは、文部科学大臣の定めるところにより、児童、生徒及び学生に懲戒を加えることができる。ただし体罰を加えることはできない」と規定されています。

こうした規定があるにもかかわらず、教職員による体罰が後を絶ちません。平成24年には、大阪市立桜宮高校の男子生徒が部活動の顧問から激しい体罰を繰り返し受け自殺した事件がありました。顧問は懲戒免職となりましたが、文部科学省がこの事件を重く受け止めて実態調査を行った結果、全国の公立学校教職員で令和2年度に体罰により懲戒処分等を受けた教職員は、393人となっています。文部科学省が平成25年3月13日に「体罰の禁止及び児童生徒理解に基づく指導の徹底について」を、平成25年8月9日に「体罰根絶に向けた取組の徹底について」を通知しているにもかかわらず、体罰の根絶は図られていません。

また、いじめの問題では、平成24年にいじめの兆候を学校側が見逃し、自殺後の原因調査もずさんに済ませたという滋賀県大津市のいじめ問題が発覚しました。学校や市教育委員会の対応の不備が次々と明らかになり大きな社会問題となりました。平成23年10月に大津市立中学2年生の男子生徒が自殺した事件で、学校と市教委が9か月にもわたって調査結果を隠蔽していたことが後でわかったのです。この事件を受け、平成25年には「いじめ防止対策推進法」が成立しています。

同様に、教職員の分限処分は、「免職・降任・休職・降給」であり、懲戒処分は、「免職・停職・減給・戒告」であるとされます。法規の中の基本的なことは、着実に答えられるように準備をしておく必要があります。

そして、小論文対策としては、重要な教育用語、経営管理の基礎知識などについても精通し、先見性のある教育ビジョンや学校づくり・人づくりといった経営戦略についても押さえておく必要があります。また、事例問題に対する対応・対策なども記述できるように準備しましょう。

7「個」と「全体」をふまえて書く

CHECK!

◎適切な個人指導で問題の発生を防止する
◎組織をもとに計画的、継続的な全体指導を行う

教職員に関する問題が出題された場合に大切なのが、「個と全体」をふまえて記述することです。つまり、教職員個人への対応、教職員が所属している学校全体への指導、この2つについて記述する必要があります。

次の問題で確認してみましょう。

問題

教頭として着任した学校に、表簿や成績物、USBメモリー等を机上に放置したり、安易に家庭に持ち帰ったりする教職員がいました。このことについて考えられる問題点を挙げ、教頭としての対応を法令などに触れながら述べなさい。

この問題の場合、おそらく「児童・生徒の情報は、校外に持ち出さない」と決められていたはずです。しかし、組織には、決まりをしっかり守る教職員もいれば、ときには独りよがりな行動をする教職員もいます。そのとき管理職としてどうするのかを聞いているのがこの問題の意図です。まず、書き出しは、次のように記述します。

児童・生徒の個人情報が数多くある学校において、情報の管理は大きな課題といえる。表簿や成績物等には個人の人権に関わる重要な情報も入っている。個人情報を学校から持ち出していると見られる場合、教職員に対して、個人情報の保護に対する危機管理意識を持たせることが緊急の課題である。

次は、問題文にあるように「問題点を挙げ」「法令などに触れながら」論述します。

氏名・成績・顔写真等、個人の守られるべき情報が、教職員の不用意な行動で流失することは、断じて許されない。表簿や成績物等の個人情報を不用意に扱ったり、安易に校外に持ち出したりすることは、紛失や盗難等のおそれがあり、行ってはならない行為である。地方公務員法第33条信用失墜行為、第34条守秘義務、個人情報の保護に関する法律第20条安全管理措置違反に問われる行為である。問題のある教職員に直ちに個別指導を行い、人権侵害を起こしかねない過ちであることをしっかりと指導する。

教職員のこうした行為は、管理職も監督義務違反を問われる問題です。ですから、まずは当該教職員、個人への指導を確実に行うことを書きます。しかし、ここで書き終わっては、管理職としての立場とはいえません。次は必ず、今後同様のことが起きないように行う教職員全体への指導も記述します。

情報管理委員会を組織して、各学年の代表者を集め、教職員としての日常の職務についてしっかり確認し、教職員に周知し個人情報流失を防ぐ。校内研修で、個人情報の保護に関する法律や地方公務員法等をもとに、表簿や成績物、USBメモリー等の扱いについて、学校全体で統一行動が取れるようにする。また、私物のパソコンに個人情報を残さない等、情報破棄規定等も策定し、情報機器の取扱いについて全体確認を行い、個人情報の流失は絶対に起こさないようにする。

問題文には、学校全体への指導等について書くように指示されてはいませんが、管理職の立場を忘れてはいけません。当該教員以外にも個人情報を持ち出している教職員がいるかもしれません。同様な問題が、今後発生するかもしれません。したがって、全体に対する目を持たなければならないのです。

結論は、今後の管理職としての行動と決意を記述してまとめます。

児童・生徒の個人情報の管理については、職員室の主任として、職員室の整理整頓に努める。また、校長の指導のもと、どんな瑕疵も見逃さずにその対応に努め、児童・生徒や保護者から信頼される学校づくりに邁進する覚悟である。

8 事例問題は正確な事実を把握する

CHECK!

◎１つの事例を、学校改善の契機にする
◎「災い転じて福をなす」の視点で記述する

小論文でも、事例問題を出題する傾向が高まっています。それは、学校で起きるさまざまな事例に対して、管理職として適切な対応が取れるのかどうか、瞬時に判断できるからです。例えば、次のような問題です。

問題

職員室に電話がかかってきました。「小学３年生の娘の父だが、うちの子が、下校班で下校するときに誰も口を利いてくれず、無視をされるといっている。これはいじめだと思うが、担任の先生に伝えても、いじめではなく遊びのようだといって真剣に聞いてくれないらしい。下校班がいやで子どもはもう学校に行きたくないといっている」。あなたは教頭として、このようなときにどのように対応しますか。600字以内で答えなさい。

このような事例問題に、どのように解答すればよいでしょうか。解答例を見てみましょう。

解答例A

教頭としてこの問題の解決について次のように対応する。まず、電話をかけてきた保護者が誰なのかわかっている場合の対応について記述する。すぐに、電話をかけてきた、下校班でいじめられ無視をされているという子どもの担任を呼び、事実を確認する。その担任からよく事情を聴き、本当に下校班で口を利いてくれないのかどうか、同じ下校班の子どもにも確かめ、その子どもに対して担任からよく説得をさせるようにする。また、学校に来たくないといっているようだが、学校に登校することは大切なことであると、その子を説得させる。時間が許せば、教頭も同席をする。保護者に対しては、事実をよく調べてみたが、無視をしたりいじめたりされてることはないようだということを担任から説明させる。
　電話をかけてきた保護者が誰なのかわからない場合は、すぐに下校班を特定し、調べることはできない。また、その子どもや保護者に対しての対応もできない。ただし、小学３年生ということはわかっているので、３年生の担任をすべて集め、このような電話がかかってきたことを伝え、下校班の調査を丁寧に行うように指示をする。また、休みがちな子どもはいないかなど、３年生の子どもの様子を把握し、欠席理由などを確認させる。病気以外の理由で休んでいる子どもについては、欠席理由についてしっかり調べさせる。以上の対応について校長に報告し、校長からの指示を待つ。

　これで約600字ですが、この記述でよいでしょうか。事例問題に解答する上で最も大切なのは、まずその事実を正確に把握することです。この場合は、下校班で口を利いてくれずに無視をされ、先生にも相談したが解決していないということです。重大な問題であり、矮小化したり、すりかえたりすることはできません。
　解答例Ａでは、「調べたがそういう事実はない」という前提で書いています。これでは問題の解決にはならず、電話をかけてきた保護者の怒りは増すばかりです。また、その事例を取り巻く関係をできるだけ広げて解答することも必要です。ある事例が発生したことによって、学校にとって有益な情報を得られた、だから「災い転じて福となす」という視点で記述することが大切なのです。自分が書きやすいからといって、自分のロジックで論文を展開してはいけません。

解答例Ｂ

　電話をかけてきた保護者がわかっている場合は、教頭として次のように対応する。電話をかけてきた、下校班で問題が起きているという子どもの担任を呼び、事実を確認する。その担任からよく事情を聴き、いじめは絶対にあってはならないことを、学級の子どもたち全員にしっかり指導させる。悪口を言うことはいけないことだが、口を利かずに無視をすることもいじめにつながるということを、子どもたちに指導する。下校班で無視をされているという子の家に担任と教頭で家庭訪問して、子どもの様子をしっかり把握し、もう口を利かないで無視をされることはないからといって励まし、登校するように説得する。保護者にも、学校はいじめの防止に全力で対応することを約束する。

電話をかけてきた保護者が誰なのかわからない場合でも、小学３年生の保護者であるということはわかっている。３年生の担任をすべて集め、学級内でいじめがないかどうか、下校班の子どもたちの様子を把握させる。無視をするのは、いじめであることを認識し、子どもたちにしっかり指導する。欠席理由が不明で休んでいる子が多い場合には、学年保護者会の開催なども考えておく。他の学年にもこうした電話があったことを知らせ、学校全体で学級経営や子どもたちの活動について再度見直すようにさせる。校長の指導のもと、いじめの絶滅に全力であたってまいりたい。

１つの事例から、教職員が子どもたちへの指導について再認識し、他のことについても反省し、学校改善の契機にして全体が向上することが大事なのです。

9 事件・事故は漏れなく指示を書く

CHECK!

◎時系列で指示する順を漏れがないように記述する
◎危機管理は全教職員で組織的に対応する

「学校管理職育成指針」（東京都教育委員会、平成25年5月）によれば、校長・副校長にはまず「学校マネジメント能力」が重要とされています。特にその中で、危機管理に関しては次のように述べられています。

- 学校事故の未然防止に向けての組織的対応ができる。
- 学校事故等に対して、適切に対応することができる。
- 学校事故等に対して、緊急時にも組織的対応ができるように平素から準備することができる。

これは、校長・副校長の育成に関する記述ですが、管理職試験に出題された場合に、出題者はこのような観点から回答を読むに違いないということがわかります。「適切で、組織的な対応」が鍵なのです。

では、次の問題で書き方を考えてみましょう。

問題

校長が出張で不在中、帰宅途中の本校生徒ＡとＢ校生徒が暴力事件を起こし、警察から本校の生徒Ａが怪我をしているという連絡を受けました。あなたは教頭として、どのように対応しますか。具体的に述べなさい。

出題内容を整理してみると、まず校長が不在です。したがって、教頭である自分がすべての指示を出す必要があります。生徒同士の暴力事件であり、生徒は怪我をしています。これらをふまえ、「序論」は次のように簡潔に記述します。

事件・事故が起きた場合、最も重要なことは、生徒の生命と安全確保である。教頭として、事件・事故による被害を最小限に食い止めるため、校長の指示を受け、次のように行動する。

「本論」は行うことを時系列で記述していきます。キーワードは、「組織的」ですので、教職員を動員し、漏れがないようにします。まず、怪我をしている生徒の状態の把握が第一です。

生徒Aの怪我の状態を緊急に把握する。道路にいるのか、救急車で運ばれているのか、どの程度の怪我なのか状況をつかみ、学級担任と教務主任を現場に急行させる。

必ず二人1組で行動させるようにします。組織的対応で忘れてはいけないことです。次は、校長への報告を、できるだけ早く行います。

校長の出張先を調べ、事件の概要を知らせ、指示を仰ぐ。校長が遠隔地の場合は、校長が戻るまで、現場の責任者として対応にあたる。重要な決定は、携帯電話で指示を仰ぐ。

生徒は怪我をしているので、その保護者との連絡も必要です。

生徒Aの保護者に養護教諭から連絡を取らせ、現場または病院で、養護教諭、保健主事と会うようにさせる。その折、興奮のあまり二次的なトラブルを起こさぬように注意させる。

相手校との連絡も必要になるに違いありません。

B校の校長と連絡を取り、B校の生徒の状況を把握する。B校の生徒も怪我をしているときは、教務をB校に行かせその状況を至急つかむ。情報は、わかり次第携帯電話で報告させる。

他の生徒は大丈夫なのかどうか、これについても手を打っておきます。

帰宅途中一緒だったと思われる他の生徒の様子を学年主任に調べさせ、怪我をしていないか確認させる。怪我をしている場合は、学級担任に家庭訪問させ、適切な処置をとる。

教育委員会へも、校長の指示のもと、一報を入れておきます。

市教育委員会に、以上の概要を速報として知らせ、校長から受けている指示も報告し、現場の責任者として今後の対応について指示を受ける。

警察やマスコミ関係についても、記述しておきます。

当該事件を取り扱った警察署に連絡を取り、警察の把握している情報をつかみ、事実関係について正確な把握をする。必要な場合は、生徒指導主事を警察に行かせて、情報の整理をする。

教職員を全員集め、事件の概要を知らせるとともに、外部の人に憶測で話をしないなどの注意を与え、徹底していく。特にマスコミの取材には個人的に答えないようにさせ、対応は教頭が行うようにする。

結論は、管理職としての決意を入れてしっかりまとめます。

他校との関係もあり、保護者の間で後々しこりが残らぬように万全の配慮に努め、教頭として解決に全力であたる。また、校長の指導のもと、今後このような事件が起きないように、指導を行っていく覚悟である。

⑩ 管理職の視点を文末で示す

CHECK!

◎管理職としての姿勢を必ず盛り込む
◎文末を管理職の視点で書き、文章全体を引き締める

小論文では、なぜその問題が管理職試験に出題されているのか、その主旨を考えると、次のような工夫が必要となります。例えば、人事評価制度についての記述をしたとします。

> 人事評価制度は、管理職が、教職員の自分で決めた目標への到達状況を評価する自己申告、授業などから得られた成果を評価する業績評価の２つからなり、教職員の資質と能力を向上させる制度である。私はこの制度を活用し、学校改善を推進していく。

この人事評価制度の説明であれば、「この制度を活用し、学校改善を推進していく」という最後の１文こそが学校管理職としての視点です。この文があると、採点者も「そうか、この受験者は、管理職になったら人事評価制度を活用して学校改善にこのような対応をするのだな」ということがわかります。さりげなく管理職の視点を加えて、管理職としての職務に対する決意を述べるのです。

次のような問題でも、最後の１文を管理職の視点で記述します。問題は「キャリア教育の充実」です。

> 児童が、学ぶことと自己の将来とのつながりを見通しながら、社会的・職業的自立に向けて必要な基盤となる資質・能力を身に付けていくことができるよう、特別活動を要としつつ各教科の特質に応じて、キャリア教育の充実を図っていくことが重要である。校長を補佐し、キャリア教育の着実な実践を推進し、教育効果を高めていく。

最後の文の「校長を補佐し、キャリア教育の着実な実践を推進し、教育効

果を高めていく。」が管理職としての視点です。このように、文末を管理職の視点で締めくくると、文章全体が引き締まってきます。この文がないと、どこか物足りなく、管理職としての姿勢の感じられないものになってしまうのです。うまく入れられない場合もあるかもしれませんが、何とか工夫をして最後を締めるようにしましょう。

テーマごとに、あらかじめどのように書くのかを準備しておくことが望ましいと思います。ここでは、①学校経営、②教育課程、③児童・生徒、④教職員、⑤教育行政の５つを挙げます。

①学校経営の例として「栄養教諭」を挙げます。説明した後、最後の１文は次のように締めるとよいでしょう。

> 栄養教諭は、学校における食に関する指導を充実し、児童・生徒に望ましい食習慣を身に付けさせるために置かれている職である。（以下略）学校における栄養の指導及び管理のために、校長として、適切な指導助言を行う。

ジャンルは学校経営ですから、学校全体を見渡した表現で締めくくると、校長としての決意を伝えることができます。

②教育課程は、例として「社会に開かれた教育課程」を挙げます。

> よりよい学校教育を通じてよりよい社会を創るという目標を共有し、社会と連携・協働しながら、未来の創り手となるために必要な知識や力を育む社会に開かれた教育課程の実現を教頭として推進していく。

「社会に開かれた教育課程」というのは平成29年の学習指導要領で示されたポイントです。したがって、説明の最後は、上記のような文で締めくくります。

③児童・生徒は、「保健室登校」を例とします。

> 登校できるがクラスには行けず、保健室や相談室なら行けるのが「保健室登校」である。（以下略）学級担任をはじめ、養護教諭、スクールカウンセラーの連携を図り、校長として親身になって子どもの支援にあたる。

管理職として児童・生徒を強力に支援していく必要があります。このような文でまとめ、管理職としての姿勢を示すとよいでしょう。
④教職員は、例として「職務専念義務」を挙げます。

> 職務専念義務とは、公務員は勤務時間中には注意力のすべてを職務に集中（以下略）すべての教職員が、職務遂行に励むように、管理職として温かさと厳しさのある指導・管理に努める。

管理職にとって最も重要なのが教職員指導です。もちろん温かな指導も必要ですが、ときには厳しい指導も必要です。その両面を記述すると、締まります。
⑤教育行政は、例として「就学時健康診断」を挙げます。

> 学齢簿の作成後、11月末日までに就学予定者の健康診断を（以下略）教育委員会の指導を受け、本校就学予定者が全員診断を受けるように、管理職としてしっかり対応する。

教育委員会との連携は、重要な職務です。しっかりとした指導を受け、学校運営を推進するためにこのような書き方で締めくくるとよいでしょう。

COLUMN 2

副詞の呼応にはきまりがある

1．言葉の呼応にはきまりがある

ある言葉（副詞）がある場合に、その後必ず決まった表現とセットで使うことを、「副詞の呼応」（ふくしのこおう）といいます。

例えば、副詞の呼応としては、「全然進んでいない」というように、「全然～ない」という否定表現が正解です。近頃、「全然進んでいる」という「全然～る」という肯定表現として話し言葉で使われることがありますが、言葉の呼応としては不正解です。

論文を書く際は、こうした点も注意する必要があります。

副詞の呼応の主な例は次のようなものがあります。

否定	全然～ない　決して～ない　必ずしも～ない　少しも～ない
仮定	もし～なら～だろう　たとえ～でも～（し・す）まい
推量	たぶん～だろう　まさか～ではないだろう
比較	まるで～のようだ　あたかも～のようである
願望	ぜひ～したい　どうか～してほしい

2．「ら」抜き言葉や「自分的に」という表現は使わない

「これない」や「食べれない」といった「ら」抜き言葉は、論文記述の中では使わないようにします。「授業についてこられない児童・生徒を励ますようにする」とか「給食が全部食べられない児童・生徒がいても、無理に食べさせない」のように「ら」を入れて正しく記述しましょう。

また、「自分的に～」という表現も日常の話言葉では問題ありませんが、論文の中で使うのはNGです。

また、論文の中での「いじめは許せない行為。撲滅に全力で挑戦。教頭としてしっかり取り組む。」というような「体言止め」の使用も論文には不適切です。試験官に違和感を与えますので、やめたほうがよいでしょう。

第3章

ダメ論文の添削改善例

1 序論が長すぎる論文

CHECK!

◎序論が長すぎると、肝心の本論が貧弱になってしまう
◎適切な分量で序論をまとめ、本論を記述する

論文の中で多いのが、序論が長くなっている論文です。特に、課題についての説明を延々と序論の中で繰り返します。まるで、この論文を見るのが、試験官ではなく子どもであるかのように丁寧に記述するのです。

問題文に書かれた「このことをどう捉え、……」を意識しすぎて、「このこと」について論文の半分ぐらいを使って書かなければいけないと思ってしまうことも、序論が長くなってしまう原因の１つのようです。

しかし、序論に論文の半分を割いてしまうと、肝心の管理職として行いたい「策」が貧弱になり、説得力の欠けた論文になってしまいます。そうならないためには、序論は適切な長さでまとめ、本論に入っていくべきです。

実際の論文例で確認してみましょう。

問題

セクハラ、体罰、飲酒運転による事故など教職員による不祥事が多発しています。通知や通達が出され、各学校でも指導が行われています。あなたはこのことをどう捉え、教頭として教職員の信用失墜行為の根絶のためにどのように取り組みますか。具体的に述べなさい。

修正前の解答例は、次のような文です。

修正前の解答例

教育委員会や文部科学省からの通知や通達が出され、各学校で管理職からの指導もあり、新聞報道なども行われているにもかかわらず、教職員の信用失墜行為は繰り返されている。セクハラ、体罰、飲酒運転といった信用失墜行為は、その教職員の信用を失わせるだけでなく教育界全体への不信感を招きかねない。学校教育の役割は、児童・生徒の規範意識を育成し、健全な社

会生活を営む人間を育てることにある。こうした教育活動は、児童・生徒、保護者・地域、教職員との信頼関係をもとに成り立っているはずである。信用失墜行為は、築き上げてきた信頼関係を一気に破壊してしまうものであり、根絶に努めなければならない。社会生活は、法規や社会規範を遵守することで成り立っている。特に教職員は教育公務員であり、すべてに厳正な態度で臨む必要がある。「ストレスが多いからそんなに厳しくはできない」などという言い訳は許されない。繰り返しになるが、信用失墜行為は教職員としての信用を傷つけるだけでなく、多くの場合は戒告、減給、停職、免職といった懲戒処分の対象となり、懲戒免職という厳しい処分になることもある。教職員の仕事を辞めたら、また新たな職業を探さなくてはならない。私は教頭として、自分の学校からは職探しをするような教職員を絶対に生まないようにしたい。そこで、教頭として次のような取組みを行い、信用失墜行為の絶無に努めていきたい。

1．学校運営の重点に服務の厳正を掲げ、機会あるごとに指導助言を行う

（以下略）

長い序論です。最後は「職探し」などという言葉が出てきていますが、ここまで長い序論を書く必要はありません。「このことをどう捉え、……」という言葉に影響を受けて、捉え方を詳細に記述してしまったのかもしれません。序論が長すぎると、論文全体が重くなってしまいがちですので要注意です。

最後に「柱１」が書かれて、「服務の厳正を掲げ、機会あるごとに指導助言」と書いてありますから、その「柱１」の中で「懲戒処分」などについて触れればよいのです。

問題用紙が配られたら、序論はここまで、次は本論、そして最後に結論、というように大まかに分量配分の目安を立てて、全体のバランスが取れた論文を意識することが大切です。この序論をそのまま分解して、修正してみましょう。

修正後の解答例

教育委員会や文部科学省からの通知や通達が出され、各学校で校長や教頭の指導もあり、新聞報道なども行われているにもかかわらず、教職員の信用失墜行為は繰り返されている。セクハラ、体罰、飲酒運転といった信用失墜

行為は、その教職員の信用を失わせるだけでなく教育界全体への不信感を招きかねない。社会生活は、法規や社会規範を遵守することで成り立っている。特に教職員は教育公務員であり、すべてに厳正な態度で臨む必要がある。そこで、教頭として校長の指導のもと、次のような取組みを行い、信用失墜行為の絶無に努めていきたい。

1．学校運営の重点に服務の厳正を掲げ、機会あるごとに指導助言を行う

学校教育の役割は、児童・生徒の規範意識を育成し、健全な社会生活を営む人間を育てることにある。こうした教育活動は、児童・生徒、保護者・地域、教職員との信頼関係をもとに成り立っているはずである。信用失墜行為は、築き上げてきた信頼関係を一気に破壊してしまうものであり、根絶に努めなければならない。そこで、私は教頭として次のように取り組んでいく。まず年度当初に教職員全体へ、服務規律の遵守について適時・適正な指導を行う。また、校内倫理委員会の設置を進言し、委員会では教職員に意識の喚起・向上を図っていく。信用失墜行為は教職員としての信用を傷つけるだけでなく、多くの場合は懲戒処分の対象となることも指導する。疲れていたりストレスが多かったりするような、個人的に問題が起きそうな教職員へは場に応じた指導も行っていく。

2．服務規律遵守のための校内研修を行い、防止に努める

（以下略）

同じような内容でも、修正後の論文のように書いてあれば、序論は適切な長さであり、これから述べたい内容が十分わかるはずです。

本論についても、まずしっかりとした「論」が記述され、教頭として行いたい内容が「策」として並べられています。残念ながら、「例」は書いてありませんが、信用失墜行為の防止ということで、全体への指導と個人への指導の両方の「策」が実践可能なものになっています。

「このことをどう捉え……」という問題文に対しては、「論」の中で「……信頼関係を一気に破壊してしまう」と記述してあることから、重大な問題として認識していること十分伝わるでしょう。

序論の中で全部書かなくても、それぞれの「柱」の中で捉え方について触れれば、十分論旨がはっきりとしたものになるはずです。軽快なタッチですっきりと序論をまとめ、本論を書き始めることが大切です。

②スローガンを並べた論文

CHECK!

◎スローガンでは、絵に描いた餅にすぎない
◎何をどうするのか（実践すること）を、具体的に記述する

教頭論文問題として、次のような問題が出題されたとします。

問題

今、学校運営改善が求められています。その推進のためには、管理職の強いリーダーシップのもと、全教職員が組織の一員としての自覚を高め協働しながら、学校運営に参画することが必要です。あなたは、教頭としてどのようにリーダーシップを発揮していきますか。具体的に述べなさい。

この問題には、どのように解答したらよいでしょうか。

修正前の解答例

今、教育改革が力強く進められ、それに伴って、学校運営についても「チームとしての学校」「学校における働き方改革」「地域とともにある学校づくり」「地域学校協働活動」など、急ピッチで改善が進められている。このような流れの中で、校長のリーダーシップのもと、全教職員が組織の一員としての自覚を高め協働しながら参画する学校をどう実現するか。このことが今鋭く問われている。友だちを求めているにもかかわらず、仲良くなるための方法がわからずに喧嘩やもめごとを起こしてしまう子どもたち。興味を持って学習に取り組むが、反復やその習熟に根気よく取り組むことが苦手で、定着には至らない子どもたち。私はまずこのような子どもたちの実態から変えていく。この子どもたちの現状を変えていくには、どのような取組みが必要なのか、その「策」として教頭として次のような学校運営計画を示す。
①思いやりと協力をキーワードにした学校・学級文化の創造
②自己実現とコミュニケーション能力の育成
③学習活動が苦手な子どもも集中できる授業改善

④学習内容の定着を深める指導方法の改善
⑤組織システムを変革し、学校全体としてのシステムづくり
⑥教職員の創意・工夫と個性の発揮
⑦保護者や地域からの冷静な観察と評価
⑧教職員の厳しい自己評価と管理職による温かい評価
　これらを優先順位をつけて実行していくことにより、学校の現状が変革されていく。例えば、⑤・⑥・⑦は、はじめに書いた「学校評価システム」につながっていく。③・④は「授業指導の変革」である。このように考えると、①〜⑧までが「学校の特色づくり」といってもよいのではないかと思う。

　この解答例では、①から⑧まで「策」が示されています。しかし、これは「策」ではなく、スローガンです。例えば①であれば、「思いやりと協力をキーワードにした学校・学級文化」を作るために、どのように取り組むのか、その方法が書いてありません。教頭として、そのような学校・学級文化を実現するための方策を教職員に示し、指示・指導しなければなりません。それを書くのが管理職論文にもかかわらず、スローガンだけを並べても、絵に描いた餅のようなものです。
　②以降も同じで、「自己実現とコミュニケーション能力」を、学校の教育活動のどの場面で育成していくのか、その具体的な方法が書いてありません。スローガンを掲げるだけで、何かが実現されることはありえません。特に学校の場合は、組織としてどのように取り組むのか、誰が何をどのように行うのかまで管理職がはっきり指示しないと、それぞれの教職員が自分の考えだけで適当に行動し、学校全体の足並みが揃わなくなってしまいます。それは、学年・学級の差となって現れ、学校運営の乱れにつながっていきます。この論文では、最後に「優先順位をつけて実行していく」と書いてありますが、優先順位をつけるのであれば、その順位も書いておかなければ、論文としての説得力が出てきません。
　同じような内容を書くとしたら、次のようにしたらどうでしょうか。

修正後の解答例

　不登校・学級崩壊・生徒指導問題など多くの教育課題が山積している。こうした教育課題に前向きに対応するためには、学校としての組織的な取組みが必要である。教職員一人ひとりが、組織の一員としての自覚を高め、チー

ムとしての学校の視点をもって課題に向き合うことが必要である。私は教頭として、校長の指導を受けながら次のように取り組んでまいりたい。

教職員一人ひとりが、課題意識を持ち職務に励むには、教頭としての考えを十分に伝え、活力ある校務分掌組織をつくる必要がある。例えば、①思いやりと協力をキーワードにした学級づくりを、４月の重点事項としてすべての担任に取り組ませる。②教科だけでなく特別教育活動などを中心にコミュニケーション能力の育成を図り、自己実現をめざす生徒の育成に努める。③研究主任を指導し授業研究を進め、「主体的・対話的で深い学び」の視点を踏まえた授業の改善を進める。④主任層との情報交換を活発化し、校務分掌組織の活性化に努め、学校の組織システムの変革に取り組む。⑤教職員に学校経営の重点をふまえた自己目標を立てさせ、教職員との面談などを通して、目標達成を支援する。⑥学校評価を適切に行い、保護者・地域に情報発信し、学校関係者評価などについても学校運営に生かしていく。

このように、さまざまな実践を通して、教職員が組織の一員としての自覚を高め協働意識を持ち、学校課題解決を進めるように、教頭としてリーダーシップを発揮してまいりたい。

修正前と比べると、教頭として行わなければならないことが具体的に記述されています。このように実践すれば、学校運営が少しでも進んでいくに違いありません。「策」として記述するには、スローガンではなく、何をどのようにしたらよいのか、具体的に書かなければならないのです。

③「策」が１つだけしかない論文

CHECK!

◎「策」が１つだけでは柔軟性に欠けると思われかねない
◎管理職として、多角的な視点から「策」を考察する

「策」が１つだけしかない論文があります。その「策」について妙な自信を持っていて、他の「策」では絶対にできないと自信満々に書いているのです。学校で校長が行う「策」ですから、学校全体をさまざまな面から鳥瞰して「策」の考察を進めるのが普通ですが、この「策」は１つしかないと決め付けてしまう論文です。もう少し柔軟な考え方はできないものかと思えますし、実際に学校で管理職がそのように頑固に決め付けてしまうことが、教職員からの反発を招く場合もあります。管理職は教職員の上に立つ人間として、大きな包容力と柔軟な思考回路を持っていることが何よりも大切です。

実際の論文例で確認してみましょう。

問題

学校は組織体といわれていますが、あなたはこのことをどう捉えていますか。また、学校の組織力向上をどのように図っていきますか。校長としてどのように取り組んでいくのか、具体的に述べなさい。

修正前の解答例は、次のような文です。

修正前の解答例

今、主体的で特色のある、開かれた学校づくりが求められている。しかし、これを推進していくためには、教職員全員が一致団結して組織的な学校運営を行うと同時に、あらゆる教育活動について説明責任が果たせるようにしなければならない。これがないまま学校運営を行った場合は、保護者・地域の不信を招くばかりである。学校にとって、その組織力向上は非常に重要な課題であり、校長のリーダーシップのもと、全教職員が組織力向上をめざして常に努力すべきものである。私は校長として、この問題に次のように取り組

んでまいりたい。

まず、組織力の向上にあたっては、校内組織の見直しと再編に取り組むことが、唯一の手段である。学校現場では、非常に細かく校務分掌が定められ、それぞれの担当の教員が置かれている。しかし、校務分掌の中には重複するものや必要のないもの、職務内容が明確でないものが見受けられることが多い。また、いたずらに細分化されているが故に、責任の所在があいまいになっている場合も少なくない。この校務分掌組織を根本的に見直し、より簡潔かつ機能的な形へ再編することが唯一つの道である。組織力向上の策としては、校務分掌の再編、最適化しかないと思う。現場における会議の多さは以前から問題になっているところである。これによって円滑な学校運営が阻害され、あまりに多くの委員会が組織されることにより、責任の所在があいまいになり、説明責任を果たすことができない弊害も指摘されている。私はこれらの委員会について、その内容、構成人員などを再検討し統廃合を行っていく以外に、組織力の向上はないと自信を持って言える。校長として、校務分掌の再編、委員会の統廃合を行うことが組織力の向上には絶対に必要であると確信し、その実現を図っていきたい。

学校の組織力の向上なので、確かに「校務分掌の再編と委員会の統廃合」というのは1つの「策」ですが、それだけではないと思います。学校教育目標に向かって教職員全体が一体となって進んでいくのが学校ですから、同じ目標をめざして進むことで組織力は向上していきます。

また、ミドルリーダーを中心に若手も抜擢して、適材適所の役割分担を推進していくことが、組織力向上につながります。さらに、校長として人事評価などを通して教職員との協調を図り、それぞれの力量が十分に発揮できる職場づくりに努めることでも、組織力の向上が図れると思います。

このように、いくつかの「策」が考えられますので、「1つの『策』しかないのだ」「唯一の手段である」というような書き方をすることは、柔軟性がないとみなされ、人間的な狭量さを示すことになり、よい評価にはならないと思いますので要注意です。

修正後の解答例

主幹教諭、指導教諭の設置など学校組織が重層な構造となり、組織力のさらなる向上が求められている。学校の組織力の向上を図っていくためには、学校教育目標の達成に向かって、すべての教職員が「協働」できているかどうかがその鍵である。教職員の一人ひとりの向かう方向が同じならば、組織としての力も高まっていくが、違った方向に向かっていては組織力が十分に発揮できなくなってしまう。このように、学校にとって組織力向上は非常に重要な課題であり、校長のリーダーシップのもと、全教職員がその向上を目指して常に努力し、かつ協力すべきものである。私はこの問題に校長として次のように取り組んでまいりたい。

まず、学校の重点目標に組織力の向上を掲げ、全教職員に同じ目標を目指して進むことを意識化していく。次に、教職員のそれぞれの今年度の目標の中にも、学校組織における自分自身の役割についての目標を必ず持たせ、実践に努めさせる。また、校務分掌への取組み方にも、個人行動ではなく組織的に取り組ませ、一層の能力の向上を図るようにさせる。教職員との面談でも、組織的な取組みについて必ず触れ、意識的に継続的に進めていく。校長として教職員との協調を図り、それぞれの力量が十分に発揮できる職場づくりに努め、学校組織を十分に機能させ学校の変革を成し遂げていく覚悟である。

校長ですので、学校の教育活動について柔軟に考え、多面的にその「策」を考察すべきです。学校の教育活動は多くのことが行われているわけで、校長が１つの「策」だけに拘泥していたのでは、教職員からの信頼を失いかねません。信頼を築き上げるには多くの努力が必要ですが、信頼をなくすのはあっという間です。そして、一度失われた信頼を回復するには築き上げるときに比べ、数倍の努力が必要なのです。

学校の変革という目標に向かって進む中で、教職員の考えをまとめていくという大きな包容力を示すことが、学校の組織力の向上につながります。まずは目標を立てて、それに向かった行動している教職員を励まし、支援していくことでより効果が上がるはずです。リーダーシップは、大きな包容力と寛容の気持ちに裏打ちされていることを忘れてはならないと思います。

❹「論」だけを繰り返し述べる論文

CHECK!

◎「論」の繰り返しはくどい言葉遊びにすぎない
◎管理職としてどのように進めるのか、その道筋を記述する

「論文」だからといって「論」だけを繰り返し書く人がいます。「例」や「策」が全くなく、「論」を自分なりの論理で繰り返すのです。確かに、論文ですから「論」は必要ですが、その論を校長（副校長・教頭）としてどのように「策」として展開し、学校教育活動を活性化していくのかを書いていないと、言葉遊びになりかねません。

また、「この人は校長（副校長・教頭）になってどのような『策』を推進していくのか」が見えないため、論文全体に説得力がなく、くどい論文になってしまいます。

実際の論文例で確認してみましょう。

問題

暴行や傷害事件など少年犯罪が多発しています。命を大切にすることや他人を思いやる心、善悪などの規範意識、倫理観をしっかり身に付けさせるなど、心を育むことは重要です。あなたは教頭として「心の教育」をどのように進めていきますか。具体的に述べなさい。

修正前の解答例は、次のような文です。

修正前の解答例

マスコミをにぎわせている少年による残虐な事件は、教育関係者にも大きな衝撃を与えている。子どもたちに豊かな心を育てることは、教育の重要な課題であるにもかかわらず、それが十分な効果を上げていない。また、学校生活では問題行動を起こさないような生徒が、突然凶悪犯罪を起こすこともある。このように少年犯罪が次々と起きてしまう背景には、社会全体の中で命を大切にする心や他人を思いやる心、善悪の判断などの規範意識、倫理観

などが身に付いていない大人の存在があると考えられる。そのため、学校教育への期待はますます大きくなり、学校の役割を見直すよい機会となっているはずである。しかし、学校では望ましい人間関係の育成や道徳的実践力の育成などが、学力向上のための授業研究や研修などの忙しさに追われ、十分に実践されていない。また日常の道徳的な指導も、情報教育への対応や書類の作成など教職員の忙しさの中で十分な効果を上げることができていない。これではいつまでたっても、少年犯罪の減少を推進することができないはずである。しつけや子育ても十分できない保護者もいるし、未成年者の喫煙や万引きなどの問題行動も見て見ぬ振りをする地域社会など、問題の解決を進めるのは困難である。私はこうした事態を教頭として非常に憂慮しているが、何とかして少年犯罪を未然に防ぐために最善の努力をしてまいりたい。

現在の少年犯罪の動向について、その背景や原因をいろいろと考えて記述していることはよくわかります。しかし、一般論を展開しているだけなので、教頭としてどのように子どもの心の教育にあたるのかが全く見えてきません。

論文とは与えられた課題について、「この問題にはこのような背景があり、このような事態が起きてきており、きわめて憂慮されている。そこで、このように進めていけば解決に向かっていくと考えられる。私は教頭として教職員を指導してこのように実践して、解決の方向へ導いていく」というように書くものです。ところが、この解答例では、「少年犯罪がこのように起きてしまっていて、きわめて問題である」という部分しか書いていないのです。つまり、「論」しか書いていないので、「どのように進めていくのか」や「解決の方向は」というような「策」や、「このような例があり、こう進めて少しよくなった」というような「例」が全く書かれていません。これでは、管理職論文としては、不十分です。

修正後の解答例

都市化や核家族化、少子化などの進展によって親子や人間同士の触れ合いが希薄化している。さらに大人の社会の規範意識も低下し、凶悪な事件の影響は子どもたちの心に暗い影を落としている。家庭におけるしつけも不十分であり、これらのことが子どもたちの無気力、無責任、自己中心的な行動を生んでいる。このような中で学校で心の教育を推進していくことはきわめて意義深い。子どもたちに豊かな人間性を培うためには、まず「特別の教科道徳」の時間の指導を中心に全教育活動で道徳的な実践力を高めていくようにする必要がある。また、主体的・対話的で深い学びのわかる授業の実践を進めて、子どもたちが学校生活で満足感や充実感を持てるようにすることも重要である。教職員の指導も乱暴な言葉遣いや行動ではなく、子どもたちの心に染み込むようなものにしていくことも求められる。教育相談的な配慮に努めていくことによって子どもの心は穏やかになり、他人を思いやるような心が育つ。また、全教育活動の中で、どの子も活躍できるような場の設定をすることにより、自己存在感や自己肯定感が生まれ、乱暴な行動などは少なくなっていく。前任校では「心を育てる週間」という実践を行い、学級活動や特別教育活動に力を入れることによって子どもたちの行動が変容した経験がある。これに学んで、校長の指導を受け、心を育む教育活動の展開を進めていきたい。私は教頭として、このような具体的な方策を実践し、子どもたちの豊かな心や人間性を育成していくことに全力を注いでいく覚悟である。

まず、この問題の背景をしっかり捉え、それを解決するために学校で行うことが的確に書かれています。こうした「論」をふまえて、学校での「策」を書いていくのが管理職論文です。

また、教頭は管理職であり、指導職でもあるわけですから、勤務校の教職員をどのように指導し、どのように成長させていくかというような視点も求められます。修正後の論文には、こうした点が丁寧に書かれています。このように行えば、子どもたちの心が育ち、豊かな人間性の育成が図られていくだろうと考えられます。こうした説得力のある論文に仕上げたいものです。

5 随想風でまとまりがない論文

CHECK!

◎思いつくままに書いても、相手には伝わらない
◎全体の構成を意識して、順序立ててまとめる

思いつくままに自分の考えを次々と述べていく論文があります。しかし、管理職論文は、自分が管理職として着任した学校で行っていく方策を記述するものであり、感想や随想ではありません。また、管理職として何をどのように行っていくのかを書かなければ、試験官を首肯させることはできないはずです。

実際の論文例で確認してみましょう。

問題

信頼される学校づくりを進めるためには、教育活動の状況を適切に発信し、積極的に説明責任を果たすことが求められます。あなたは教頭としてどのようにして説明責任を果たし、信頼される学校づくりを進めていきますか。具体的に述べなさい。

修正前の解答例は、次のような文です。

修正前の解答例

信頼される学校づくりを進めるには、外部評価を積極的に取り入れ、それを学校経営の改善に生かしていくことが求められる。保護者や地域の外部評価はとても重要なものであり、これを生かすことで、児童・生徒の活動が活発化するに違いない。また学校教育の自己診断や学校評議員会の情報なども正確に発信することで、学校への信頼は増していくはずだ。学校の取組みや子どもの姿について積極的に情報発信を行うことは特に重要である。さらに、学級・学年、個人・地区懇談会、授業参観、PTA の会合なども学校だよりなどで発信することによっても学校への信頼は増す。加えて、電話や個人面談、家庭訪問、入学式・卒業式、運動会なども、外部評価につながることを考え

るとおろそかにすることはできないはずだ。多方面で進められている外部評価システムは、その機能が十分に発揮できているのだろうか。本当に学校の改善に生かされているのだろうか。学校での情報発信が正確に受け止められているならば、外部評価も正しいものになるはずである。しかし、意見を聞くと「そんなによい自己評価ですか」と言う保護者もいる。また、校長・教頭と他の教職員との温度差もある。さらに「学校のことをもっと詳しく教えてほしい」という地域の人もいる。これらに応えて情報を学校だよりや学校ホームページで発信していけば確実に信頼される学校になるはずである。そして、学校の取組み内容、校長の考えなどを知ってもらうための手立てを次々と打っていく。私は教頭として、確実な情報発信をして、正しい外部評価をいただき、信頼される学校づくりに邁進する所存である。

この解答例は、自分の思いついたことを、序論もなく、柱も立てずに記述しています。第1章で解説したように、管理職論文は柱や小見出しを立てずに書くこともできますし、特に小論文の場合は、短い時間で書き上げるために、実際は立てずに書くことも多いでしょう。しかし、あくまで管理職論文は「序論・本論・結論」が基本です。柱や小見出しを立てない場合でも、全体の構成を意識して、順序立ててまとめていかなければなりません。この解答例のように、あれもこれもという解答の仕方で、順序もなく思いつくままに記述したのでは、何を答えたいのかがわからなくなってしまいます。試験官も、「この人は教頭になって何をしたいのだろう」と思ってしまうはずです。

今回の問題には、次のような背景があります。各学校で充実した教育活動が展開され、適切な学校評価が実施されていれば、学校改善が図られて信頼される学校づくりが推進されているはずなのです。しかし、現実にはそうはいかずに、さまざまな課題が解決できていません。つまり、学校自体の活動を評価する学校評価の仕組みが機能していないため、保護者・地域住民からの信頼を高められていないということです。

各学校が自らの教育活動その他の学校運営について、めざすべき成果に向けた目標を設定し、その達成状況を把握・整理し、取組みの適切さを検証して、計画的・組織的・継続的に改善することが重要です。自己評価及び外部評価の実施とその結果の説明を公表することにより、保護者・地域住民から自らの教育活動その他の学校運営に対する理解を得て、信頼される学校になっていきます。そして、課題や改善点などは公表することで信頼が得られるのではなく、改善されたことが見届けられ、取組みの成果が実感されて、初めて学校への信頼につながっていくのです。

修正後の解答例

信頼される学校づくりを進めるには、学校で行っている教育活動の実態を的確に情報発信していくことが大切である。そして学校評価を行い、その自己評価を学校だよりや学校ホームページを利用して正確に発信し、保護者や地域住民など外部の学校関係者に評価してもらうことが必要になる。また、その外部評価を学校経営の改善に生かしていくことが求められる。私は教頭として、校長の指導のもと、説明責任を果たしてまいりたい。

1．学校評価で説明責任を果たし、信頼される学校づくりに努める

学校で行っている各種の教育活動や学校運営状況については、まず教職員がしっかりとした自己評価を行っていく必要がある。この自己評価が適切に行われないと、その後の学校関係者評価、第三者評価が十分な効果が見られないことが予想されるからである。現任校では、一学期の自己評価を夏休み中に行い、その内容は９月はじめに保護者・地域住民に発信し、保護者・地域住民からの要望などは２学期の教育活動に生かしている。これに学んで、年に３回の学校自己評価を行い、学校だよりや学校ホームページなどで的確に発信し、信頼される学校をめざす。また、学校評議員会の情報や保護者等からの要望なども適宜情報発信して、学校関係者評価を進める。さらに、年１回は、学校とは直接関係のない専門家による学校第三者評価も行い、学校評価システムの機能が十分発揮できるようにし、信頼感を高める。私は教頭として、教育活動での校長の考え、学校の取組み状況などの正確な発信に努めて説明責任を果たし、信頼される学校づくりに邁進する覚悟である。

修正後の論文は、「論（柱の説明・必要性の記述）・例（実際の具体例と変容などの記述）・策（解決に向けた具体策の記述）」の順序で文章を展開しています。

「策」の中の解決に向けた具体策は、「教頭になったらこのようにしていく」という方策をできるだけ具体的に書きます。したがって、「策」は論文の中で最も重要な部分といえますが、いずれにしても、文章全体が整理されて記述できているかどうかが、合格論文とダメ論文の分かれ目となります。

❻ 現任校を批判する論文

CHECK!

◎現任校を改善できないならば、新しい学校でもできないと見られる
◎現任校の状況を温かみのある見方・捉え方で記述する

管理職論文で、現任校の批判を堂々と展開する人がいます。現任校には現在自分が勤務しているわけですから、もしもよくないことがあった場合は、自分が直すような行動をとるべきでしょう。現任校でそれができないのであれば、管理職になって、新しい学校でできるはずはありません。

実際の論文例で確認してみましょう。

問題

現代は高度情報化社会になっています。このような社会で活躍できる児童・生徒を育てるためには、情報活用能力の育成に努めることが求められています。あなたは教頭としてこのことをどのように進めていきますか。具体的に述べなさい。

修正前の解答例は、次のような文です。

修正前の解答例

高度情報化社会を生き抜くには、ICTの利活用による教育の推進が必要である。ICT環境の整備は進み、教員のICT指導力も高まってきており、ICTを活用したわかる授業の創造と、児童・生徒の情報活用能力の育成が求められている。わが校でも高速インターネットに接続するなど、ICT環境が整備され、教員のICT指導力向上のための教職員研修に積極的に取り組んでいる。しかし、生徒が生涯を通して社会のさまざまな変化に主体的に対応できるための情報教育の基礎・基本を習得する学習まで深められていないのが現状である。また、学校の教育活動全体に情報教育が位置付けられていないために、効果的にICTを活用する学級とそうではない学級の差も見られる。わかる授業の実現には、学校教育活動全体での情報教育の取組みが必要であるが、そこまでの高まり

を見せていない。そこで、私は教頭としてICTを活用するための教職員研修を計画的・組織的に実施し、①情報活用能力の目的や内容の理解を進める、②授業指導方法改善のための情報教育活用の進め方、③全教職員に情報リテラシー能力の習得を図らせる、④情報モラル習得を進め、情報化社会を生き抜く態度の育成に努めることを推進する。また、ICTを活用した研究授業を積極的に行い、学校内に情報教育推進の機運を醸成していきたい。私は教頭として、情報活用指導力の着実な育成に取り組んでいく所存である。

「……情報教育の基礎・基本を習得する学習まで深められていないのが現状である」とか「……効果的にICTを活用する学級とそうではない学級の差も見られる」「……そこまでの高まりを見せていない」のように、論文の中に現任校の批判が3文も書かれていますが、このような批判を論文に書くのはよくありません。なぜなら、教頭試験を受けるからには、受験者は現任校では教務主任や生徒指導主任等をしているミドルリーダーのはずです。試験官は、「基礎・基本を習得する学習まで深めるような指導をなぜしないのか」とか「教頭試験を受けるというあなたがいるのに、なぜ学級の差が生まれないように教員を指導できないのか」と考えます。「これでは教頭になって着任したとしても、新しい学校を変えることはできないのではないか」と思われてしまうのです。

また、この論文は、情報教育主任の校内情報化推進策かと思わせるような雰囲気があります。つまり、教頭としてこのような学校運営を行うのだという雰囲気が感じられません。確かに多くの内容が記述されてはいますが、教頭として学校運営を進めるという強い姿勢が感じられないのです。

その原因の1つとして、生徒への学習が中心に述べられ、教頭として教職員をいかに育成するかが欠けていることが挙げられます。この点を修正するには、管理職の職務を把握・知悉することが必要です。そして、管理職の立場に立った記述を心がけることが最も大切なことです。

修正後の解答例

近年のICTの進歩には目を見張るものがあり、ICT社会から高度情報通信ネットワーク社会へと急激に移行しつつある。学校においても、インターネットを利用したりプレゼンテーションを行ったりと、児童・生徒に情報活用能力を身に付けさせることが求められている。本校でも、パソコンが不得手な教職員もいたが、情報教育主任の指導で少しずつ教職員の情報活用能力が向上してきている。高度情報社会はますます進行していくため、そこで生き抜いていく力を育成することは喫緊の課題である。私は教頭として校長の指導のもと、次のようにして児童・生徒の情報活用能力の育成に努める。①情報活用能力育成のための全体指導計画の作成に取り組む。児童・生徒に情報活用能力を身に付けさせるためには、全教科領域での全体指導計画を作成し、それに基づいて計画的・継続的に実施していくことが必要である。②教職員の情報活用能力の向上に努める。研修主任を指導し情報教育研修計画を着実に実施し、教職員の情報リテラシーの向上を図る。特に、パソコンが苦手な教職員の能力向上に十分に配慮する。③施設・設備の整備充実に努め、情報通信ネットワークの活用が容易に行えるような情報教育環境の確立に努める。そして、パソコン、インターネットを活用した研究授業を行い、すべての教職員の情報活用能力向上に努め、情報教育推進に取り組んでいく。私は教頭として、教職員の情報活用指導力の着実な育成に取り組む覚悟である。

修正後の解答例は、現任校の様子が少し書かれていますが、「……少しずつ向上している」という書き方になっています。このように、自分の勤務している学校の様子を記述する場合は、修正前の論文のように全てを否定するような書き方ではなく、少しずつでもよくなってきているというような肯定的な見方・捉え方で書きます。

こうした書き方は論文に温かみを生み、書いている受験者の人間性まで温かく感じさせるはずです。そして、さらに改善し、向上させていくにはどうしたらよいのか、という視点で論文を書く必要があります。そうすることによって、試験官は「これなら他の学校に教頭として着任しても、実践できるに違いない」と評価してくれるのです。現任校の様子の書き方１つで、合否の分かれ道になってしまうので、気をつけましょう。

7 現任校の活動報告を述べる論文

CHECK!

◎現任校での実践報告と管理職論文は異なる
◎自分が管理職になったら実践したいことを示す

管理職論文を現任校の教育実践報告を書くものだと勘違いしている論文があります。現在行っている教育活動で現任校での成果の報告と、管理職論文の違いを理解していないのです。また、「本校の取組みとそこから見えてくる課題」を書くような、全く的外れな論文内容もあります。

実際の論文例で確認してみましょう。

問題

わがままで自分勝手な振る舞いをするなど、児童・生徒の規範意識の低下に大きな課題があります。このことをふまえて、あなたは校長として児童・生徒の規範意識の向上に、どのように取り組んでいきますか。具体的に述べなさい。

修正前の解答例は、次のような文です。

修正前の解答例

現在、子どもたちの規範意識は著しく低下し、モラルの崩壊も起きている。その背景には、価値観の多様化・少子化・地域家庭における教育力の低下などの社会の変化が挙げられる。本校でも、少子化の影響を受け、昔は１学年が５～６学級であったのが、現在は２～３学級となっている。祖父や祖母と同居している子どもの数も、大きく減少している。そのため、わがままな子どもや教師の指示を無視する子どもなどが生まれてきている。そこで、各学級では以下のような指導を重点にして、生徒指導体制の確立に努めている。これから本校での取組みと課題・対策について校長としての立場から考えを述べる。①規律ある楽しい学級づくり。子どもたちが学校生活の大部分の時間を過ごすのは学級である。本校では、それぞれの学級が、一人ひとりの子どもにとって居心地のよい場所になるように学級内の人間関係に配慮するとともに、教師が子どもたちと触れ合う時間を大切にしている。また、学習ルールの確立のために学習指導部会で情報交換に努め、問題の発見に努めている。学級のルールの確立こそ、学校・地域社会の中での規範意識の向上につながるものと考える。②あいさつ運動の展開。児童会や生活委員会の委員が、校門の前で毎朝登校する子どもたちに対してあいさつ運動を行っている。このため、あいさつをしっかりしようとする子どもたちが増えてきている。私自身の考えとしては、これを生活全体にどのように広げ、全校体制での展開を図っていったらよいのかが課題であると思う。また、それを規範意識やモラルの向上に結び付けたらよいのか、校長としてしっかりとした方針を立てたいと思う。

丁寧に現任校の実践を記述していますが、これでは現任校の実践報告であり、管理職試験の校長論文とはいえません。管理職試験の校長論文は、「あなた自身が校長として着任した場合に、あなたの学校で、どのように実践していきますか」という論文内容を書くものです。

この例のような論文は、現任校の校長・教頭という管理職の実践内容であり、受験者本人の管理職としての取組み内容ではありません。もちろん、まだ、校長になっていないわけですが、校長になったらどのように実践していくのか、論理的構成力や学校改善の指導力などを示すことが求められます。また、一校を預かるのだという責任感も記述できなければなりません。このような現任校のことだけを書いた論文では、こうした力について表現することはできません。

修正後の解答例

友達のちょっとした言葉に切れてしまう子、教室から飛び出したり、器物を壊したり、友達に暴力を振るったりする子が増えている。また、わがままな行動をする子どもや教師の指示を無視する子どもなども生まれてきている。規範意識が薄れ、モラルが低下しつつある。子どもたちの規範意識の欠如・モラルの低下の背景には、価値観の多様化・少子化・地域家庭における教育力の低下などの社会の変化が挙げられる。私は校長としてこのような子どもたちに、学級づくりや授業づくり、保護者・地域との連携などを通して、次のように具体的に取り組んでいく。まず、学校経営方針に安定した学級経営の実現を掲げ、全担任が学級経営に専心できるようにする。教職員の自己目標にも学級経営の目標を掲げさせ、子どもたちが落ち着いた学校生活を送れるような配慮に努める。全学級の教室訪問も定期的・継続的に行い、問題があれば生徒指導委員会で対応させ、すぐに対処できるようにする。次に、わかる授業の実践に努めさせる。教務主任や研修主任に命じて、わかる授業のための研究授業に取り組ませ、全教職員の授業力の向上を図っていく。また、道徳主任に命じて子どもたちに育てていきたい力を調査させ、「特別の教科道徳」にも力を入れて取り組ませる。そして、開かれた学校をめざし、学校だよりや学校ホームページで学校での情報を家庭や地域に発信し、ともに連携して子どもたちを育てていくことに努める。さらに、地域に開かれた公開授業や地域の人を講師とした授業なども実践し、地域ぐるみで子どもたちの心を育てていく。私は校長として、このような具体的な方策をしっかりと実践し、子どもたちの規範意識やモラルの向上をめざしていく覚悟である。

修正後の論文は、校長として実践したいことが、学級づくりや授業づくり、保護者・地域との連携という３つの具体的な方策でしっかりと書かれています。

「校長になったら、子どもたちの規範意識やモラルの向上にこのように取り組むのだな」ということが試験官にもよく伝わります。

「校長になってどういう学校に着任するかわからないのに無理だ」という考えもよくわかるのですが、なっていないからこそ、なった場合の具体的な方策を考えておくことが大切です。実際には自分が考えたことのうち、半分も達成できないかもしれません。しかし、半分できれば、学校をかなり変革することができるはずです。管理職として、教職員を指導、統率していくわけですから、強力な指導力と統率力が求められます。そして、それを粘り強く実践していく、気概も必要なのです。

8 過去の経験の思い出に浸る論文

CHECK!

◎過去の経験の思い出に浸っても、幼稚に見えてしまうだけ
◎過去に仕えた管理職の経験に学ぶほうがよい

論文の中に、自分の過去の経験を次々と書き、自分は力があるということを見せようとする人がいます。確かに過去に自分がしたことは間違いではないのでしょうが、その経験に学ぶというのもおかしいですし、何のためにそれを書くのかわかりません。

例えば、前任校で仕えた管理職の実践であれば、「それに学んで教頭としてこのように行う」と書けますが、自分の生徒指導主任時代の経験を書いて「それに学んでこのように行う」と書くのは少し変です。

また、失敗した経験でもかまいませんが、それが「策」に確実につながるものでないと、逆に失敗談の披瀝になってしまい、評価を落としかねません。過去の成功経験を並べるのも、実力以上に見せようとしている印象を持たれ、論文全体が幼稚に見えてしまいます。それならば「過去に仕えた教頭がこのように実践していたが、それは尊敬に値する実践であり、自分も教頭になったらそのように行いたい」と書いたほうが、「管理職の行動をよく見て勉強していたのだな」という評価を受けるに違いありません。

実際の論文例で確認してみましょう。

問題

児童・生徒が、意欲的に教育活動に取り組む活力ある学校づくりが求められています。教職員の学校運営意識の高揚を図り、参画意欲を高めるために、あなたは教頭としてどのように学校の活性化に取り組んでいきますか。具体的に述べなさい。

修正前の解答例は、次のような文です。

修正前の解答例

活力ある学校が今求められている。活力ある学校とは、教職員の学校運営参画意識が高い学校で、教職員の参加意識を高めるためには、校長・教頭の管理職が、教職員指導にしっかり取り組まなければならない。教職員の学校参画意識の高揚を図り、参画意欲を高め、学校教育目標、学校経営の重点について教職員の理解が深まれば､必ず学校は活性化するはずである。その上で、保護者・地域住民が学校に何を望んでいるのかそのニーズを把握し、活力ある学校にしていくことが大切である。私も教務主任のときに、校長からこの学校をもっと活性化したらどうかと言われ、教職員の指導に全力であたった経験がある。研究授業にしっかり取り組むだけでなく、夜も一緒に酒を飲みながら教育談義に花を咲かせた。その結果、少し学校が活性化したように思えたことは、教務主任時代のよい思い出である。次に、活力ある学校づくりを推進していく上で、特に重点としたいのは、開かれた学校づくりの推進と確かな学力の向上である。開かれた学校づくりの推進の具体的な内容は、学校評価システムの確立、オープンスクールの実施が考えられる。私も生徒指導主任のときに学校評価システムの確立に携わり、部員と一緒に評価項目の選定を行ったことがあり、夜遅くまで部員と一緒に選定を行ったことが今でも懐かしく思い出される。確かな学力の向上の内容としては、学力向上についての教職員の研修の充実・理解と、基礎・基本の確実な定着を図り、学ぶ意欲や学び方まで含めた、幅広い学力を育成することが大切である。私も学年主任時代には、教科での基礎・基本を選別し、段階的に子どもたちが学べるような工夫をしたことがあり、ある程度の効果を上げることができた。教頭として、これらに学び活力ある学校づくりに邁進する決意である。

「活力ある学校とは、教職員の学校運営参加意識が高い学校」という主張はそのとおりであり、序論の内容としては正しいと思います。しかし、学校活性化の「例」が､「夜も一緒に酒を飲みながら教育談義に花を咲かせ」とか、「教務主任時代のよい思い出」といった内容では不適切です。また、生徒指導主任時代のことや学年主任時代のこととなると、教員としての思い出の文集にすぎず、幼稚と言わざるをえません。

「例」として挙げるのは、必ずその例に学んで、自分が着任した学校でこのように実践したいと思えるものです。「例」を書く場合は、この点を間違えないようにしてください。

修正後の解答例

活力ある学校が今求められている。活力ある学校とは、全教職員が学校教育目標の実現に向かって努力し、それが児童・生徒の姿の変容に現れている学校である。児童・生徒が生き生きと教育活動に取り組み、教職員が向上心を持ち、保護者や地域に信頼され、連携が図られている美しい学校である。活力ある学校づくりのために、教頭として教職員一人ひとりの意識改革を図っていく。まず、教職員の学校経営参画意識を高め、学校経営方針の日常的な意識化を図り、教育効果を上げていく。年度当初に教職員全員に校務分掌に応じた目標や課題を立てさせ、その実現に向かって努力させ、しっかりと支援していく。次に、毎日の授業を活性化し、児童・生徒の学力の向上を図る。児童・生徒の学習意欲を向上させ、学習に充実感を持つような授業内容の展開に努めさせる。前任校では日々の授業の活性化に取り組み、児童・生徒の変容を図った経験がある。そこで、校長とともに定期的に教室訪問を実施し、指導助言と支援に努める。教職員には校内研修や課題研究にも取り組ませ、教職員の指導力の向上を図る中で、児童・生徒の学力向上を確かなものにしていく。そして、これらの情報を的確に保護者・地域に伝え、ともに連携して児童・生徒の指導にあたり、学校の活性化を図っていく。教頭として校長に指導のもと、これらの実践に取り組み、確実な成果を上げられるように努める。

教頭の管理運営事項は教育課程の管理や、児童・生徒の管理などたくさんありますが、最も重要な管理運営事項は教職員の管理です。なぜなら、教頭は職員室の主任だからです。

この論文に書かれた「学校経営参画意識を高め」とか、「校務分掌に応じた目標や課題の実現」「毎日の授業を活性化」「教室訪問を実施し、指導助言と支援」「教職員の指導力の向上」など教職員の指導や支援を着実に推進することができれば、学校は活性化するはずです。

「例」として挙げられている内容も、修正前の論文のような過去の経験ではなく、前任校の例が挙げられて説得力を持っています。自分が着任した学校で、教職員の指導や支援にどのようにあたるのか、その内容を考えて記述できれば、合格論文になるはずです。

9 カタカナが必要以上に多い論文

CHECK!

◎カタカナを使ったからといって、新しさを評価されるわけではない
◎管理職論文としての重みが失われかねないので要注意

カタカナを数多く使うことで、新しさが出せて工夫したと思い込んでいる論文があります。しかし、内容を工夫し読みやすく書かなければならないのに、必要以上にカタカナの表現を使うことはあまりよいものではありません。実際の論文例で確認してみましょう。

問題

小学５・６年生で英語、小学３・４年生でも外国語活動が始まり、外国語による言語活動を通して、コミュニケーションを図る基礎となる資質・能力の育成が始まっています。あなたはこのことをどう捉えていますか。また、教頭としてどのように取り組んでいくのか、具体的に述べなさい。

修正前の解答例は、次のような文です。

修正前の解答例

外国語活動の目標は、外国語によるコミュニケーションにおける見方・考え方を働かせ、外国語による聞くこと、読むこと、話すこと、書くことの言語活動を通して、コミュニケーションを図る基礎となる資質・能力を育成することである。外国語にアクセスして、インターナショナルなパワーの育成と積極的にコミュニケーションを図ろうとする態度の育成を図り、イングリッシュの音声や基本的となる表現に慣れ親しませながら、コミュニケーションパワーのベースを養うのである。英語や外国語活動が学習指導要領どおりに展開されているかどうか、しっかりチェックすることが大切である。教頭として校長の指導のもと、次のように取り組んでいきたい。

まずイングリッシュは、ALT 等（T2）と担任（T1）の TT 体制をコーディネートして取り組んでいく。ALT とのアプローチなどは英語主任が行うが、教育

委員会との連絡、近隣の他校との連絡などは、教育はスクラップ・アンド・ビルド（破壊と創造）といえるので、教頭として豊かなアイディアを持って、ボトムアップしていくことが大切だ。また、年間指導のプランを作り、外国語活動の校内研修なども教務主任に計画させ、外国語活動が円滑に行われることがセオリーであると思う。今までも「小学校英語実践活動の手引き」に基づいて、英語活動はアプローチできているが、それを意図的、計画的、継続的に推進するのがメインである。

コミュニケーション能力とは、主に子どもたちの「思い、考え、意思、意図、気持ち」などを伝えるパワーのことである。このような資質（積極性）や能力の素地を養うための活動内容を編成する際には、児童にとって身近な場面や言語・文化に関するテーマを設定し、パンチのきかせたものを選ぶのがベストである。ALTや友達とのコミュニケーション活動を通じて、自己の気持ちや考えを伝え合う体験にアプローチさせるとともに、異文化などについてフレッシュな感覚で体験的に理解を深めさせることがポイントである。子どもたちにALTと臆することがないようなコミュニケーションを図ることができる態度が生まれ、ALTとの体験活動の楽しさを知ることによって外国語活動以外の教育活動にも進んで取り組むようになるように指導の工夫をしていく。しかし、オン・ザ・ジョブ・トレーニング（OJT）を進めないとピンチを招く。ホームタスクなども出してフォローアップしていけば、保護者からの信頼も得られるに違いない。校長の指示を受けながら、このようなハッピーな成果が得られる活動を展開できるように努力していきたい。

必要以上にカタカナの多い論文です。「コミュニケーション能力」や「オン・ザ・ジョブ・トレーニング（OJT）」などはカタカナ表記でよいのですが、漢字で書けばよいものまでカタカナで書く必要はありません。「ベース」とか「アクセス」とか「パワー」などです。これらは、「基本」とか「取り組む」とか「力」と書いたほうがよくわかるからです。

これだけカタカナが多いと、管理職論文としての重みを失い、論文としては逆に評価を低くしてしまうことにもなりかねません。カタカナを多く書くことで、英語などの教養を持っているということを見せれば、優れた論文になるのではないかという思い違いがあるのかもしれません。

修正後の解答例

外国語活動の目標は、外国語によるコミュニケーションにおける見方・考え方を働かせ、外国語による聞くこと、読むこと、話すこと、書くことの言語活動を通して、コミュニケーションを図る基礎となる資質・能力を育成することである。外国語活動が学習指導要領どおりに展開されているかどうか準備をし、確認することが大切である。教頭として校長の指導のもと、次のように取り組む。

まず外国語は、ALT 等（T2）と担任（T1）の TT 体制を組んで取り組んでいく。ALT との連絡などは英語主任が行うが、教育委員会との連絡、近隣の他校との連絡などは、教頭として率先して行っていく。また、年間指導計画を作り、外国語活動の校内研修なども教務主任に計画させ、外国語活動が円滑に行われるように配慮する。今までも「小学校英語実践活動の手引き」に基づいて、英語活動は展開してきているが、それを意図的、計画的、継続的に推進していく。

コミュニケーション能力とは、主に子どもたちの「思い、考え、意思、意図、気持ち」などのことである。このような資質（積極性）や能力の素地を養うための活動内容を編成する際には、児童にとって身近な場面や言語・文化に関するテーマを設定し、ALT や友達とのコミュニケーション活動を通じて、自己の気持ちや考えを伝え合う体験をさせるとともに、異文化などについて体験的に理解を深めさせることが重要である。子どもたちに ALT と臆することがないようなコミュニケーションを図ることができる態度が生まれ、ALT との体験活動の楽しさを知ることによって、外国語活動以外の教育活動にも進んで取り組むようになるように指導の工夫をしていく。そうすれば、保護者からの信頼も得られるに違いない。校長の指示を受けながら、このような成果が得られる活動を展開できるように努力していく。

児童・生徒に積極的にコミュニケーションを図る態度を育成し、言語・文化に対する理解を深めるために、小学校高学年に英語、小学校中学年に外国語活動が導入されました。また、中学校においても、コミュニケーションの基礎となる語彙数を充実するとともに、聞く・話す・読む・書くを総合的に行う学習活動の充実が求められています。教頭としては、このような背景をしっかりと押さえ、課題に正対することが必要です。

第4章

提出論文の書き方

1 提出論文を書くためのポイント

CHECK!

◎現任校で取り組むべき課題を自ら設定する
◎具体的かつ実行可能な解決策を提示する

各都道府県市教育委員会の管理職選考では、多くの場合、試験当日に会場で問題を出題し、限られた時間内で記述させる方式で論文試験を行っています。しかし、中には、事前にあらかじめ記述した論文を期限までに提出させる場合があります。「提出論文」等と呼ばれ、論文問題（テーマ）が指定される場合と指定されない場合があり、記述する字数もさまざまです。

例えば東京都の場合には、「職務論文」という名称で、自らの職務の中から課題を見つけ、その課題解決の方策を提言した論文を期限までに提出させる方式で行われています。

論文問題の指定がない場合は、現在勤務する学校の経営上の課題について回答します。副校長、教頭職の立場から、現状を分析し、課題を自ら設定し、その課題解決に向けて具体的な解決策を記述することにより、学校管理職としての適性が判断されることになります。問題が指定されている場合でも、現状分析や問題点の指摘、その問題についての解決策という基本的な構成は同じです。

ここでは、校長選考を受験する副校長、教頭が提出する論文について説明します。例として3,000字程度の論文の構成及び作成要件で解説します。

ア、字数　3,000字程度
イ、構成　①現状分析（400字程度）
　　　　　②設定した課題（400字程度）
　　　　　③問題点の指摘（1,000字程度）
　　　　　④解決策の提示（1,200字程度）

提出論文では、各種報告書や参考書などを書き写すことなく、必ず自分で考えた問題点・解決策を具体的に論じることが必要です。

確かにどこの学校にも必ず課題があり、その課題を解決しない限り学校は活性化しません。また、現在の学校での問題点を発見できない副校長、教頭では、校長として着任して学校経営にあたるときに、学校課題を見つけることはできないことになります。それでは、保護者・地域住民の期待に応える学校づくりはできません。

副校長、教頭として自分が勤務する学校のこれまでの教育実績等について、校長という立場に立って現状を分析し、児童・生徒、保護者、地域などのニーズをふまえ、今後取り組むべき課題を自ら設定して論文記述を行う必要があります。現任校の課題については、できるだけ多くの課題を把握している必要があります。また、課題解決にあたって克服すべき事柄や問題点は、具体的に指摘しなければなりません。抽象的な問題点の羅列では、学校の現状を把握できていないと見られてしまいます。

そして、問題点を克服し、課題を解決するための方策については、具体的かつ実現可能な提言を行う必要があります。解決策に無理があっては、解決するどころか逆効果も招きかねません。客観性や論理性も兼ねてなくてはならないのです。この課題解決のためには、学校経営力や外部折衝力、人材育成力、危機管理能力、教育者としての高い識見など、学校経営者としてのマネジメント能力が求められます。提出論文では、具体的な解決策の中にこうした資質・能力を示すことが大切です。

提出論文に必要な力は、日々の勤務の中で起きる問題に対して的確な分析力を持って、しっかりと判断しその解決を図っていく中で養われます。

何かの本を読んだり、誰かの話を聞いたりするだけで身に付くものではありません。現任校の中で起きた問題に対しては、校長を中心にしてしっかりとした対応が取られているとは思いますが、それでも、「自分が校長になったらこのようにしてより一層の学校改善を進めたい」と考えていることが必ずあるはずです。それが学校課題であり、提出論文として記述すべき内容です。

学校を取り巻く環境は大きく変化し、直面する課題や問題は複雑になるばかりです。こうした中で、日常の業務を通じて課題を整理し、着実に蓄積させておくことが、よい提出論文を書くための基本になります。提出論文そのものを書く練習も大事ですが、より大切なことは管理職としての課題に対する分析力と問題解決力を養っておくことなのです。

② 学校の現状を正確に分析する

CHECK!

◎的確な現状把握・分析は日頃のこまめな観察がカギ
◎現任校の現状をふまえ、具体的な課題を設定する

提出論文では、現任校の現状を分析する「現状分析」から始めます。400字という原稿用紙1枚分の短い文章で書くためには、日常のしっかりとした観察を箇条書きでメモして、ためておくと役に立ちます。例えば、次のようなものです。

1. 駅から離れた比較的のんびりとした雰囲気の住宅街にある学校で、学校の周りには、畑地や田んぼもある。
2. 低学年の子どもの学力は標準的だが、高学年になると学力の二極化が起きており、かなり低い子どももいる。低い子どもは授業中の学習意欲も低い。
3. 授業の仕方は、発問と板書が丁寧な教職員がいる一方で、いまだに教え込みの授業構成をしている教職員も多い。
4. 若い教職員が多く、ミドルリーダーになれるような教職員が少なく、学校の教育活動が停滞気味である。また、マンネリ化している面もある。
5. 家庭学習については、学年で工夫して自分で目標を持たせて行ってきているので、少し学習意欲の向上が見られる。
6. 体力や運動能力は、県平均を超える種目が多く、体力向上が図られている。昨年までの2年間の教育委員会の委嘱の体力向上研究が生きている。
7. 保護者の学校に対する支援や協力は、一部の保護者だけが熱心で、学校公開日などには、高学年の保護者の参加率が低い。
8. 地域住民の学校に対する協力度は低く、学校公開も参加者は少なく、登校や下校のときの見守りもなされていない。

このような集めた情報をもとに、「現状分析」を400字で書きます。

1．現状分析（400字）

全国学力調査結果では、学力の低下に歯止めがかかってきたように思える。しかし、スマホのゲームアプリやテレビゲームなどの影響もあり、勉強時間が減少し学ぶ意欲が低下している。

本校でも、低学年の子どもの学力は標準的だが、高学年になると学力が二極化し、かなり学力の低い子どももいる。学力の低い子どもの授業中の学習意欲は低い。教職員の授業の仕方は、発問と板書が丁寧な教職員がいる一方で、いまだに教え込みの授業構成をしている教職員も多い。若い教職員も多く、ミドルリーダーの育成が急務となっている。保護者の学校に対する支援や協力は、一部の保護者だけが熱心で、学校公開日などには高学年の保護者の参加率が低い。また、地域住民の学校に対する協力度は低く、学校公開などにもあまり参加せず、登校や下校のときの見守りもなされていない。本校の現状では、変化する教育界や住民のニーズに十分応えることができていない。

この現状分析から、「設定した課題」を記述します。高学年の学力の問題は、教職員の教え方に要因があるかもしれないため、「教職員の指導力向上」を課題として設定し、400字で記述します。

2．設定した課題（400字）

学校の役割は、子どもの学力を向上させることである。知識や技能、思考力・判断力・表現力など、学びに向かう力・人間性という資質・能力をバランスよく育てることが重要である。そのためには、授業を行う教職員の指導力の向上が不可欠である。しかし本校では、いまだに黒板だけを使って教職員主導の教え込みの授業をしたり、マンネリ化した教育活動をしたりする面が見られる。これでは、子どもたちの学力の向上を育成することはできない。

そこで校長として、学校経営方針に学力の向上を掲げ、教職員の資質・能力の向上を重点目標として、若手の中からミドルリーダー候補を育てつつ、意図的・計画的・継続的な実践を図っていく。また、主体的・対話的で深い学びの視点から学習過程の質的改善をめざす授業実践に努める。そして、保護者や地域住民とも連携し、活力ある学校づくりを組織的に取り組みつつ、全教職員で一丸となって進めていくことが課題であると考える。

3 課題実現を阻む問題点を指摘する

CHECK!

◎課題実現を阻む問題点を発見し、詳細に考察する
◎問題点を大きく３つくらいに分類し、具体的に説明する

「設定した課題」を受けて、「問題点の指摘」を記述します。1,000字、原稿用紙２枚半の分量です。課題として設定した「教職員の指導力向上」を阻む問題点を記述します。問題点を考えるための視点としては、学校ですから、学校経営方針と指導の重点に関してはどうか、学校組織の活動内容はどうか、教職員の資質・能力向上はどうか、児童・生徒、保護者・地域の実態はどうかなどが考えられます。

現任校で気がついていても、副校長の立場ではすべて自分の考えで行うことはできないため、隔靴掻痒の感があったと思いますが、副校長として抱えている３つくらいの大きな問題点を考え、それぞれに含まれる問題点を今度は校長の立場に立って詳細に記述します。副校長としては、日常の授業観察などを通じて、自分の学校の教職員の様子をよく見ていれば、なぜ指導力の向上が図れないのか、その要因がつかめてくるはずです。

３．問題点の指摘（1,000字）

（１）教え込みの授業から抜け出せていない実態

教職員が日常行っている授業観察から見えてくるのは、指導書の発問をしていればよいという授業、一問一答式の盛り上がらない授業からの向上が見られないことである。今まで自分が行ってきた授業とは異なる、新しいやり方を模索し、挑戦しようという気持ちが少ない。教えなければならない内容も多いので、当然それをこなさなければならないのはわかるが、こうした教科書を教え込む授業から、子どもたちの発想や活動を重視した授業への転換を図らなければならない。少人数加配教員などを利用して、少人数指導や学級の枠を取り払った授業等を行っているが、自分の学級の授業は、相変わらずの教え込みの授業になってしまっている。教職員の資質・能力の向上を図ることができれば、学力の向上に結び付くはずである。

（2）いまだに学級王国的な横並び意識を持っている

校長が学校経営方針で組織的マネジメントの発想を持って、学級担任に学校で一丸となるという意識を持たせようとしているが、いまだに学級王国的な横並び意識を持っている。学年主任の中にも、学年経営や学級経営ができていればそれでよいというような意識を持っている教職員がいる。これでは校内研修を行って、教職員の授業力の向上を図ろうとしても、組織的な活動の停滞を招いてしまい、なかなか授業改善が進まない。また、教職員の間で切磋琢磨していこうという意識が低いため、主幹教諭や指導教諭の指導も実を結んでいない。これが第二の問題点である。

（3）何事も例年通りというマンネリ化が浸透している

学校で行っている教育活動や校務分掌について、一部の教職員は前例踏襲型の例年通りのやり方を継続することがよいことだと思っている。そこには新しい工夫を入れようとか、革新的な方法に挑戦してみようというような発想はない。さらに悪いのは、主任が変わってやり方を変えようとしたりすると、「今までのやり方でないと時間がかかる」とか、「子どもたちへの指導が難しくなる」などといって、真っ向から反対することである。せっかく新しい考えや創造的な活動の提案をしても、意欲的になれずにやめてしまう教職員もいる。学校評価や学校関係者評価などで、保護者や地域住民からマンネリ化しているのではないかという評価をされても、一部の教職員は反省していないというのが第三の問題点である。

授業観察をしたり、日常の指導などをしたりして、学校の重点目標達成のために努力をしているはずですが、その中でももっと高めたいことがあるはずです。この問題点に対する具体的な解決策を、次の「解決策の提示」で示します。教え込みの授業からどのように転換するか、学級王国的な意識をどうなくしていくか、意欲的で創造的な方法をどう実践させていくかということについて、1,000字で記述します。

④ 具体的・現実的な解決策を提示する

CHECK!

◎十分な判断と分析をもとに解決策を記述する
◎日常の着実・誠実な実践で経営能力は養われる

「解決策の提示」では、約1,200字程度で「問題点の指摘」で示した現任校の問題点の解決策を論じます。現任校でも副校長として、教職員の指導力向上のために的確な助言や支援を行っていると思いますが、もっと強力に教職員の資質や能力の向上を図っていくためにはどのようにしたらよいのかを、現任校の現実を踏まえつつ論述します。

「問題点の指摘」では、「教え込みの授業から抜け出せない実態」、「いまだに学級王国的な横並び意識を持っている」、「何事も例年通りというマンネリ化が浸透している」の３点を挙げました。

これらの解決策を記述するには、まずどのようなところに問題があるのかを判断して、しっかり分析する必要があります。その判断や分析が不十分だと、「教職員だからこうしなくてはいけない」というような独善的な書き方になったり、「こんな理想的な教職員なら効果が出るはずだ」などと論文展開が飛躍してしまったりして、説得力不足になってしまいます。しっかりとした判断・分析ができれば書かれている内容が現実的になり、このように行えば確かに問題が解決するだろうという具体的な対策が提示できるのです。

では、実際に「解決策の提示」を、記述してみます。

４．解決策の提示（1,200字程度）

（１）自己申告に授業改善目標を掲げさせ、的確な指導を実施する

まず、学校経営方針や本年度の重点目標に、授業改善を掲げ教職員の共通理解を図る。年度当初面接では、自己申告書や学級経営案をもとに、子どもたちの個別指導計画なども作成させ、具体的な実践に結びつくように配慮させる。また、校長として毎月定期的に授業参観を実施し、学習への動機づけとなる「深い学び」、自らの考えを広げ深める「対話的な学び」、学ぶことに興味や関心を持つ「主体的な学び」という視点からの授業が実現できている

かを観察する。そして、何を学ぶのか、どのように学ぶのか、そして何ができるようになるのかなど、授業の目的をしっかりと意識して取り組ませるようにする。適切な指導に努めている場合には誉めて励ますようにし、改善すべき点がある場合には、どこをどのように改めるかについて具体的に指導し、授業力の向上を図る。副校長や教務主任を督励して教職員の提出する週案についても、指導助言をさせる。中間面接では、自己申告目標で掲げた授業改善の達成度について自己評価を求め、年度後半も達成に努力を促し、最終面接で業績評価をして授業改善や指導力向上を図らせる。

（2）研修・研究体制を構築し、教職員の変容を図る

校長として年度当初に、チームとしての学校への意識を持たせ、子どもの学力の向上の重要さを具体的に説明し、教職員の共通理解を図る。学校研究については研究推進委員会を組織し、研修・研究体制を構築する。研修主任には、具体的な研修計画や組織を立ち上げさせ、組織力強化を図って推進する。子どもたちの学力の実態をしっかり把握し、子どもたちをどのように伸ばしていくかという視点から、学習過程の質的な改善を進めていく。研究授業を一人年間１回は必ず行わせ、同じ学年の教職員が行う場合にはその先行授業などにも積極的に取り組ませて、子どもたちの意欲を高める授業の創造に努める。また、指導主事等外部講師を招いて授業研究会を行い、指導法の改善を進めていく。

（3）学校評価システムを生かし、学校変革を進める

教職員の行った授業や教育活動に関して、一学期末に自己評価を実施する。この自己評価について学校評議員会で学校評議員に説明し、適切な指導と助言を受ける。また保護者・地域住民にも公開して、意見や評価を求め、そして学校関係者評価を実施する。そこで得られた評価内容については、教職員でしっかりとした対応策を作成し、二学期からの実践につなげていく。これは二学期末にも行うようにする。また、子どもたちに基本的な生活習慣を確立させ、家庭での学習習慣を作るには家庭の協力が欠かせない。こうしてできたよい生活習慣は、子どもの学習意欲をより高め、教職員の授業指導の向上に寄与するからである。開かれた学校をめざし情報を家庭や地域に提供し、家庭や地域の要望も踏まえて、学校変革を進めていく決意である。

以上のように行えば、「問題点の指摘」で示した現任校の問題点や課題が解決するはずです。試験官を説得できる、具体的かつ現実的な方策がしっか

りと記述できています。

こうした解決策は、日頃の学校教育活動を学校経営上の視点から、判断し、分析して、整理しておくという地道な実践から生まれてくるものです。日常の職務を着実に、誠実に実践する姿勢の中で、学校経営への参画意識が醸成され、経営能力が涵養されていくのです。常日頃から問題意識を持ち、積極的に学校経営に正面から取り組む中で生まれた、現実的な方策を記述することが大切です。

この「解決策の提示」は1,200字程度で記述していますが、字数が限られている場合には、「策」を減らすことで調整することができます。

第2編

模範論文

第5章

最新教育課題の模範解答例

① 令和の日本型学校教育の構築〈学校論〉

問題

令和の日本型学校教育の構築を目指して、すべての子どもたちの可能性を引き出し、個別最適な学びと、協働的な学びを実現することが求められています。あなたは校長として、従来の日本型学校教育を発展させた新しい時代の学校教育の取組みをどのように進めていきますか。具体的に述べなさい。（1,500字程度）

◉解答のポイント

社会の在り方が劇的に変わる「Society5.0時代」の到来と、先行き不透明な「予測困難な時代」を迎えています。一人ひとりの児童・生徒が、自分のよさや可能性を認識するとともに、あらゆる他者を価値のある存在として尊重し、多様な人々と協働しながらさまざまな社会的変化を乗り越え、豊かな人生を切り拓き、持続可能な社会の創り手となることができるようにすることが求められています。学校は学習指導のみならず、生徒指導の面でも主要な役割を担い、児童・生徒の状況を総合的に把握する必要があります。

解答例

新学習指導要領を着実に実施しながら、従来の日本型学校教育を発展させた新しい時代の学校教育を実現することが求められている。そのためには、個に応じた指導についての十分な理解と、児童・生徒の学びを最大限に引き出すことが必要である。私は校長として、個別最適な学びと協働的な学びの構築のために次のように取り組む。

1．校内の組織体制を整え、個別最適な学びを推進する

指導の個別化と学習の個性化を図る個別最適な学びを構築するためには、学校教育目標の重点事項に掲げ、校内の組織体制を整える必要がある。そして、教職員が個別最適な学びが今までの学びとどう違うのか十分に理解したうえで、日々の授業で着実な実践をしていかなければならない。

そこで、①主幹教諭を中心に各学年の代表者で児童・生徒の学びについて整理する授業研究委員会を設け、どのように指導の個別化に取り組むのか、学習の個性化をどう図っていくのか研修し、すべての教職員の能力の向上を図る。②学年主任に命じて学年会の充実を図り、各学年での基礎的・基本的な知識を確実に習得させるための効果的な指導方法の充実を図る。③主幹教諭や研究主任を中心に、つねに児童・生徒自らが学習を調整するなど主体的に学習を最適化する授業方法の視点からの授業を展開させ、児童・生徒の能力の向上を図る。

2．ICT環境や学校設備の整備を図り、協働的な学びを推進する

知・徳・体を一体的に育むためには、協働的な学び合いを推進することが大切である。学びについては児童・生徒が一人で取り組むよりも、多くの実践の場やさまざまな場面での話し合いなどを通しての学びを行うことでその充実を図れる。そこで、①教頭とともに授業参観を行い、教職員が学級の環境の変化を前向きに受け止め、児童・生徒との関わり合いが十分に図れるように進める。②教頭を指導し、リアルな体験を通じた学びや他の学校の子どもたちとの学び合いが図れるようにICT環境や学校設備の整備に努める。③主幹教諭を指導し、校務分掌や校内の各種委員会などで学校施設の整備を図り、学校ならではの協働的な学びや探求的な学びの充実に努める。

3．学校内外との連携を進め、学校組織のマネジメント力を強化する

校長を中心に学校組織のマネジメント力の強化を図るとともに、学校内外との関係で「連携と分担」による学校マネジメントを実現することが必要である。そこで、①児童・生徒の指導に外部人材や専門スタッフ、多様な人材が指導に携わることのできる学校を実現し、マネジメント力の強化に努める。②教頭に命じて、教職員同士が適切な役割を分担し、校務分掌や学校組織の構築に努める。③保護者や地域住民等の学校運営への参加・参画を得ながら学校運営を行う体制を構築し、地域全体で児童・生徒の成長を支えていく環境を整備し、社会とつながる協働的な学びの実現に努める。

児童・生徒の資質・能力をより一層育むためには、基礎学力を保障してその才能を十分に伸ばし、社会性を育むことができるように学校教育の質を高めることが重要である。私は校長として、これまで日本型学校教育が果してきた学習機会と学力の保障、全人的な発達・成長の保障、安全安心な身体的、精神的な健康の保障を学校教育の本質的な役割として重視し、継承してリーダーシップ機能を発揮し、令和の日本型学校教育の構築に全力であたる覚悟である。

② 緊急事態を想定した学校の危機管理〈学校論〉

問題

緊急事態宣言で臨時休校の措置が取られるなど、改めて学校の危機管理体制の見直しが求められています。また、教職員一人ひとりの危機管理意識を高めることも必要です。あなたは校長として、緊急事態を想定した学校の危機管理体制の確立にどのように取り組みますか。具体的に述べなさい。(1,500字程度)

◉解答のポイント

新型コロナウイルス感染症の流行は、全国の小・中・高校が臨時休校になるなど、学校教育にも大きな影響を与えました。新型コロナウイルスに限らず、今後も不測の事態が発生し、臨時休校や分散登校、時差登校の実施を検討せざるを得ない場合が考えられます。

そのため、学校においては、改めて日常からの安全管理に加え、問題発生時の対応を想定した危機管理体制の構築が求められています。教職員一人ひとりの危機管理意識を高める具体的な手立てや対策を記述することが必要です。

解答例

コロナ禍が長引く中で、改めて学校の危機管理体制の構築が求められている。感染症対応を含め、地震や異常気象、学校内外での事件・事故等、現在の学校経営にはさまざまな危機がはらんでおり、改めて危機管理体制を組織的に見直して再構築しなければならない。そのためには、教職員の危機意識を高め、安全安心な学校づくりに励むことが求められる。私は校長として、学校の危機管理体制の確立のために次のように取り組む。

1．教職員が危機意識を持ち、学校の危機管理体制を構築する

危機管理は、平時から危機意識を持ち、危機を予見し、素早く対応することから始まる。そのためには、常に児童・生徒の目線で物事を考え、危険は潜んでいないか、危機に陥らないかを考えて対応することが重要である。また、学校保健安全法に規定されている「学校安全計画」と「危険等発生時対処要領」を作成し、教職員の共通理解を図ることが必要である。そこで、①

危機管理体制の構築を学校の重点目標とし、学校経営計画にも安全・安心・防犯・防災教育の内容を系統的に位置付ける。②管理職、主幹教諭、学年主任等を構成員とした危機管理対策委員会を組織し、学校安全計画・危険等発生時対処要領等を見直し、教職員に周知する。③感染症伝染防止訓練や不審者対応、地震対策等のさまざまな訓練等を計画的に実施し、教職員や児童・生徒の危機管理能力の意識を高める。

2．教職員の資質の向上に努め、実践力の向上を図る

学校の危機管理体制を構築するためには、教職員に対し、意識向上はもちろん、いざというときに適切に対応できる実践力も身に付けさせ、資質の向上を図る必要がある。そこで、①消防署の職員や警察官等の専門家を講師にした危機管理意識の向上を図る校内研修を定期的に設け、教職員の資質の向上に努める。②校内の施設・設備を使う際に、教職員が「ヒヤリ・ハット」や「いつもとは何かが違う」という違和感を察知できるような校内研修も計画し、指導助言にあたる。③主幹教諭を指導し、非常時の役割分担を明確にしたシミュレーションや訓練を行う。

3．危機発生時の対応と再発防止に向けた取組みに努める

学校内で新型コロナウイルス感染症が発生した場合など、具体的な危機発生時においては、校長として対応方針を明確にしておく必要がある。そこで、①子どもと教職員の安全を最優先にした対応を心がけ、被害が広がらないように対応し、素早く現状の復旧を図る。②校長としてのリーダーシップを発揮し、「さ」（最悪の事態を想定し）「し」（慎重に）「す」（素早く）「せ」（誠意を持って）「そ」（組織で対応する）という、危機管理「さ・し・す・せ・そ」の原則に基づいて対応する。③起こってしまった事故の原因や背景の分析と検証を進め、二度と起こらないような対策を考え、再発防止につなげて児童・生徒の安全を守る。

地域・保護者との連携に努め、危機に対応する訓練や防災訓練等を実施することも重要である。地域・保護者との連携を深めることで、学校に対する信頼の向上を図ることができる。私は校長として、さまざまな緊急事態を想定した学校の危機管理の確立に努め、子どもたちの安心・安全を全力で守る覚悟である。

③ チームとしての学校の取組み〈学校論〉

問題

社会や経済の変化に伴い、教育的課題が複雑化・多様化する中、学校や教員の対応では、「チームとしての学校」の整備が求められています。あなたは教頭として「チームとしての学校」の取組みをどのように進めていきますか。具体的に述べなさい。（1,500 字程度）

◉解答のポイント

教職員は、授業以外に、成績処理、各種会議、部活動指導、教材研究、各種事務処理などの仕事に追われ、多忙を極めています。その結果、児童・生徒と向き合う時間の減少を招いています。また、いじめや不登校なども複雑化・多様化し、学校や教職員だけでは、十分に解決することができない課題も増えています。こうした現状を受けて、中央教育審議会は平成 27 年 12 月、「チームとしての学校の在り方と今後の改善方策について」を答申しました。教職員一人ひとりが自らの専門性を発揮し、より一層学習指導や生徒指導に取り組んでいくためには、心理や福祉等の専門スタッフを配置するなど、さまざまな業務を専門スタッフと連携・分担する体制を整備する必要があります。専門スタッフの協力により学校運営の活性化・効率化が図られ、教職員が児童・生徒と向き合う時間の余裕が生まれるように、学校全体で組織的に学校教育目標の達成に取り組む手立てを論じることが必要です。

解答例

いじめ・不登校などの生徒指導上の課題や特別支援教育の充実への対応、貧困問題への対応など、学校に求められる役割が拡大している。また、こうした複雑化・多様化する学校課題を解決し、子どもたちに必要な資質・能力を育んでいくためには、「チームとしての学校」の体制を整備する必要がある。教職員が児童・生徒と向き合う時間を確保し、学校教育目標の達成を図るため、私は教頭として、校長の指導のもと次のように取り組む。

1．校内の組織体制を整え、「チームとしての学校」に取り組む

教職員が児童・生徒と向かい合う時間を十分に確保するためには、学校に配置される専門スタッフと協働することで、教職員の負担を軽減し、教育指導に専念させることが重要となる。

そこで、①教頭・教務主任を中心にして校務分掌検討委員会を設けるよう進言し、校務を学校・教職員で行う仕事、スクールカウンセラーやスクールソーシャルワーカー等専門スタッフに任せる仕事、協働で行う仕事の３つに分担する。②生徒指導主任を中心にして、生徒指導委員会を設ける。配置されているスクールカウンセラーやスクールソーシャルワーカー等の職務内容を位置付け、生徒指導・教育相談についての環境の充実を図る。③指導教諭が配置されている場合には、校内研修で個別最適な学びと協働的な学びの視点からの指導授業を展開させるなど、教職員の資質の向上を図る。

２．リーダーシップ機能を発揮し、学校のマネジメント機能の強化を図る

多様な専門人材が学校運営に参画し、学校のマネジメントが組織的に行われるためには、管理職のリーダーシップが不可欠である。専門スタッフと学校の教職員が連携・分担して複雑・多様な課題に対応する場合には、主幹教諭や教務主任がコーディネーター的役割を担う必要がある。そこで、①専門性に基づく「チームとしての学校」を機能させるために教職員のチームワークを強化させる。②校務分掌や校内各種委員会など学校組織のスリム化を図り、仕事が個人に集中しないようにさせ、公平に児童・生徒と向き合う時間を確保する。③教務主任を指導し、体験活動等の実践結果や調査結果の資料を保存させ、次年度の学年に引き継いで再利用させる。

３．保護者や地域住民等の情報を把握し、登録して協力を仰ぐ

地域には、各種の専門家、技術者、外国人、定年退職者、アスリート等専門的で、特殊な技能を持った地域人材が数多く住んでいる。また、商店、病院、会社等の事業所もある。地域の方々に、地域学校協働本部や学校応援団への登録を依頼し、学校と連携して教育活動を展開できるようにする。そこで、①英語活動支援員、部活動指導員、授業支援者等、日々の教育活動での協力・支援を図れるように努める。②キャリア教育や総合的な学習等の学校だけでは十分ではない特別な教育活動での連携を仰ぐ。③学校行事等での協力・支援だけでなく、地域の伝統行事などでの連携・協力で、教職員の負担軽減を図る。

私は教頭として、校長の指導のもとリーダーシップ機能を発揮し、教職員の負担軽減を図り、より効率的な時間活用に努め、「チームとしての学校」の推進に指導力を発揮する覚悟である。

④ 教員の働き方改革〈教師論〉

問題

教員の長時間労働が指摘され、働き方改革が求められています。教員としての適正な業務量を確保して長時間労働を防ぐために、あなたは教頭として、教員の働き方改革をどのように進めていきますか。具体的に述べなさい。（1,500字程度）

◉解答のポイント

平成25年のOECD国際教員指導環境調査（TALIS）では、日本の教員の1週間あたりの勤務時間は参加国中最長であり、平成28年の教員勤務実態調査では、教諭の平均的な1日あたりの学内勤務時間は小・中学校とも11時間を超えています。さらに小・中学校に、週60時間以上勤務し「過労死ライン」（月80時間以上の時間外労働）を超えている教諭がいることもわかり、教員の働き方改革が求められています。

解答例

教員の長時間労働が問題になっている。今までは教育は長時間をかけて丁寧に取り組むことを是とする考えが支配的で、長時間学校にいて子どものために仕事をするのがよい教員であると思われてきた。しかし、授業準備や成績処理、調査・統計等に関する事務などが増え、教員が疲弊してしまっているのも事実である。長時間労働により、教員が心身に不調をきたしてしまっては、授業や指導の質の低下を招くことになりかねない。そこで私は教頭として、校長の指導のもと、教員の働き方改革に次のように取り組んでいく。

1．勤務時間の適正な管理を学校経営の重点に掲げ、取り組んでいく

長時間労働によって教員が疲弊してしまっては、適切な教育の実施は不可能であることを教員がしっかりと理解し、日々の勤務にあたるようにする。そこで校長に進言し、学校経営の重点目標に勤務時間の適正な管理を掲げ、全教員で取り組んでいく。具体的には、①教務主任を中心にして働き方改革委員会を組織し、学校全体での教員が担う業務の明確化・適正化について整理・提言し、実践に努める。②学校の組織運営体制について職員会議や校内研修等の精選化を図り、教員の負担軽減について職員会議で提案し承認する。

③各種研修や会議等については、その必要性を十分に検討し、どうしても行わなければならないものは長期休業中などに行い、学期中での負担軽減を図る。④週に１日は、ノー残業デーとして勤務時間を厳守する日を定め、定刻になったら教員を下校させるように努める。⑤授業研究や校内研修等については今まで行ってきたことに固執せずに、時間をかけずに最大の効果をあげられるように研究主任などに提案させて実践する。⑥各校務分掌や教科部会で、行事内容や準備、時間数の短縮等について協議・整理し、教員の負担軽減を図る。

２．教員一人ひとりの業務について負担軽減の視点で見直す

教員一人ひとりの能力はさまざまであるが、管理職やサポートスタッフができるだけ関わるようにしてその負担軽減を図る。また「チームとしての学校」の考えに立ち、専門家や地域ボランティアの連携・協力を得ていくことも負担軽減には欠かせない。そこで、①今までの週単位の勤務の状況を一覧表にし、勤務時間として減らせるところがないか、学年主任を中心にして各学年の教員で協議して勤務時間の削減を図る。②授業準備や成績処理等に長時間かかるような教員には、学年主任やサポートスタッフ等の協力で教材研究の効率化を図る。③進路指導や問題がある家庭との連絡等についても、担任だけに任せるのではなく、スクールカウンセラーやスクールソーシャルワーカー等の専門スタッフの協力を仰ぐ。④登下校に関する指導や放課後の見回り等については、問題発生の緊急時等は教員の参加も促すが、通常はPTA・保護者や地域学校協働活動推進員等に任せるように努める。⑤部活動指導員制度等を活用して部活動の指導時間の短縮化を図り、負担軽減を図る。⑥情報機器を活用して事務量の効率化を図ったり、ICT 等による校内支援システムを導入したりして長時間労働の解消に努めていく。

教員が過労死ラインを超えるような勤務時間をこなしているとすれば、異常事態と言わざるをえない。教員一人ひとりは、学校にとってかけがえのない教育財産である。教頭として、常に教員一人ひとりの心身の健康の保持や健康管理について観察し、問題がある場合には的確な対策に努めることが必要で、早目の対応に努めるようにする。働き方改革という同じ考え方を持って進めば、必ず成果をもたらすはずである。私は教頭として校長の指導を仰ぎ、自ら研鑽に励み、教員の働き方改革に正面から取り組んでいく覚悟である。

⑤ 感染症対策に対応した学校経営〈教師論〉

問題

新型コロナウイルス感染症により、緊急事態宣言なども発出され、臨時休校の措置が取られました。今学校には、児童・生徒への新型コロナウイルス感染症の感染防止に対応した学校経営が求められています。あなたは校長として、感染症防止対策に対応した学校経営をどのように推進していきますか。具体的に述べなさい。(1,500 字程度)

◉解答のポイント

世界中に新型コロナウイルス感染症が流行し、我が国にも緊急事態宣言が出され、臨時休校の措置が取られました。ワクチン接種が進められていますが、今後も新たなウイルスが現れることも予想され、こうした感染症に対応した学校経営が求められています。学校での児童・生徒への感染症の防止にどのように取り組んでいくのか、その具体的な対策を述べる必要があります。

解答例

新型コロナウイルス感染症の流行により、重症化して命を落とす人もいる現状で、憂慮する事態を招いている。児童・生徒が集団で学習している学校における感染症の流行は絶対に避けなければならない。私は校長として、新型コロナウイルスの感染防止のために次のように取り組む。

1．新型コロナウイルス感染防止を重点目標に掲げ、積極的・計画的に推進する

新型コロナウイルス感染症の感染防止を図るためには、学校として重点目標に掲げ、積極的・具体的に進めていくことが求められる。これまで、風邪やインフルエンザなどの感染拡大も経験しているが、目に見えないウイルスの感染を防止するには、ウイルスの飛沫を浴びない徹底的な対策が必要である。そこで、①教育委員会などが示す感染症流行防止マニュアルを参考にして、保健主事・養護教諭等に徹底的な対策を考えさせ、全教職員にその周知徹底を図る。②家庭と連携して毎朝の体温の測定を依頼し、学校でも朝の健康観察で平熱かどうかをしっかりと確認してもらう。③各学級では、飛沫感染防止のカーテンを張り、教室での机の並び方も密集、密接、密閉の三つの密を防ぐように努める。④手洗い・うがいの励行、マスクやフェイスシールドの着用を図り、咳エチケットを守らせ、教室内の換気に努める。

2．教職員の危機意識を高め、教育活動での感染防止対策の徹底を図る

学校での教育活動や学校行事を進めていく中で、今までとは異なる新しい生活様式で取り組むことが感染防止につながる。何よりも教職員の危機意識を高め、児童・生徒が一定の距離の確保を図ることを徹底する。

そこで、①教職員と児童・生徒とのソーシャルディスタンスを常に確保し、児童・生徒同士もできるだけ密集しないように努める。②学習活動においては、児童・生徒同士で抱き合ったり、大声で話し合ったりしないように工夫を講じる。③体育など、どうしても児童・生徒が触れ合うことをしなければならない場合も、活動の前後に、しっかりと手を洗い、うがいをするなどして感染防止に努める。④児童・生徒が使った学習用具や教室の手すり等は、徹底した消毒を行う。

3．地域・保護者との連携を図り、感染防止に努める

新型コロナウイルスの感染は家庭内での感染も起きるので、学校で行っている新型コロナウイルス感染症流行防止マニュアルを保護者にも配布して、地域・家庭との連携に努める。そこで、①各家庭で毎朝の体温チェックを家族全員で行うようにして、健康・安全への関心を持たせる。②熱があったり、咳が出たりして、体調がおかしい場合には、無理をしないで休むように勧め、具体的な状況を学級担任に知らせてもらうようにする。③保護者を学校に集める保護者会などを開くことは難しいため、学校だよりや学校ホームページなどを利用して、学校の取組みについての理解を求める。④学校だよりは自治会などを活用して地域にも配布し、学校の取組みの理解を図る。

また、教職員が罹患して、学級の児童・生徒にうつしてしまうことがあってはならない。教職員は休日などの日には、不要不急の外出はできるだけ避け、教職員も毎朝体温測定して、健康チェックに努め、自己の健康管理を図る。私は校長として、児童・生徒の健康の保持に努め、新型コロナウイルス感染症防止に全力であたる覚悟である。

6 性同一性障害等への意識の向上〈教師論〉

問題

「性同一性障害」等に係る児童・生徒について、学校生活を送る上で特有な支援が必要とされています。こうした児童・生徒に対して、あなたは教頭として学校生活の中でどのように対応し、取り組んでいけばよいと思いますか。具体的に述べなさい。（1,200字程度）

◉解答のポイント

平成15年、性同一性障害者の性別の取扱いの特例に関する法律が議員立法により制定されました。学校における性同一性障害に係る児童生徒への支援について社会の関心も高まり、その対応が求められるようになっています。学校における性同一性障害に係る対応に関する状況調査を文部科学省が行ったところ、全国から606件の報告がありました（平成26年6月公表）。「望まない例は報告を求めない」との条件であったので、実数はさらに多いと考えられます。悩みや不安を受け止める必要性は、性同一性障害や性的指向・性自認に係る児童・生徒だけでなく、いわゆる「性的マイノリティ」とされる児童・生徒全般に共通するものです。学校が行っていくことは、こうした児童・生徒捜しではなく、支援する教職員を育成し、問題を発生させるリスク要因となる課題を生活環境の中で除去し、改善していくことです。

解答例

性同一性障害とは、生物学的な性と性別に関する自己意識（性自認）が一致しないため、社会生活に支障がある状態とされている。性同一性障害等に係る児童・生徒については、学校生活を送る上で特有な支援が必要な場合があり、個別の事案に応じ、児童・生徒の心情等に配慮した対応を行うことが求められる。からかいや嘲笑などからいじめなどが起きないように、教頭として学校生活での丁寧な対応を心がけてまいりたい。

1．学校における支援体制の充実と医療機関との連携

性同一性障害等に係る児童・生徒の支援は、最初に相談（入学等に当たって児童・生徒の保護者からなされた相談を含む）を受けた教職員だけで抱え込むことがないようにして、組織的に取り組むことが重要である。そこで、学校内外にサポートチームを作り、支援委員会（校内）やケース会議（校外）等を適時開催してその対応を進める。児童・生徒が自身の性同一性障害を可能な限り秘匿しておきたい場合があることもふまえ、教職員間での情報共有には十分注意し、情報の漏洩や流失が絶対に起きないようにする。また、支援委員会（校内）やケース会議（校外）等において情報共有を行う際は、児童・生徒やその保護者に意図を十分に説明・相談し、理解を得るようにする。さらに、診断や助言を含め、医療機関から専門的知見を得て適切に連携を図っていく。

2．学校生活の各場面での支援

学校の中には生徒指導上さまざまなきまりがあるが、こうした性同一性障害等に係る児童・生徒等がいることを考慮して、きまりの遵守だけを厳しく進めないように教職員で共通理解する。養護教諭やスクールカウンセラーなどに指示をして、学校生活の次のような場面で性同一性障害等に係る児童・生徒への対応を行っていくように努める。服装、髪型、更衣室、トイレ、呼称の工夫、授業、水泳、運動部の活動、修学旅行等で、性同一性障害等に係る児童・生徒に対して、きめ細やかな対応をして支援を行っていく。性同一性障害等に係る児童・生徒への配慮も重要であるが、学校内には他の児童・生徒もいるので均衡も取りながら進める。また、学校として保護者とも緊密に連携をしながら支援をしていくように努める。

3．児童・生徒に対する相談体制の充実

いかなる理由でもいじめや差別を許さない生徒指導・人権教育を学校全体で推進することが、悩みや不安を抱える性同一性障害等に係る児童・生徒や「性的マイノリティ」とされる児童・生徒に対する支援の土台となる。児童・生徒が悩みや不安を相談に来た場合に、最後まで話を聞き受容と寛容の心を持った教職員を育成していく。そして、校内研修を進め、教職員自身が性同一性障害等に係る児童・生徒や「性的マイノリティ」とされる児童・生徒に対する知識を深め、信頼される教職員の育成を図る。

私は教頭として校長の指導を仰ぎ、教職員の育成に努め、性同一性障害等に係る児童・生徒の支援に努める覚悟である。

7 プログラミング教育の推進〈子ども論〉

問題

コンピュータを動かすにはプログラムが必要であり、その動かし方（プログラミング）を知ることは、子どもたちに論理的、創造的な力をもたらします。あなたは校長としてプログラミング教育の推進をどのように進めていきますか。具体的に述べなさい。（1,200字程度）

◉解答のポイント

AIやロボティクス、ビッグデータ、IoTといった技術が発展したSociety5.0の時代が到来し、産業や生活の場ではインターネットやIT（情報技術）が欠かせないものになっています。子どもたちが生きていくこれからの未来社会では、これらがさらに加速度的に発達し、プログラミング的思考、論理的・創造的思考が必要になってくると考えられます。

解答例

私たちが利用する家電や自動車などには、コンピュータが組み込まれているが、これからの社会では、コンピュータの仕組みについて正しく理解することが求められる。コンピュータに命令や指示を出す仕組みを知ることで、物事を細分化して、順序立てて組みたてるというプログラミング的思考が養われる。子どもたちに論理的思考、プログラミング的思考を育成するプログラミング教育を推進するため、私は校長として、次のように取り組んでいく。

1．プログラミング教育の推進を学校経営方針に掲げる

プログラミング教育の根幹は、コンピュータは人が命令、つまりプログラミング言語をプログラムすることによって動作するという仕組みを、子どもたちに理解させることである。そこで、①まず、プログラミング教育についての正しい知識、学校教育の場で推進していく重要性について、全教職員が理解するための校内研修を実施する。②各学年でプログラミング教育を実践する単元などは、教育課程全体を見渡して実践する教科を位置付け、指導計画の作成に取り組む。③各学年で、プログラミング教育を実施できる教科や単元について研究を深め、それを持ち寄って学校全体計画、年間指導計画の立案に努める。

2．授業実践を進め、プログラミング的思考、論理的・創造的思考を育成する

プログラミング的思考や論理的思考の育成は、子どもたちが小学校の早い段階から、動きに対応した記号の組み合わせなどを授業で学ぶことによって、実現することができる。そこで、①コンピュータに意図した処理を指示することを体験するために、小学５年生の算数科のコンピュータで多角形を書くという研修や小学６年生の理科で人感センサーによるスイッチの条件を考える研修を教職員に体験させ、プログラミング教育の必要性を十分に理解させる。②音楽科の授業で創作ソフトを使って子どもたちに音楽を作らせていく中で、コンピュータの働きを理解させ、子どもたちにプログラミング的思考を育成する。③国語科では、子どもたちに物語の場面を絵に描かせ、カメラなどでその絵を取り込み、動いたり、話したりさせる中で、プログラミングについて理解させ、プログラミング的思考、論理的・創造的な思考の育成を図る。

3．生きていく上で必要な論理的、創造的な思考力の育成を図る

生活や産業の場において、IT（情報技術）はもはや欠かせないものであり、今後、プログラミング的思考は、すべての生活の場で普遍的に求められる力となる。そこで、①プログラミング言語やプログラミング技能の習得には個人差があり、それ自体は目標としていないことに配慮して子どもたちへの対応を行う。②子どもたちの情報活用能力の育成に努め、子どもたちのコンピュータを使いこなす能力のいっそうの向上に努めるようにする。③プログラミング教育の推進が子どもたちの可能性の拡大につながることを確かめ、論理的、創造的思考力が子どもたちがこれからの未来社会を生きていく上での必要な力であり、その育成を図るように努める。

インターネットやコンピュータが不可欠なSociety5.0の社会が到来し、子どもたちはその中で生きていかなければならない。こうした中で、プログラミング的思考や、論理的・創造的思考を身につけることはきわめて重要である。私は校長として自ら研鑽に励み、プログラミング教育の推進に全力で取り組んでいく覚悟である。

8 個別最適な学びと協働的な学びの実現〈子ども論〉

問題

これからの学校教育では、すべての子どもたちの可能性を引き出す、個別最適な学びと協働的な学びの実現を図ることが求められます。あなたは校長として、学校教育の質を高め、個別最適な学びと協働的な学びの実現にどのように取り組みますか。具体的に述べなさい。（1,500字程度）

◉解答のポイント

学習指導要領において示された資質・能力の育成を着実に進めるためには、ICT等を最大限活用しながら、多様な子どもたちを誰一人取り残すことなく育成する「個別最適な学び」と、子どもたちの多様な個性を最大限に生かす「協働的な学び」の一体的な充実が図られることが求められます。そのうえで、新しい学習活動について、「個別最適な学び」や「協働的な学び」の充実に効果を上げているか確認しながら、主体的・対話的で深い学びの実現に向けた授業改善につなげていくことが必要とされています。

解答例

これからの学校教育では、学校教育の質と多様性、包摂性を高め、教育の機会均等を実現することが求められている。また、子どもたちの資質・能力をより一層育むために、基礎学力を保障してその才能を十分に伸ばし、社会性を育むことができるように学校教育の質を高める具体的な対策が必要となる。そのためには、すべての子どもたちの可能性を引き出す、個別最適な学びと協働的な学びの実現を学校教育の中で図らなければならない。私は校長として、次のようにして学校教育の質を高めていく。

1．学校経営全体計画に位置付け、指導の個別化の共通理解を図る

学校教育の質を高め、学習方法の質を転換させるには、学校経営全体計画に位置付け、教職員の共通理解を図ることが必要である。そして、教職員の意識変革を促し、指導力を高めることで、個別最適な学びの実現を図ることができる。そこで、①個別最適な学びについて、学校経営全体計画に位置付け、学校の重点事項とし、教職員の共通理解を図る。②基礎的・基本的な知識等を確実に習得させるため、ICTの活用や専門性の高い教職員による支援が必要な児童・生徒へのより重点的で効果的な指導を進めるように努め、指導の個別化を進める。③子どもたち一人ひとりの特性や学習進度等に応じ、指導方法・教材等の柔軟な提供・設定を行うとともに、自らの学習を調整しながら粘り強く取り組む態度を育成するように努める。

2．日々の授業等学習活動の場での、学習の個性化の実践を図る

個々の教職員が、日々の授業等学習活動を進めていく中で、学習の個性化を進めていく必要がある。そこで、①研究主任を中心として、学習の個性化について研修を深め、学年ごとに教職員が連携を図り、日々の授業等学習活動の実践を高めていく。②基礎的・基本的な知識・技能や情報活用能力などの学習の基盤となる資質・能力等を土台として、専門性の高い教職員による個々の子どもに応じた学習活動の提供を行う中で学習の個性化を進めていく。③自ら学習を調整するなどしながら、その子どもならではの課題の設定、子ども自身による情報の収集、整理・分析、まとめ・表現を行う等、主体的に学習を最適化することを教職員が促すように努める。

3．学ぶ方法や内容の多様化を図り、協働的な学びを実現する

これまでの実践やICTとの最適な組み合わせを実現することで、協働的な学びの推進を図ることができる。また、多様な体験活動や多様な他者との学びの場を広げることが、子どもたちの可能性を引き出すことにもなる。そこで、①知・徳・体を一体的に育むため、教職員と子どもたちとの関わり合いや子どもたち同士の関わり合いなどさまざまな場面でのリアルな体験を通じた学び合いや、ICTの活用による他の学校の子どもたちとの学び合いを進める中で、協働的な学びを進めていくように努める。②学校ならではの協働的な学び合いや、地域の方々をはじめ多様な他者と協働した探求的な学びなどを通じ、持続可能な社会の創り手として必要な資質・能力の育成に努める。③教職員による対面指導と遠隔・オンライン教育を使いこなし（ハイブリット化）さらに学びの質の向上を図る。

個別最適な学びと、協働的な学びはそれぞれの学びを往還する中でさらに高まることになる。私は校長として、以上の取り組みに全力であたり、すべての子どもたちが豊かな人生を切り拓き、持続可能な社会の創り手となることができるように努力する覚悟である。

9 LINEを使ったいじめ問題〈子ども論〉

問題

子どもたちの間で、スマートフォンの所有率が増加しています。無料通話コミュニケーションアプリ「LINE」の使用率も高まる中、あなたは教頭として、「LINE」によるいじめ防止に対してどのように取り組みますか。具体的に述べなさい。(1,500字程度)

◉解答のポイント

「LINE」は、複数人のグループ通話を含む音声通話や「トーク」と呼ばれるチャット機能を利用することができる無料のコミュニケーションアプリです。最も使われている「トーク」では、テキストメッセージや写真、動画などを会話スタイルでリアルタイムでやりとりすることができます。しかし、メッセージにすぐに返事をしなかったり、考えもなしにメッセージを送ってしまったりすることが、仲間はずれやいじめに発展する場合もあります。「トーク」は、参加している本人たちにしか見えないことから、学校がこの「LINE」の内容を把握するのは非常に困難です。また、あわててグループを調べようとすると児童・生徒が反発する可能性もあり、学校には慎重な対応が求められています。

解答例

スマートフォンが、急速な勢いで普及する中、「LINE」でのいじめやトラブルについて、学校はその内容を把握できず、またグループに誰が入っているかもわからないため、防ぐことは容易ではない。しかし、学校として看過することはできず、教頭として、あらゆる対応策を取っていじめ防止にあたらなければならない。

1．まず、常日頃の児童・生徒の様子をしっかり観察することが必要である。登校した児童・生徒の様子が、元気がなくふさいでいたりすれば、何かあったと考えられる。「どうしたの？」と聞いても、なかなか本当のことを言わないかもしれないが、「先生が心配してくれている」ということは児童・生徒に伝わるはずである。授業中だけでなく、休み時間や給食・清掃の時間、部活動などすべての時間で児童・生徒の様子を観察することが重要である。

2．一般的な指導になりがちであるが、全学級でLINEを使ってのいじめをしないようにという学級指導を行うようにする。友だちから仲間はずれになることは、児童・生徒にとって最もつらいことであることを強調する。LINE等を使っての友だちへの非難の書き込みは、書かれた児童・生徒がとても傷つき、苦しむことを全校の児童・生徒全員に理解させる。
3．いじめの防止を目指すには、児童・生徒の心に思いやりの心を育てていく必要がある。道徳教育の充実を図り、相手の立場や気持ちになって考えるという意識を育てる。特別教育活動や学級活動などで、体験活動を重視し、老人ホーム訪問や幼稚園・保育園見学など多様な活動を体験させ、心の育成を重視した活動を行う。また、弱い人や苦しむ人の気持ちになれるように、想像力を育てていくことも重要である。軽い気持ちでいじめを行ってしまわないように、児童・生徒の心を育てていき、いじめの根絶に取り組んでいく。
4．全校集会を開いて、LINE等を利用したいじめについては、陰湿ないじめであり、絶対行わないようにという指導を行う。生徒指導主事から、友だちに対してこうしたことを行うことは、絶対に許されることではないことを強調させる。また、グループを作ってそこから抜けられないようにしたり、同調圧力をかけたりしないように、相手の気持ちを考えたLINEやメール、インターネットの利用の仕方についてもしっかり指導して、情報モラルの確立に努める。
5．もしもいじめなどが見つかった場合には、素早く効果的な対策を行う必要がある。そこで、管理職や生徒指導主事、学年主任を招集して、生徒指導部会を緊急に行う。必要に応じて養護教諭やスクールカウンセラーなども出席させ、LINEでのいじめ防止支援体制の確立を図る。LINEのグループを調べたりすると、逆に反感を持っていじめが陰湿化していく可能性もあるので、丁寧に指導にあたるようにする。いじめられている児童・生徒には、「いじめはいじめるほうに原因があり、あなたは悪くない」としっかり伝える。担任だけに任せないようにして、教育相談主任や養護教諭、スクールカウンセラーなどが児童・生徒へのきめ細やかな対応をする。

最後に、LINE等を使ったいじめは学校外で行われることが多く、保護者に児童・生徒の様子をしっかり把握するとともに児童・生徒を守るよう協力をお願いする。教頭として校長の指導を仰ぎ、児童・生徒を守るため、いじめの根絶を図る覚悟である。

⑩ GIGAスクール構想の実現〈教育論〉

問題

子どもたちにコンピュータの１人１台端末環境を整備するGIGAスクール構想が進められ、ICTを活用した学習活動の一層の充実が求められています。あなたは校長としてGIGAスクール構想の実現をどのように推進していきますか。具体的に述べなさい。（1,200字程度）

◉解答のポイント

GIGAスクール構想とは、コンピュータの１人１台端末と、高速大容量の通信ネットワークを一体的に整備することです。そして、特別な支援を必要とする子どもを含め、多様な子どもたちを誰一人取り残すことなく、公正に個別最適化され、資質・能力が一層確実に育成できる教育ICT環境を実現することが求められています。これまでの教育実践と最先端のICTのベストミックスを図ることにより、教師、児童・生徒の力を最大限に引き出すことができ、学習活動の一層の充実を図ることができます。

解答例

コンピュータの１人１台端末の整備により、GIGAスクール構想の実現が求められている。そこで、学校では教職員のコンピュータ利活用能力の向上とタブレットを用いた学習活動の展開に努める必要がある。これまでの教育実践と最先端のICTのベストミックスを図り、子どもたちの力を最大限に伸ばすために、私は校長として、GIGAスクール構想の推進に次のように取り組んでいく。

１．各教科の全体指導計画の策定と実施に取り組む

GIGAスクール構想の推進を図るためには、校長の経営ビジョンを明確にし、校長のリーダーシップのもと、実践活動を進めることが重要である。特に、１人１台端末を効果的に活用した授業実践を推進し、児童・生徒の力を高めていくため、私は校長として、① GIGAスクール構想の推進を重点とした学校経営全体計画を教職員に説明し、コンピュータを活用した授業の重要性を共通理解させる。②主幹教諭を中心に学年主任・情報教育主任、管理職が参加したGIGAスクール推進委員会を組織し、全体計画の立案に努める。

③各学年の学年会で、各教科の調べ学習等でコンピュータ１人１台端末の環境でどのようにそれを活用するのかその学習指導計画を立て、実践するようにする。

2．タブレットを用いた授業の教職員の指導力向上を図る

１人１台端末の実現は、教職員が児童・生徒一人ひとりの反応を把握することが可能になり、反応を踏まえた双方向型の一斉授業が可能になる。学びの深化を図ることができるようになるが、それには教職員の指導力の向上が必要になる。そこで、① GIGA スクール推進委員会の全体計画を活用して、１人１台端末の授業実践研修計画を立案し、日々の授業の着実な実践につなげる。②インターネットなどを用い、さまざまな情報を主体的に収集・整理・分析する授業実践について研修主任が授業公開し、全教職員で共通理解し、授業実践力の向上を図る。③推敲しながらの長文の作成や、写真・音声・動画等を用いた多様な資料・作品の製作を効果的に行う授業実践について研修し、教職員すべての指導力向上を図る。

3．ICT の学びの活用により学びの転換を図る

今までは、全員が同時に同じ内容を学習するという学習環境であったが、１人１台端末の実現により、一人ひとりの教育的ニーズや学習状況に応じた個別学習が可能になり、学びの転換を図ることができる。そこで、①１人１台端末の環境により、すぐにでも、どの教科でも、誰でも ICT が使えるようになることで教職員の意識改革を図り、学びの転換を図る。②どの教科でも教科の学びが深まるように取り組む指導計画を立案し、できる限り ICT の活用を進める。③情報・情報技術を活用することにより、情報モラルを意識する機会を増加させ、ICT による情報流失などの危機を防ぎ、情報モラル教育を充実させるよう努める。

私は校長として、GIGA スクール構想の推進を通じて学校全体の教育力を高め、児童・生徒の力の向上を図る。保護者や家庭とも協力して、児童・生徒のコンピュータ活用能力の一層の向上に努め、家庭や地域の信頼を高めるように努める。ICT の整備充実には多額の予算を必要とすることから、教育委員会との連携も図り、常に自己研鑽に努め、全力を尽くす覚悟である。

⑪ STEAM 教育の推進〈教育論〉

問題

　新しい価値を幅広い分野で提供できる人材を育成するためには、教科横断的な教育であるSTEAM教育を推進することが求められています。あなたは校長としてSTEAM教育をどのように推進していきますか。具体的に述べなさい。（1,200字程度）

◉解答のポイント

　各教科での学習を実社会での問題発見・解決に生かしていくためには、STEAM教育（Science、Technology、Engineering、Art、Mathematics）という教科横断的な教育の推進が必要です。また、STEAM分野が複雑に関係する現代社会に生きる市民の育成をするという側面もあります。それには、「総合的な学習の時間」や「総合的な探究の時間」、「理数探究」等における問題発見・解決的な学習活動の充実を図ることが大切です。

解答例

　STEAM教育を推進するためには、小学校の生活科や、小・中学校の総合的な学習の時間、高等学校の総合的な探求の時間での学習の充実を図ることが求められる。また、一人ひとりに応じた学習活動を課すことで、児童生徒自身が主体的に学習テーマや探究方法等を設定することが重要である。私は校長として、STEAM教育の推進に次のように取り組んでいく。

1．STEAM教育の必要性について教職員の共通理解を図る

　児童・生徒の興味関心を高め、STEAM教育の充実を図るには、全教職員が新しい教育概念であるSTEAM教育を理解しなければならない。STEAM教育では、実社会につながる課題の問題発見能力・解決能力の育成や、レポートや論文等の形式で分析し、論理立てて主張をまとめることを通じた言語能力の育成を図る。また、情報活用能力（情報モラルを含む）を高め、情報手段の操作の修得、プログラミング的思考の育成も図る必要がある。つまり、実社会での問題発見・解決に活かしていくための教科横断的な教育がSTEAM教育といえる。私は校長として、①まず新しい教育概念である

STEAM 教育に関する全体計画を教職員に説明し、共通理解を図る。②こうした教科書のない学習内容を進めるためには、各教科主任がそれぞれの年間計画の中にSTEAM 教育との関連性を記入し、教職員誰もが理解できるようにする。③各学年の学年会で、生活科や総合的な学習の時間と各教科のどの部分を関連付けて指導するのか、計画を立てて実践する。

2．適切な課題設定ができるような指導法を教職員が身に付ける

児童・生徒は、興味関心のあることには積極的に関わり、自ら進んで学ぼうとする。そこで私は、教職員に児童・生徒が、適切な課題設定を行えるよう、身近な生活の中から課題を見つけさせる指導法ができるようにする。そこで、①教職員が実践的研修を行い、児童・生徒が、実生活、実社会における複雑な文脈の中に存在する事象などを対象として教科等横断的な課題を設定することができるような指導法を身に付ける。②研究主任が実践的な授業研究を行い、生活科や総合的な学習の時間で、情報を収集させ、整理・分析を行うようにさせる。そして、得た情報をまとめ、発表を行うようにする。③全教職員に、課題の解決に際して、各教科等で学習した知識と統合的に働かせながら結びつけ、探究のプロセスでより深い考察をしていくことを児童・生徒ができるような指導法を身に付けさせる。

3．総合的な学習の時間の実践を、中学校・高等学校につなげる

幼児期からの科学的な体験の充実を図り、高等学校でのSTEAM 教育につながるような総合的な学習の時間をはじめとする教科等横断的な学習や探求的な学習の充実に努めることが重要である。そして、①総合的な学習主任を中心に、発達の段階に応じて、子どもたちの興味・関心などを生かして、子ども自身が主体的に学習テーマや探究方法を最適できるように導くことが必要である。②また、主幹教諭を中心に、小学校での実践が、中学校の総合的な学習の時間、高等学校の総合的な探求の時間での学習につながるような実践的な研修に努めることも必要であると考える。

私は校長として、常に自己研鑽に努め、STEAM 分野が複雑に関係する現代社会に生きる市民として必要となる資質・能力を児童・生徒に育成するために、全力で取り組む覚悟である。

⑫ 18歳選挙権と主権者教育〈教育論〉

問題

公職選挙法が改正されて、選挙権年齢が18歳になりました。あなたは教頭として、この18歳選挙権の導入についてどのように取り組んでいきますか。また、小・中学校から主権者として政治に向かい合うために、学校としてどのようにしたらよいと思いますか。具体的に述べなさい。（1,200字程度）

◉解答のポイント

これからの子どもたちに、国家・社会の形成者として求められる力は、論理的思考力（とりわけ根拠を持って主張し他者を説得する力）、現実社会の諸課題について多面的・多角的に考察し判断する力、現実社会の諸課題を見出し、協働的に追求（合意形成・意思決定）する力、そして公共的な事柄に自ら参画しようとする意欲や態度です。教育基本法第14条では、第1項において「良識ある公民として必要な政治的教養は、教育上尊重されなければならない」と規定し、公民教育としての政治教育の重要性を明らかにしています。また第2項では「法律に定める学校は、特定の政党を支持し、又はこれに反対するための政治教育その他政治的活動をしてはならない」と規定し、学校教育がその本来の目的を達成するためには、特定の党派的政治教育を禁止し、政治的に中立を保つことを定めています。これを踏まえ、学校における「主権者教育」を推進するには、教育課程に関する国の基準である「学習指導要領」に従って、実施することが必要です。

解答例

18歳選挙権が導入されたことに伴い、学校には、「主権者教育」を推進していくことが求められる。主権者として社会の中で自立し、他者と連携・協働しながら、社会を生き抜く力や地域の課題解決を社会の構成員として主体的に担う力を身に付けさせなければならない。私は教頭として校長の指導の下、次のような視点から主権者教育に取り組んでまいりたい。

1．主権者教育の推進を学校経営方針に掲げ、共通理解する

まず学校経営方針に主権者教育の推進を掲げるように校長に進言し、校内研修をくり返し行い、教職員の共通理解を図る。現任校で今行っている政治教育は、社会科の公民的分野「私たちの政治」の中で、政治と選挙の仕組みについて学び、子どもたちに知識を身に付けさせることが目的であるが、これからは主権者としての政治と選挙の仕組みについて具体的に体験させ、より良い行動ができるような力を付けさせることが必要である。そこで、主権者教育研究委員会を校内で立ち上げ、組織的に推進を図る。また、校内研修で教職員全員に主権者教育の考え方の共通理解を図り、どのように授業を展開するのか、子どもたちにどのような力を身に付けさせるのか等新しい考え方について学ばせる。さらに、主幹教諭等で先進校視察を行い、校内で情報共有を図る。

2．授業でさまざまな学習方法を展開して、生徒の力を高める

総務省・文部科学省が政治や選挙等に関する高校生向け副教材として示す「私たちが拓く日本の未来」の中から小・中学生として活用できそうなものを選択して、主権者教育研究委員会で研究する。話し合いを深める方法としては、ブレインストーミングやKJ法などが示され、グループでの話し合いや振り返りなどもあり、これは十分実施可能である。また、少し高度ではあるが、「○年に△△制度を導入・廃止すべきである」などというディベートでの政策論争も示されている。これらも少し研究を積み重ねれば、小・中学生として取り扱えるかもしれない。グローバルな視点で世界のことを知ることと同様に、ローカルな視点で身近な町の政治状況を知ることは地域を作り、支えるためには必要であり、これら地域課題の見つけ方も授業として十分可能である。模擬選挙や政策討論会などまで行えるかどうか、教職員で十分研究する。

3．政治的中立性の観点から、指導にあたっては十分配慮する

政治的中立性の観点からは、教員が特定の政党・政治家の支持を明確にしたり、賛成・反対を伝えたりすることはあってはならない。公職選挙法第137条には教育者としての地位を利用しての選挙運動を行うことが禁止されている。また、教育公務員特例法第18条には、勤務時間の内外を問わず、政治的目的をもって一定の政治的行為を行うことが制限されている。そこで主権者教育の授業を行うときには、これらの法律に抵触しないように十分配慮して取り組むようにさせる。

児童·生徒が主体的に調べ、判断し、提案し主権者教育に取り組むことは、児童・生徒の政治への関心度を高めることができる。私は教頭として、自己研鑽に努め、児童・生徒の力を高めるために全力で取り組む覚悟である。

COLUMN 3

同音異義語・異字同訓語に注意する

1．間違った漢字は減点対象になる

どんなに正しい内容であっても、漢字の誤用が多いと、減点の対象になります。例えば、次の文章はどうでしょうか。

> わかる授業は、児童生徒が基礎的・基本的な知識・技能を確実に収得し、それらを活用して仮題を解決するために必要な思考力・判断力・表現力・創造力等を育むことで達成できる。進めていく課程の中で、児童生徒が協働して学習活動を行い、その後の学習や生活に適格に生かすことができるようにすることが、わかる授業の大勢を整えることになる。そして、自分自信のものの見方や考え方を持つことで、授業がよくわかり、さらに学習意欲の向上が計れることになる。教頭として公務を整理し、わかる授業に勤めるつもりである。

まず「収得」は「習得」であり、明らかに間違っています。「仮題」は「課題」、「課程」は「過程」、「適格」は「的確」、「大勢」は「態勢」、「自信」は「自身」、「計れる」は「図れる」、「勤める」は「努める」が正しい漢字です。どちらでもよいかなと思えるものもあります。「創造力」は「想像力」でもよいし、「協働」は「共同」、「公務」は「校務」でもよいと考えられます。

また、教育の専門用語は特に要注意です。例えば、教育課程は「編制する」ではなく、「編成する」です。

2．あやふやな漢字は辞書で確認する

試験官は論文を読みながら、受験者の管理職としての適格性や国語力だけでなく、教養や社会的常識なども読み取ろうとしています。正しい漢字を書くことができるよう、日頃からあやふやな言葉は、辞書で確認をしておくようにしましょう。

第6章

校長論文の模範解答例

1 主体的・対話的で深い学びの実現〈学校論〉

問題

平成29年の学習指導要領では、「主体的・対話的で深い学び」という方向性が打ち出され、授業改善が求められることになりました。あなたは校長として「主体的・対話的で深い学び」をどのように進めていきますか。具体的に述べなさい。（1,500字程度）

◉解答のポイント

平成29年の学習指導要領のキーワードは、「主体的・対話的で深い学び」です。具体的には、①学ぶことに興味・関心を持ち、自己のキャリア形成の方向性と関連づけながら、見通しを持って粘り強く取り組み、自らの学習活動を振り返って次へつなげる「主体的な学び」、②子供同士の協働、教員や地域人材との対話、先哲の考え方を手掛かりに考えること等を通じ、自らの考えを広げ深める「対話的な学び」、③教科等の特質に応じて育まれる見方・考え方を働かせて思考・判断・表現し、学習内容の深い理解や資質・能力の育成、学習への動機付け等につなげる「深い学び」を指します。これからの学校には、各教科でこうした「主体的・対話的で深い学び」を実現することにより、課題の解決に主体的に生かすという面から見た学力をつけることが求められています。

解答例

グローバル化や急速な情報化、技術革新が進むことに伴い、子どもたちの成長を支える教育のあり方も新たな事態に直面している。この変化の激しい社会で活躍していくためには、学ぶことと自分の人生や社会とのつながりを実感しながら、自らの能力を引き出し、学習したことを活用して、生活や社会の中で出合う課題の解決に主体的に生かすという面から見た学力が求められる。こうした力を子どもたちに身につけさせるためには、「主体的・対話的で深い学び」の実現が重要である。私は校長として、次のように推進していく。

1．学校経営方針に掲げ、学校経営の重点として取り組む

まず、「主体的・対話的で深い学び」について全教職員がしっかりと理解したうえで指導にあたることが求められる。そこで、学校経営方針の第一に掲げ、学校経営の重点に、一人ひとりの子どもを受動的ではなく能動的に指導にあたるということを示し、組織的に取り組ませる。この方針を浸透させ、年度当初に教科部会を開き、全教科の学習活動で、発見学習、問題解決学習、体験学習、調査学習をはじめ、グループ・ディスカッション、ディベート、グループ・ワークなどの学習形態で実践するように工夫させる。そして、質量ともに充実した授業準備や教材研究に取り組ませ、学習成果の評価方法の開発も行い、子どもたちに身につくように粘り強く指導する。また、教員の自己目標に「主体的・対話的で深い学び」に関する取組みを掲げさせ、実践的な取組みをするように自覚をさせる。そうすることによって、さまざまな実践が行われ、成果が生まれてくるはずである。具体的な実践状況については、管理職も授業参観を行うなどしてしっかり把握する。中間申告ではそれまでの評価を全教職員に対して行い、更に実践力の向上を図っていく。

2．研究授業を核にした、校内研修の充実を図る

教職員一人ひとりの授業実践力はさまざまであり、少しでも実践力を向上させるには、教職員相互が切磋琢磨し、指導法の研究に努める必要がある。そこで、「どのように学ぶか」という学びの質や高まりを重視した研究授業を行い、指導主事等の指導を受け、学校全体での教職員の考え方の統一を図る。そして、研究授業の成果を日々の授業に生かすことによって、子どもたちが主体的、対話的で深い学びに取り組む態度を育てるように努める。また、低学年で育てる内容と高学年で育てる内容について、学年を通しての系統性と一貫性について統一を図り、自ら課題を発見し、その解決に向けて子どもたちが主体的、対話的で深い学びを行う力の向上を図る。

このように、主体的・対話的で深い学びの推進を学校経営の重点とし、日々の授業での実践、校内研修での研究改善、管理職の授業参観というサイクルの中で、取組みの充実を図っていく。また、学校での主体的・対話的で深い学びによる成果を学校だよりや学校ホームページで知らせ、保護者・地域との連携を図っていく。主体的・対話的で深い学びへの取組みは、全教職員が同じ考え方を持って同じ方向へ向かえば、必ず成果をもたらすはずである。私は校長として自ら研鑽に励み、教職員をしっかり指導して取り組んでいく覚悟である。

❷ 組織マネジメントの確立〈学校論〉

問題

これからの学校経営においては、「組織マネジメント」の視点に立った経営手法が求められています。あなたは校長として組織マネジメントの意義をどのように捉え、どのように確立し学校経営を行っていきますか。具体的に述べなさい。（1,500 字程度）

◉解答のポイント

校長の職務は「校務の掌理と所属職員の監督」です。それをいかに組織しマネジメントしていくかは、校長の学校経営方針を具体化し、教職員の組織を協働的に目標達成のために活動させられるかにかかっています。特に学校経営方針を具体化する上では、教職員の目標達成意識をどう形成し、実践させていくかが重要なポイントです。これについては、自己申告において目標を主体的に設定させ、その進捗状況・達成状況をつぶさに観察して指導助言を与え、意欲の向上を図っていく目標管理手法が有効です。適切な業績評価と能力評価が、学校の組織としての総合評価を高めることにつながるのです。

解答例

学校における組織マネジメントとは、学校教育目標達成のために校長が掲げた学校経営方針にしたがって、教育実践を行い、その評価・反省をもとに次の計画を立て再び実践するというサイクルをいう。もちろん、学校経営方針に対する重点について教職員に自己目標を決めさせ学級経営などで実践をするだけでなく、校務分掌やすべての職務に対する実践も含まれるため、組織マネジメントは簡単ではなくかなり複雑である。私は校長として、次のように学校経営に組織マネジメントの手法を取り入れていきたい。

1．しっかりしたカリキュラム・マネジメントを確立し、学力の向上を図る

学校経営方針を達成するためには、学校全体の在り方の改善において核となる教育課程の編成、実施、評価及び改善というカリキュラム・マネジメントの確立が必要である。現任校では、すべての教職員の自己目標に授業の活性化が掲げられており、日々基礎・基本を重視した授業が展開され、子ども

たちの学力向上をもたらしている。これにならって、①学校経営方針に基づくしっかりとした学校経営計画を策定し、教職員が自己目標にその内容を取り入れて実践するように指導する。②学校経営参加意欲の向上を図り、校長が示す学校像・児童生徒像・教職員像の実現に向けて、教職員各々の資質・能力を遺憾なく発揮できるようにする。③組織マネジメントの機能を生かし、授業の実践・評価・改善に取り組み、子どもたちの学力向上を図る。

2．校務分掌の着実な実践で、学校組織力の向上を図る

学校組織の活性化を図るには、教職員の校務分掌の実践に対する意欲の向上が必要である。教職員それぞれが責任を持った校務分掌活動がなされることにより、学校組織は一層活発化する。前任校の経験であるが、研修主任を命じられたミドルリーダーが、綿密な計画を立て着実な実践を行ったことにより、教職員の指導力が著しく向上したことがある。これに学んで、①校務分掌に対する自己目標を立てさせ組織マネジメントの手法を用いて、計画立案・実践・評価・改善というサイクルを校務分掌活動でも行わせる。②業績評価を確認するため、８月の中間評価ではその達成状況をつぶさに評価し、９月からの校務分掌活動を変革させるようにする。③学校組織の中で弱いところを見つけて強化し、学校全体での組織力向上をめざす。

3．指導機能と管理機能を調和的に実現し、マネジメントの確立を図る

校長としての方針を具体化していくためには、教職員に対する指導機能が重要である。指導機能とは、学校という集団組織の方針・政策などを決定し、教職員をその目的に向かって率いて導くことであるから、学校経営への校長自身の姿勢と、それを教職員にどう働きかけるかが重要である。それとともに学校の機能をどう捉え、どう管理していくかという管理機能の的確な実践も必要である。したがって管理機能も重要であり、それが調和のとれた学校運営につながっていくといえる。そこで、①指導と管理という過程を通して校長としての統率力や指導性を発揮し、学校の組織マネジメントの確立をめざす。②学校の現状を少しでも改善していくために、常に指導と管理を心がけ、教室訪問や教育活動の見守りを行っていく。

組織マネジメントとは、単なる形式的な管理ではなく、ましてや副校長以下にすべてを任せて、責任だけを負うというものでもない。校長として、組織マネジメントの確立に向けて、学校経営計画に基づき、しっかりと学校全体の教育活動の管理と指導にあたっていく覚悟である。

3 校長のリーダーシップの発揮〈学校論〉

問題

すべての組織において、管理職のリーダーシップは最も必要な資質であるといわれています。あなたはこのことについてどのように考えますか。またあなたが赴任した学校で、校長としてどのようにリーダーシップを発揮して学校経営を進めていきますか。具体的に述べなさい。(1,500字程度)

◉解答のポイント

学校教育法第37条第4項では、校長の職務を「校務をつかさどり、所属職員を監督する」と規定しています。ここでいう「校務」とは、「学校としてなすすべての仕事」、すなわち学校が学校教育に関わる一切の教育活動等を遂行するために行うすべての仕事を意味します。教育課程の管理、教職員の管理、児童・生徒の管理、施設・設備の管理、保健安全の管理、事務金銭の管理、行政機関・関係諸機関との連絡調整などです。

また、「所属職員」とは、校長以外のすべての教職員を指します。学校の長である校長は、職務上・身分上の監督を行う職務を担います。職務上の監督は、勤務時間内の行動に対するもの、身分上の監督は、勤務時間の内外を問わず、公務員としての身分に伴うものです。

解答例

校長としてのリーダーシップは、校長の職務の中で発揮されるものである。まず、教育課程の管理であるが、学校経営全体計画の立案が重要である。学校教育目標の設定から始まり、学校経営方針を全教職員にしっかりと提示し、本年度の重点目標を示す必要がある。赴任直後においては、すぐにこれらをしっかりと提示することが大切である。また、しっかりとした学校経営組織をつくり、組織的マネジメントを着実に実践していかなければならない。前任の校長と校務の引き継ぎを行うことはもちろん、教頭からも学校の情報や状況について詳しく教えてもらい、さらに自分自身の目でもしっかりと確認して経営計画を立案する。

次に教職員の管理であるが、まず適材適所の校務分掌づくりが必要である。前年度の末に職員会議において、本年度の学年人事や校務分掌についても一定の計画が示されているはずである。しかし、人事異動なども行われているはずなので、異動者の承認も含めて校内人事、校務分掌の任命を行う。主任層のミドルリーダーを指導・育成し、学校組織全体を活性化していくことも必要である。人事評価システムについても、年度が始まった直後なので、まず校長としての本年度の目標を提示し、それをもとに全教職員に本年度の自己目標を立てさせることが大切である。年度始めの忙しい時期であるが、第一次評価者の教頭と一緒に全教職員と面談を行って目標を確認し、目標が低い場合は再設定させる必要がある。赴任したばかりで、教職員についてまだ状況を把握できていないため、各クラスの授業訪問をして十分な情報も持たなければならない。その上で、教職員をどのように育てていったらよいのか、人材育成計画を立てる。

さらに、教頭や主幹教諭、研修主任等を督励して研修計画を立て、校内研修や学校研究に取り組むことによって、教職員の力を伸ばしていくといった方策も必要になる。特に研究授業をしっかり行うことで教職員の授業力の向上が図られ、子どもたちに確かな学力をつけさせることができ、学習への意欲の向上をもたらすこともできる。それは、保護者や地域住民の信頼につながり、「校長がかわって学校が変わってきた」という声を招くもととなる。また、学校だよりやホームページでの情報発信も重要である。情報教育主任を指導して、ホームページのリニューアルに取り組み、学校と保護者・地域との双方向の連携を図ることも必要である。

児童・生徒の管理については、まず名前をきちんと覚えるように努める。朝校門前で立哨指導をしたり、名簿を常に持ち歩き、集合写真などをもとに早く名前を覚えたりすることが大切である。施設・設備の管理は、学校全体をしっかり見回って危険な場所などを見つけ、安全な学校をめざす。さらに、子どもたちや教職員の保健安全の管理、教材費や給食集金などの事務金銭の管理、指導要録等の学校にある重要書類の管理、教育委員会などの行政機関・関係諸機関との連絡調整など、万全の管理・指導体制を築く必要がある。

いずれも校長が先頭に立って取り組まなければならないものである。私は校長として、信頼される学校づくりに努め、教職員を育て、保護者や地域の協力・連携を得て、少しでも子どもたちを変容させることができるよう、リーダーシップを発揮してまいりたい。

④ 教育課程の質的な管理〈学校論〉

問題

日々の授業実践や学級活動、学校行事の実施など、教育課程の管理には、量的な管理とともに質的な管理もきわめて重要です。あなたは校長として、教育課程の質的な管理にどのように取り組んでいきますか。具体的に述べてください。（1,200字程度）

◉解答のポイント

学校は、校長、副校長（教頭）、主幹教諭、指導教諭、教員、事務職員などの人的要素と、校舎、運動場、プール、校具など施設・設備の物的要素から構成され、継続的に教育作用を行う組織体です。

そして、学校の管理運営という場合、その内容は通常、①人的管理（学校の人的構成要素である教職員に関する作用）、②物的管理（学校の物的構成要素である施設・設備などに関する作用）、③運営管理（学校の教育活動を効果的に実現するための児童・生徒管理と運営管理）の３つに分類されます。このうち、③運営管理の中の最大の教育作用が、教育課程です。

教育課程の管理には、量的な管理と質的な管理の２つの側面があります。この２つは、別のものと考えがちですが、それは誤りです。例えば、（教育課程の量的な管理にあたっている場合が多い）教務主任から、「算数科の授業については、一学期はどの学年も量的に確保されています」などと報告があっても、真に受けてはいけません。「12時間を予定していた掛け算の授業を13時間やったから確保した」といっても、だらだらとマンネリ化した授業を行っていたり、授業中の態度を叱っていた時間があったりすれば、質的な面から考えると、10時間程度しか行われていないかもしれないのです。つまり、量の管理と質の管理は、表裏一体です。しっかりとした質の管理があって、その上、量の確保があればこそ、着実な教育課程の実践といえるのです。

解答例

教育課程は、学校の教育目標を具現化するための教育計画である。基礎的な知識・技能の定着と活用により思考力・判断力・表現力を育成し、学習意欲を育み、探求的な学習を実践し、確かな学力の育成を図ることが教育課程の最大の目標である。私は校長として学校の課題を解決し、学校教育目標の具現化を図るよう教育課程の編成に取り組み、「質」の管理に努める。

1．最善の教育課程を編成し、「質」の管理を図る

まず全教職員の力を結集し、児童・生徒の実態に即した最善の教育課程を編成し、教育活動を実践して質の確保に努める。しかし、現実には、さまざまな問題が重なって具現化の障害となっており、学校教育目標の具現化を図ることは決して容易ではない。取り組んでいる教育活動が、学校の教育目標の具現化に結び付いているかという「質」の視点から常に教育課程を見直し、課題を見出す。そして、課題を明確にして解決策を立てていく。また量が不足しては、質の確保に支障が出るので、量の確保も図っていく。この質的・量的の二面は、不即不離のものであり車の両輪に例えられる。量的な管理は数として見えるので比較的わかりやすいが、質的な管理は実践内容の管理である。学校教育目標に示す姿に児童・生徒を育てることができているかを適切に判断し、実践の結果を評価することが質の管理につながる。そして教育実践を積み重ね、児童・生徒を変容させていく。

2．教職員の意識を改善し、「質」の管理を図る

教育課程の質的な管理は、学校教育目標をめざして教職員が学校経営方針に基づく教育実践を日々着実に行い、確実に量を確保するところから始まる。そして、こうした教職員の実践を、管理職がしっかり管理することが教育課程の質的管理である。また、教職員の意識の向上だけでなく、実践的な指導力の向上を図ることも重要である。それには、校内研修の充実に取り組むとともに研究授業などを行い、力量を高める必要がある。年間一人１回の研究授業を行い、日々の授業指導力の向上を図る。指導力の向上は、児童・生徒の学習に対する意欲の向上をもたらすことになる。また、人事評価制度を用いて、自己目標に必ず教育課程の質の管理を組み込み、教育課程の実践について意識化を図る。そして、達成できているかどうかしっかりと振り返らせる。また、管理職が毎月授業観察を行い、よい点はほめ、課題については指摘するなど、教職員の成長のために指導や支援を行っていく。校務分掌担当などについてもその実践を評価し、指導や支援を行う。

私は校長として、教育課程の質の管理に全力であたり、保護者や地域から信頼される学校づくりに努めていく覚悟である。

5 インクルーシブ教育の推進〈学校論〉

問題

共生社会の実現のためには障害のあるものと障害のないものがともに学ぶインクルーシブ教育システムの推進が必要です。あなたは校長として、インクルーシブ教育の推進をどのように図っていきますか。具体的に述べなさい。（1,500字程度）

◉解答のポイント

国連における障害者の権利に関する条約が採択され、障害者基本法や障害を理由とする差別の解消の推進に関する法律（いわゆる「障害者差別解消法」）が施行され、共生社会の形成が進められています。学校教育においても、インクルーシブ教育システムの構築が図られ、通常学級、通級指導教室、特別支援学級、特別支援学校といった多様な学びの場が整備され、障害のある子も障害のない子もともに学ぶ仕組みが整えられてきています。人間の多様性の尊重などの強化を図り、障害者が精神的及び身体的な能力等を最大限まで発達させ、自由な社会に参加できることが必要です。学校では、教職員に児童・生徒一人ひとりの実態や課題を十分に把握させ、個別の指導計画や個別の支援計画を作成し、支援を図っていくことが求められています。

解答例

障害のある子も障害のない子も、できるだけ同じ場でともに学ぶインクルーシブ教育システムの理念を持った総合的な施策が推進されている。学校教育においては通常学級、通級指導教室、特別支援学級、特別支援学校といった多様な学びの場を整備し、障害者の自立と社会参加を見通した取組みを含め、重要な役割を果たすことが求められている。私は校長として、インクルーシブ教育の理念に基づく特別支援教育体制を整え、その充実を図るために以下の取組みを進めていく。

1．学校経営方針の理解とインクルーシブ教育体制の確立

学校経営方針に、インクルーシブ教育の推進を掲げ、教職員の共通理解を図ることが重要である。また、本年度の重点目標にこのインクルーシブ教育の推進を掲げ、全校一丸となって取り組むことが必要である。現任校では、各種の学校評価に基づいて特別支援教育体制も見直し・改善を図っている。そのため、教職員の児童・生徒に接する態度にも温かさが感じられる。

私は校長として、①年度当初の職員会議で、インクルーシブ教育の推進を重点目標に位置付け、教職員にその意義を説明して共通理解を図る。②インクルーシブ教育推進の中心となる特別支援教育コーディネーターを校務分掌に明確に位置付け、その職が組織的に機能するよう、管理職・教務主任・学年主任・養護教諭も参加するインクルーシブ教育推進校内委員会を組織する。③校内委員会では、教育・医療・福祉などの関係機関との連携を図り、組織として対応できる協働体制を確立するとともに、全体計画・年間指導計画の見直しを図る。④LD、ADHD、高機能自閉症などの児童・生徒の実態把握を行う。保護者からの情報収集と学級での様子（行動・学力・社会性）の観察を実施する。⑤教職員に児童・生徒の個別の指導計画や個別の支援計画を作成させ、具体的な支援方法について共通理解を図り、組織として対応する。

2．校内研修の推進と校内支援体制の確立

障害の有無にかかわらず、できるだけ同じ場でともに学び、学校全体で温かく見守るには、担当する教職員に「ケース会議」などでの適切な指導や必要な支援を行わせる必要がある。また、直接指導にあたる教職員のインクルーシブ教育に関する理解を深めることも大切である。

私は校長として、①校内委員会を中心に計画を立て、LD・ADHD・高機能自閉症等の理解など教職員の専門性を向上させる校内研修を実施する。さらに、最新の情報を収集するため、専門的な講師を招聘して計画的に進める。②教職員の対応では限界がある場合には、教頭に命じて、特別支援教育支援員、スクールカウンセラー、スクールソーシャルワーカー、言語聴覚士、作業療法士、理学療法士等を活用させる。③毎月行う校内委員会で情報交換し、全体会の場で策定した個別の指導計画・支援計画の見直しを定期的に実施させる。その際、特別支援教育コーディネーターに命じて、専門家の意見が必要な児童・生徒については、医療等関係機関担当者・保護者との連携のもと「ケース会議」を開催させ、十分な情報交換を図る。

障害のある子も障害のない子もともに、楽しい学校生活を送れることが最も大切である。私は校長として、インクルーシブ教育の推進を図るために力の限り努力を続けていく覚悟である。

6 教師力の育成に向けた取組み〈教師論〉

問題

子どもたちに確かな学力を身に付けさせるためには、常に授業改善に努め、教員一人ひとりの力量と専門性を高めることが必要です。質の高い授業が行われる学校づくりのために、あなたは校長としてどのように教員の「教師力」を育成していきますか。具体的に述べなさい。(1,500字程度)

◉解答のポイント

教員の持つべき力については、平成17年10月の中教審答申「新しい時代の義務教育を創造する」に示されています。優れた教師の条件として、大きく集約すると次の3つの要素が重要であるとされています。

①教職に対する強い情熱(仕事に対する使命感や誇り、子どもに対する愛情や責任感など。また、変化の著しい社会や学校、子どもたちに適切に対応するため、常に学び続ける向上心を持つこと)、②教育の専門家としての確かな力量(子ども理解力、児童・生徒指導力、集団指導の力、学級作りの力、学習指導・授業作りの力、教材解釈の力など)、③総合的な人間力(子どもたちの人格形成に関わる者として、豊かな人間性や社会性、常識と教養、礼儀作法をはじめ対人関係能力、コミュニケーション能力など人格的資質を備えていること)。

解答例

教員が備えるべき不易とされる資質能力については、使命感や責任感、教育的愛情、教科や教職に関する専門的知識、実践的指導力、総合的人間力、コミュニケーション能力等である。さらに、自律的に学ぶ姿勢を持ち、時代の変化や自らのキャリアステージに応じて求められる資質能力を生涯にわたって高めていけることのできる力も必要である。現任校の教員にこうした力を身に付けさせるのは、校長の大きな責務である。私は校長として次のような方策で進めていきたい。

1.「教師力育成」の計画を実施し、意欲と能力の向上を図る

「資質」は、一般には持って生まれた素質や天性であるので、本人の努力では変えるのは難しい場合がある。しかし「力量」は、学習や努力で伸ばしていくことができる。校長は授業を行わないため、直接子どもの教育に関わることは難しい。そのため現任校の教育の質を高めるには、どうしても教員の力を高める必要がある。優秀な教員をたくさん育てることができれば、必然的に現任校の教育は盛んになり、校長として経営的な手腕も発揮しやすくなるはずである。そのために私は次のように取り組む。①年度当初の職員会議において「教師力育成」の必要性をじっくり説明し、仕事に対する使命感や誇り、子どもに対する愛情や責任感を持たせ、教員全員にその必要性を理解させる。②全教員に教師力の向上の具体的な目標とその実施計画を立てさせ、人事評価制度を利用した校長・教頭との面談で確認し実践させる。③夏季休業中に一学期の実践について面談を行い、自分自身の努力で伸長できたもの、課題として残ったものを確認させ、次の実践に向かわせる。④特に教職に対する強い情熱、常に学び続ける向上心を持つように督励し、読書なども奨励して総合的な人間力向上に努力させる。

2．校内研修の充実に努め、全員の力量を高めていく

教育の専門家としての確かな力量を付けるためは、校内研修にじっくりと取り組む中で力量を高めていく必要がある。授業研究、教育の最新理論研究などに取り組むことにより、より実践的な指導力を身に付けることができる。わかる授業を行うためには、子ども理解力、児童・生徒指導力、集団指導の力、学級作りの力、学習指導・授業作りの力、教材解釈の力などを少しでも高める必要がある。そのために、①「教師は授業で勝負する」といわれるように、各学年で研究授業を年２回行わせる。その授業は、学年会議で指導案を十分に検討させ、学年の教員全員の指導力向上をめざす。②教員の学級経営力を高めるために、校内研修で、生徒指導研修、教育相談研修などに取り組み、子どもを理解する力を高めさせる。③先進校視察に積極的に参加させたり、指導主事等を招き教授法の基本的な技術・発展的な技法などの研修を行ったりして教員の授業技術の向上をめざす。

豊かな人間性や社会性、常識と教養、礼儀作法をはじめ、対人関係能力、コミュニケーション能力などの人格的資質を持って子ども理解に努めることによって、子ども・保護者・地域住民から信頼される教員を育てることができる。そのような校風を樹立することで、信頼される学校はつくられる。私は校長として、全力で現任校の教員の教師力を伸ばし、先頭に立って信頼される学校づくりに邁進していく覚悟である。

7 わかる授業の実践と教職員の指導〈教師論〉

> **問題**
>
> 学校に対する信頼の確保と子どもたちの授業に対する意欲の向上のためには、わかる授業を行うことが最も大切です。子どもたちの学力を向上させ、学習意欲を高めていくために、あなたは校長としてどのように教職員を指導していきますか。具体的に述べなさい。(1,500字程度)

◉解答のポイント

授業の質的転換について、自分の経験などをふまえわかりやすく記述する必要があります。「策」で適切な内容を示し、このように実践すれば学校での授業の質的な転換が図られると思わせることが必要です。また、学校で何かを行う場合は、組織をしっかり使えるかどうかが鍵になります。校長一人のスタンドプレーでは、学校全体を動かすことはできません。副校長や教務主任、研修主任等を督励する研究組織を使った方法を記述することが求められます。

解答例

知識・技能、思考力・判断力・表現力等、学びに向かう力・人間性という資質・能力を育成するために、主体的・対話的で深い学びの視点から、学習過程の質的改善を進めることが必要である。私は校長として、授業の質的改革を、以下の２つの視点から取り組んでまいりたい。

１．深い学びが実現できる、教え方を工夫する教職員を育てる

習得・活用・探求の見通しの中で、教科等の特質に応じた見方や考え方を働かせて思考・判断・表現し，深い理解や資質・能力の育成，学習への動機づけにつなげる「深い学び」が実現できる授業を行うことが大切である。学校教育目標達成のためには、授業内容をどう精選し何を学ばせればよいかを全教職員の英知を結集して取り組む必要がある。これからの授業は「何を学ぶか」という視点で捉え、「どのように学ぶか」や「何ができるようになるか」という観点からも生涯にわたって生きていくような授業内容の確立に取り組んでいく。私の拙い経験であるが、以前担任していたＡ君は、どうしても割り算ができず、それが原因で算数嫌いになっていた。そこで私は、学年の先生方と一緒に研修に取り組み、「割り算の学習は仮商を立てられるかどうかにかかっている」と捉え、A君が興味を持ちそうな教具などを操作させつつ、仮商を立てることの大切さを教えていった。その後、A君は割り算を克服することにより、どんな算数の問題にも取り組めるようになった。私はこの経験に学び、①教育指導計画を全教職員で立案し、授業で学ばせる内容の精選に取り組む。②学年会を学年研修の場と捉え、授業の内容や教授方法の工夫などを磨き合う機会とする。③校内研究課題を決め、１つのものを深く研鑽させることにより、他も波及させていく研究体制づくりに努める。④各教科領域主任等に研究授業に取り組ませ、学習内容の精選の重要さを認識させ、教職員を育てていく。

２．授業方法を、子どもが興味・関心を持つように変える教職員を育てる

子ども同士の協働や、教職員や地域の人との対話、先哲の考え方を手がかりに考えることなどを通じて、自らの考えを広げ深める「対話的な学び」や、学ぶことに興味や関心をもち、自己のキャリア形成の方向性と関連づけながら、見通しを持って粘り強く取り組み、自らの学習活動を振り返って次につなげる「主体的な学び」を実現することが必要である。そこで、全教科領域で、自主的・主体的・創造的に授業に取り組むには、学習方法、学習形態の工夫研究が必須である。新しい学力観、評価観をもとにして、子どもたちの知識、理解よりも、関心、意欲、態度に重点を置いた授業実践が、今最も必要とされている。そのためには、黒板だけを見つめているような、一斉授業からの脱却こそが重要となる。私は、①授業を一斉授業だけでなく、グループ学習、習熟度別学習等、一人ひとりの子どもに目を向けた授業にも取り組むように指導する。②毎月必ず、全教職員の授業参観を行い、教職員一人ひとりの力が高まるように指導していく。③教科領域部会などで、授業方法論などの研究に取り組ませ、校内に研究の雰囲気を醸成していく。④オープンスペースや多目的ホール等の施設の充実、情報設備・視聴覚器具等設備の充実にも心がけ、最新の機器を使って授業を行う教職員を育てる。

私は、現任校の教職員が子どもからも保護者からも信頼されるように、誠心誠意、授業の質的転換に取り組んでまいりたい。力は微力であるが日々努力し、研究と修養に努め、校長として力の限り教育の振興に情熱を傾ける覚悟である。

8 校長校務の引継ぎ〈教師論〉

問題

3月末の人事異動で学校を異動することになりました。転任にあたり、次に来る校長に校務の引継ぎをしなくてはなりません。あなたは、校長として学校運営を混乱させないように、次の校長にどのように校務の引継ぎを行いますか。具体的に述べなさい。(1,500 字程度)

◉解答のポイント

校長の職務権限は、学校教育法第 37 条第４項に「校長は、校務をつかさどり、所属職員を監督する」と規定されています。つまり、「校務をつかさどり」(=校務掌理権)と、「所属職員を監督する」(=所属職員監督権)の２つです。

そして、校長の具体的な校務は、概ね、学校教育の管理、児童・生徒の管理、所属職員の管理、施設・設備の管理、その他学校運営に関する管理の５つに分類されます。後任にはこれらを引き継ぐ必要があります。

解答例

校長校務の引継ぎについては、校長の職務権限を理解しておき、それをすべて引き継げばよい。校務はおよそ次の５つに大きく分類できる。①学校教育の内容に関する事務、②児童・生徒の管理に関する事務、③教職員の人事管理に関する事務、④学校の施設・設備の保全管理に関する事務、⑤その他学校の運営に関する事務である。これらをすべて引き継ぐのが、校長の校務の引継ぎである。しかし、引継ぎに使える時間は限られており、人事異動の内示が発令された後の、年度末の慌ただしい時期に短時間で行わなければならない。私は校長として、校務の引き継ぎを次のように行ってまいりたい。

1．校務事務引継報告書に従って、正確に引き継ぐ

どこの市町村にも校務事務引継報告書という校務の引継要領、引き継ぐべき事務が決まっていて、その中に引き継ぐべき書類一覧が載っており、前任者と後任者の校長が連署して、教育委員会に提出するようになっている。この一覧に載っている書類はすべて、引き継ぐようにする。耐火書庫にある学校沿革誌、卒業証書授与台帳、教職員履歴書綴りの永久保存の書類、施設台帳や備品台帳、学校備付表簿などは、すべて整理して後任者に引き継ぐ。教育課程の管理内容、特色ある学校づくりを進めてきた教育活動などについても、後任者がよくわかるように説明し引き継ぐ。特に経理関係は、各種の帳簿や会計関係は名義変更等があるので、事務主任にも指示しておき正確を期する。保存期間が過ぎた公文書などは、教頭に命じて情報漏洩に注意しながら廃棄処分を行って書類の整理にあたり、引き継ぐようにする。

2．人的情報関係については、文書や口頭で詳細に引き継ぐ

教職員、児童・生徒、保護者などの人的な情報については、校長として知っている情報を詳細かつ正確に引き継ぐようにする。後任の校長の学校経営が、スムーズに行えるような配慮が大切である。教職員については、引き継いですぐに新年度の校内人事を行うためにも正確な情報が求められるため、プライバシーを含め、教職員名簿をもとにすべてを正確に伝達するようにする。特に教職員に関する情報については、細かく伝えておく。新年度に入れば、すぐに校内人事を行い、学年を発足させなければならない。生徒指導上問題行動のある児童・生徒への対応なども詳細に伝える。給食費の滞納など保護者の問題も校長として把握している情報を提供する。PTA 役員関係者、学校医、町内会長、市議会議員、学校評議員、学校校地提供者、学校で農地を借りている農家など、人に関する情報はできるだけ伝える。

3．物的情報関係は、現場にも足を運び丁寧に引き継ぐ

学校の施設・設備などは、同じように見えても学校ごとに微妙に異なる。施設・設備などについては、教頭同席のもと現場に足を運び引き継ぐようにする。新年度に施設工事などが入っている場合もあり、後任者は、学校全体を把握しなければならない。また、学区域等は大きな地図を用意して説明をする。できれば、PTA 会長などの家はマーカーで色を塗っておく。学校敷地、施設・設備、学区域等物的情報についても、後任者がよく把握できるように丁寧に伝達を行う。

さらに、学校がどんな特色を持っていたのかは後任者に確実に伝えておきたい。その上で、後任者が校長のリーダーシップの下、学校のマネジメントを強化し、組織として教育活動に取り組む体制を作り上げ、さらにそれを向上することができれば、学校にとってこの人事が最良の人事となるからである。「校長がかわれば学校が変わる」といわれている。しっかりとした情報伝達をして、後任の校長がさらによい学校づくりが行えるよう校務の引継ぎを行う覚悟である。

9 教職員の資質向上への取組み〈教師論〉

問題

児童・生徒や保護者から、教育に対する期待が高まる中で、教職員にはより一層の資質・能力の向上が求められています。あなたは校長として、教職員の資質・能力の向上にどのように取り組んでいきますか。具体的に述べなさい。（1,200 字程度）

◉解答のポイント

中教審答申「新しい時代の義務教育を創造する」には、教師の理想の姿として、①教職に対する強い情熱、②教育の専門家としての確かな力量、③総合的な人間力の３つの要素が挙げられています。

この問題では、これを尊重してこの３つについて記述してもよいのですが、1,200 字程度という短い分量では、詳細を記述するのは難しく、また、これをそのまま書いたとしても、工夫が足りないと判断される場合もあります。したがって、この３つの要素の中から２つ程度を挙げ、詳述することも可能です。

教職員をどのように育ていくかは、学校経営の中でも非常に重要な問題です。毎日の授業が確かな学力を育成する授業でなければ、学力の向上など絵に描いた餅です。しかし、教職員の指導力が高ければ、当然授業も高い成果を上げられることにより、学力の向上に結び付きます。それは保護者や地域住民からの信頼にもつながります。また、教職員の指導力、学級経営力が豊かであれば、いじめの問題にもすばやく対応でき、子どもに体罰を行うこともないはずです。自分の学校の教職員の資質や能力を高めていくことは、管理職にとって永遠の課題であり、管理職論文でも常に出題される可能性があります。

解答例

主体的・対話的で深い学びを実現するためには、教職員により一層の資質・能力の向上が求められる。教職員に最も必要なのは、指導力であり、人間性や使命感も重要な資質・能力である。校長として、教職員の資質・能力の向上に次のように取り組んでいく。

まず、指導力の向上であるが、授業を行う教科指導力の育成が最も重要である。学力の向上をめざして、毎日行われる授業がよくわかる授業になるようにしっかり取り組ませる。教育のプロとして、授業指導力は組織的・計画的に育成していく必要がある。研修主任に命じて授業研究の計画を立てさせ、全教職員が研究授業に取り組むようにさせる。ミドルリーダーの研究授業を全員が参観し、板書や発問などすべての指導技術を学び、学級の授業に生かせるようにさせる。また、研究授業は、年1回は全員に行わせる。毎月、教頭と一緒に全学級の授業参観を行い、授業の進め方でよいところは称賛し、よくないところは改善させて、授業技術の向上をめざさせる。次に、いじめや暴力行為といった生徒指導上の問題にしっかり対応できるように、校内研修で生徒指導研修や教育相談研修などを進める。生徒指導主任等に事例を提出させ、その事例に対してどのような対応を取ればよいのかなどを、校内研修等でしっかり研究協議をさせる。ADHDやLDなどの子どもが学級の中にいる場合もあるため、こうした点も配慮した学校経営の力を身に付けさせる。教職員にとって、授業力や生徒指導力の向上は、学級を経営していくためには必須であり、1年間を通じてしっかり取り組んでいく。

豊かな人間性の育成も重要である。教職員は学校という狭い空間の中で1年間を生活するために、どうしても視野が狭くなりがちである。また、相手が子どもであるので、教職員として何でも言うことができると思いがちになる。子どもたちに豊かな心を育むためには、教職員も豊かな大きな心を持つようにさせなければならない。PTAや地域の行事に積極的に参加させ、保護者懇談会や地区懇談会などを通して保護者や地域住民の方との触れ合いの中で、豊かな人間性を育てていきたい。さらに、初任者研修や中堅教諭等資質向上研修等の研修、他校の授業研究会などにも積極的に参加させ、広い視野を養わせる。もしも体罰やセクハラ行為などで問題行動を起こしそうな教職員がいた場合には、教育は信頼の上に成り立っていくということを自覚させ、教育者としての使命感と人間性をしっかり持つよう指導する。そして、このような問題を起こす教職員を生まないようにもしていく。こうしたことは一朝一夕にはできるものではないので、教頭に命じて教職員の情報を集め、個人的対応にも努めていきたい。

校長の管理事項の中で、教職員の管理はとても重要なものであり、最優先にして取り組みたい。そして情熱と力量、人間力を備え、確かな使命感を持った教職員をしっかり育成していく決意である。

⑩ 効果的な教員評価の実践〈教師論〉

問題

教員評価は教師の資質・能力の向上とともに、学校教育の信頼回復や学校教育の活性化を推進するものであると考えられています。あなたは、校長として、教員評価にどのように取り組み、学校の組織改善を進め、学校教育活動の活性化につなげていきますか。具体的に述べなさい。(1,500字程度)

◉解答のポイント

中教審答申「新しい時代の義務教育を創造する」では、「学校教育や教師に対する信頼を確保するために、教員評価への取組が必要である。(中略) 単に査定をするのではなく、教師にやる気と自信をもたせ、教師を育てる評価であることが重要である。教員評価に当たっては、主観性や恣意性を排除し、客観性をもたせることが重要であり、教師の権限と責任を明確にし、それに基づいて行うことが効果的である」と述べられています。

したがって、教員評価は、自己目標管理と業績評価の両面から実施することが望ましいと考えられています。また家庭・地域とも連携・協働しながら、校長がリーダーシップを発揮し、学校教育目標や育成すべき資質・能力，学校のグランドデザインなどとして学校の特色を示し、取組みの方向性を共有していくことを求めています。そのため、校内の役割分担と責任の明確化、教職員同士の連携と協力の強化等の重要性が指摘されています。

教員評価は、教職員の資質・能力の向上と学校の組織力向上のために、校長と教頭が教職員の日々の職務遂行状況・教育活動状況を客観的に評価して実施するものです。

解答例

学校で行われる教育活動が円滑に活発化して行われれば、子どもたちや保護者、地域住民が厚い信頼を寄せてくれる。そのためには教職員が自己の資質・能力・適性を高め、子どもたちのために全力で教育活動を行っていく必要がある。私は校長として次のように教員評価を実施していく。

1．年度当初に校長の示した学校経営方針に基づいて、学校経営の重点なども考慮に入れた自己の年間目標を設定させる。この自己目標は、学級経営や教科の指導、生徒指導、校務分掌担当などの職務などすべての項目で、できるだけ具体的な数値を入れた高い目標を設定させる。
2．自己申告書をもとに、年度当初に校長と教職員で面談を行い、目標を確認する。第一次評価者である教頭も同席して行う。目標が低い場合や曖昧な場合は、教職員を説得して目標を再設定させる。
3．教職員の授業参観は授業観察票などを持って確実に実施する。子どもたちの実態に応じて教材や指導方法を工夫しているか、学習への興味・関心を高めているか、指導の過程で生じた課題について指導方法を工夫・改善しているかなどを評価する。また、指導計画に基づいて指導を実施し、教科指導の目標を達成できているかどうかなども評価する。
4．校務分掌については、学校目標の達成のために計画的に職務を遂行しているかどうかを、教頭と一緒にしっかり見届けて評価する。自己の都合で行動している場合は、指導・助言をして修正させていく。日頃の職務行動の観察を通して評価をし、より実践的な能力の向上をめざさせる。
5．評価にあたっては、正確性、迅速性、効率性を持って行っているかどうかをしっかり観察し、その達成度や取り組む姿勢などを客観性、妥当性、納得性を意識して的確に行う。責任感、積極性、協調性、自己啓発などの着眼点も設けて評価を行い、被評価者に開示する。
6．夏季休業中に中間面談を行い、それまでの目標達成状況などをふまえて、目標の修正などにあたらせる。その際、教頭と校長の評価を開示し、年度末までには目標に向かって困難な課題でも遂行するように指導する。
7．年度末には、教職員の自己申告書に基づいて目標に対する自己評価を行わせる。その自己評価と校長・教頭が行った教員評価を開示し、最終面談を行う。自己目標の到達度と今後の改善策を示させることが必要である。過程における創意工夫や改善に向けた努力も大切となる。業績評価については、組織に貢献している働きを絶対評価し、翌年度の実践につなげさせる。

　私は校長として教員評価を適切に実施し、一人ひとりの教職員の資質・能力の向上が、学校改善や学校組織の活性化、組織力の向上につながっていくようにする。そして、自己研鑽に努め、学校教育目標達成のために尽力していく覚悟である。

11 課題解決に取り組む態度の育成〈子ども論〉

問題

変化の激しい社会では、いかなる課題にも自ら進んで判断し、取り組み、解決していく力が必要です。子どもたちに、このような主体的に課題解決に取り組む態度を育成するために、あなたは校長として、学校教育をどのように進めていきますか。具体的に述べなさい。(1,500字程度)

◉解答のポイント

子どもたちの考え方や態度の育成は、何か特別な教育活動を行うのではなく、日々行われている授業の中で培うことが必要です。各教科指導では、知識・技能の確実な習得も必要で、自分の考えをまとめて論述する力も育成したいものです。また教職員の授業実践の力を高めることによって、子どもたちの考え方や態度を大きく変容させていくことも可能です。その活動の基盤として言語に関する能力が必須であり、今学校に強く求められています。

解答例

加速度的な変化が進むこれからの時代は、これまでの価値観だけでは的確に予測したり、適切に判断したりすることは難しい。このような社会を子どもたちが生き抜いていくためには、何事にも主体的・対話的で深い学びに取り組み、課題解決に向かって努力していく態度を育成していくことが必要である。そこで、児童の体験を生かし、意欲を引き出し、主体的に課題解決に取り組む教育を、校長として次の２点から取り組んでまいりたい。

１．基礎・基本を身に付けさせ、課題解決能力の向上を図る

主体的・対話的で深い学びに取り組み、課題解決に向かう力を育てるには、児童・生徒に基礎的・基本的な知識及び技能を身に付けさせることが必要である。そして、しっかりとした思考力・判断力・表現力が身に付けば、課題に対してその解決方法を粘り強く探す能力が高まり、自ら学ぶ意欲が高まるはずである。それは、毎日行っている授業の中でしっかり育てていくことができる。前任校の経験であるが、基礎的・基本的な知識及び技能の充実をしっかり図ることを目標にして、授業にあたっては大型プロジェクターや教材教具を活用し、どの子にも具体的に理解させるようにした。また、授業の終わりに小テストを実施して定着を確認し、内容は繰り返し練習させた。その結果、主体的に学習に向かおうという態度が生まれてきた。これに学んで私は校長として、まず主体的に課題解決に向かう態度の育成を学校経営の第一の重点に掲げ、授業の中で身に付けさせることを目標にして推進していく。授業で児童・生徒に基礎的・基本的な知識及び技能を身に付けさせることにより問題解決の力が高まり、主体的に取り組み、課題解決に向かう力が育つはずである。授業後は、児童が主体的に学ぼうとする意欲を高められた授業であったどうかしっかり反省させ、次の授業に向かわせる。日々の授業の中で、主体的・対話的で深い学びに取り組もう、何とか自分の力で課題を解決しようという意欲や態度を育むことが、児童・生徒の成長につながるからである。

２．教職員の授業力を向上させ、課題解決の力を高める

児童が自分の力で課題を発見・解決したり、学級の中でも話し合ってよい解決方法を発見したりしたとき、課題解決の力は高まっていく。しかし、このような授業を一人の教職員の力でつくり出し実践していくのは難しい。ここに、校内研修に取り組む必要が存する。前任校では、児童・生徒に考えさせる授業を重視していたが、課題解決を実践するまでには高まっていなかった。そこで、課題を具体的にして疑問を出やすくしたり、児童・生徒の考える時間を十分取ったり、解決を振り返ったりする工夫を取り入れて、授業を行った。この結果、教職員の児童・生徒を見る目が育ち、教職員の指導力も高まり、児童・生徒も自らの力で問題を解決できるようになり、課題解決の力が身に付いてきた。私はこれに学んで、さらに教職員の授業指導力などを引き上げるために研究組織を立ち上げ、校内研修などを実践して児童・生徒の課題解決能力の向上をめざす。教科主任に研修に進んで参加させ、指導力を高めさせる。教科主任の指導力の高まりを教科部会で広め、学年へ広める。また、学年主任を指導し、学年研修に課題解決学習を位置付けさせる。さらに研修に対する意識の高まりを校内研修に位置付け、授業を磨き合い課題解決学習を充実させる。組織を使って行うことにより、それが学校の伝統にもなっていくからである。

私は校長として、副校長をはじめ全教職員を督励し、活力ある学校の要となり、児童・生徒の課題解決力の向上をめざす決意である。そのためにも、自らの未熟さを反省しつつ、人間性をさらに豊かにするよう努力してまいりたい。

⑫ 子どもの貧困問題への対応〈子ども論〉

問題

　保護者の経済的困窮が要因となり、子どもの貧困問題が発生して、子どもの学力の低下が問題となっています。あなたは校長として、子どもの貧困問題に対してどのように取り組んでいきますか。具体的に述べなさい。（1,500字程度）

◉解答のポイント

　厚生労働省の調査によると、所得の分布における中央値の40%や50%を基準値として、それに満たない所得の人々の割合を示す「相対的貧困率」が、2018年には13.5%に達しています。児童生徒6～7人に1人の割合で貧困に相当し、ひとり親世帯では48.1%が貧困家庭に相当します。貧困率の国際比較では（2000年代半ば）、日本のひとり親世帯の貧困率が経済協力開発機構加盟30か国中、高いほうから4番目です。どのような家庭環境に生まれ育つかは、児童・生徒が選べるわけではありません。児童・生徒は能力に応じて等しく教育を受ける権利があります。家庭の経済状態の問題が、児童・生徒の心を萎縮させることがないようにその実態に目を配り、温かな人間関係を作る指導を進め、児童・生徒の心に寄り添い相談しやすい環境を醸成することが大切です。校長として、教職員が保護者との連携を図り、多様な教育支援策があることを伝え、活用できる環境を作っていくよう努力することが重要です。

解答例

　変化の激しい社会を生き抜いていく、生きる力を持った児童・生徒の育成が今求められている。しかし、経済格差が広がり、ひとり親家庭の増加にともない、子どもの貧困問題が深刻さを増している。家庭の貧困のために子どもの学習機会や学習意欲が損なわれてはならない。そこで私は校長として、教職員とともに、子どもの貧困問題を解決していくために次のように取り組んでまいりたい。

1．子どもの貧困問題を全教職員で共通理解し、組織的に対応する

　子どもの貧困問題の解決のためには、その現状としなければならない対策について、全教職員で共通理解し、学校全体で対応することが重要である。現任校では、校長の学校経営方針を受け、母子家庭など児童・生徒の家庭状況について全教職員が把握し、日々の教育活動で配慮するように確認している。このため、子どもは落ち着き学校生活の充実が図られている。これに倣って①年度当初の職員会議で、各学級の子どもの様子を報告させ、要保護、準要保護等の経済状態にある各家庭の実態把握に努める。②教頭に命じて、保護者の経済負担を軽くする補助教材の厳選等、すべての家庭状況を考えた指導方針を作成し、確認する。③経済的に困っていても教育支援策である就学援助制度等を活用していない人や就学援助制度を知らない人もいる。教務主任に命じて、教育支援策を活用するように、学校だよりや学年だよりなどで啓蒙して経済困窮家庭の支援を図る。

2．校内研修と指導体制を充実し、子どもの学力を保障する

家庭環境などに左右されずに子どもの学力を保障することを、学校全体で取り組むことが重要である。校内研修と指導体制の整備を図り、教職員の指導力の向上を目指す。そこで①研究主任を指導し、わかる授業づくりを目標とした校内研修の計画を立て、その推進を図る。②習熟度別指導や少人数指導など学習指導体制を充実させ、子どもの学習意欲の向上を図る。③学級担任には、家庭学習などについて子どもの家庭状況によってその成果に偏りが生まれないような配慮をしていくように指導する。

3．民生委員・児童委員等、関係機関と連携し、情報を収集し対応する

前任校の経験であるが、給食費の滞納をしていて元気のなかった子どもの家庭について、民生委員・児童委員との連絡会で、民生委員に家庭での様子を聞き、給食費の請求に配慮するように努めたことがある。その結果、子どもが元気を取り戻すことができた経験がある。これに学んで、①ひとり親家庭等の家庭状況の把握は、学校だけで行うことは不十分なので、民生委員・児童委員や自治会などとの連絡会議を行い、アンテナを高くして把握に努めるようにする。②児童相談所や福祉関係機関等との連絡も密に行うようにして、情報の把握に努める。③スクールカウンセラーやソーシャルワーカーなどを配置する体制を整備し、教育相談体制の充実を図り、精神面への支援に努める。

家庭の経済状態がよくないからといって、児童・生徒が学習意欲を低下させ、学習環境を悪化させてはならない。教職員は、十分に配慮して指導する必要がある。私は校長として、しっかりとした情報収集に努め、子どもの貧困問題へきめ細やかに対応していく決意である。

⑬ 不登校問題への対応〈子ども論〉

> **問題**
>
> 年間30日以上欠席する不登校の児童・生徒が、全国の小中学校で令和2年度は19万6,127人いました。あなたの学校にも、不登校傾向の児童・生徒が何人かいます。あなたは校長として、この不登校の問題にどのように対応していきますか。具体的に述べなさい。（1,500字程度）

◉解答のポイント

文部科学省の「児童生徒の問題行動・不登校等生徒指導上の諸問題に関する調査」では、不登校児童生徒について、何らかの心理的、情緒的、身体的あるいは、社会的要因・背景により、登校しないあるいはしたくともできない状況にあるため年間30日以上欠席した者のうち、病気や経済的な理由、感染回避などによるものを除いたものとして調査しています。

令和2年度児童生徒の問題行動・不登校等生徒指導上の諸課題に関する調査結果では不登校は小中学校で19万6,127人と8年連続の増加となり、長期化の傾向が懸念されています。不登校の背景としては、不安など情緒的混乱、無気力、いじめを除く友人関係をめぐる問題などで、どの子にも起こりうる状況と捉えているのです。

解答例

不登校とは、年間で30日以上欠席した児童・生徒をいい、何らかの心理的、情緒的、身体的あるいは社会的要因・背景により、病気や経済的な理由、感染回避などによるものを除いた登校しない児童・生徒である。「親子関係」「家庭内の問題」もあるが、いわゆる「中1ギャップ」と呼ばれる進級時の不適応など、学校の問題もかなりある。

不登校のきっかけの具体的な例を挙げると、「いじめ」「友人関係をめぐる問題」「教職員との関係をめぐる問題」「学業不振」「クラブ活動・部活動への不適応」「学校のきまりをめぐる問題」「入学・転編入学・進級時の不適応」「家庭生活環境の急激な変化」「親子関係の問題」「家庭内の不和」「病気による欠席」などかなり多く、その関連性は複雑である。

また、対人関係の苦手な子どもが増加しているといわれる現状をふまえて、校長としては、教室内外での人間関係の調整を注意深く行うように教職員を指導していく必要がある。不登校児童・生徒を減少させていく指導への対応は、学習指導以上に重要なことを教職員に共通理解させる。また、学校環境を「魅力あるよりよいもの」にすることが求められるため、生徒指導や学習指導にもこれまで以上のきめ細かさが必要になる。さらに、教職員だけでなくスクールカウンセラーなどとの連携を強化し、組織的な協力関係を樹立し、不登校児童・生徒を生まない学校づくりも必要である。学校では、生徒指導部・教育相談部などの組織を生かして、個別のケースについて児童・生徒の現在の環境・将来を見据えて慎重に教育的解決をめざすことが重要である。不登校児童・生徒の実体数をふまえ、不登校傾向の児童・生徒は、どこの学校にもいると考え、組織を生かした不登校問題の解決策を考えておく。

本課題のようにグレーゾーンといわれる欠席に至らないものの、早退や遅刻の見られる児童・生徒や不登校傾向の児童・生徒への対応も重要である。一般的な子どもでも、無気力、学習意欲の低下など、どの子にも起こりうるのが不登校であるという認識を持つことである。ここで適切に判断し、組織的対応をすれば、不登校にはならないからである。以前と比べて、スクールカウンセラーなどの制度の整備も進んでいるので、グレーゾーンになっているような児童・生徒に対してはきめの細かい対応を取ることが大切である。この問題のように、不登校傾向のうちに何らかの対策が求められる。不登校ではないものの、保健室登校になってしまっていたり、教育相談室から出られなくなっていたりする児童・生徒などについても、担任と一緒に養護教諭・教育相談主任・スクールカウンセラーなどがよく連絡を取り合うようにする。授業に出られないと、学力の低下やそれを原因としたいじめなどに発展する可能性がある。児童・生徒の心に寄り添う指導を組織的に行い、こうした問題の解決をめざしていく。

不登校になって最も苦しむのは、児童・生徒本人である。部屋の中に一日中閉じこもり、学校に来られないということは、進学など将来にも大きな影響を与えることになる。私は校長として、この不登校問題について、自分が着任した学校ですぐに対応策を立てられるよう、常日頃から対策を考えておき、不登校問題の解決に全力であたる覚悟である。

⑭ 体力・運動能力の向上への取組み〈子ども論〉

問題

子どもたちの体力・運動能力は、長期的に低下傾向が続いています。また、「運動をする子・しない子」の二極化の傾向も顕著になっています。あなたは校長として、現任校の子どもたちの体力・運動能力の向上を図るため、どのように学校運営を行いますか。具体的に述べなさい。(1,200 字程度)

◉解答のポイント

ドイツの生物学者ルーは、運動について、「身体の機能は、適度に使うと発達し、使わなければ退化する」と述べています(ルーの法則)。つまり、運動をすれば体の機能は伸び、しなければ衰え、現状維持はないということです。

遊び場の減少や学習塾通いなどによる運動以外に費やす時間の増加等、子どもを取り巻く状況も大きく変化しています。児童・生徒の体力は、ピーク時の昭和 60 年代と比較すると、すべての項目で低下傾向が続いており、小学生では、特に 50 メートル走、立ち幅跳び、ソフトボール投げに大きな低下が見られます。しかし、中学生では、小学生と比べると、男子の低下の程度は比較的小さくなっています。

それどころか、新体力テストの 17 年間の合計点の年次推移ではほとんどの年代で、緩やかな向上傾向を示してます。これは、日常生活における運動の行われ方が行事的・単発的か、あるいは継続的・長期的かなど、運動量の観点で見る必要があります。

平成 30 年度体力・運動能力調査結果によれば「青少年では、昭和 60 年頃から続いていた体力低下は平成 10 年頃に歯止めが掛かり、以後の体力は総合的には向上しているが、昭和 60 年頃の最高(ピーク)値に回復したテスト項目は少ない。」とされています。

解答例

「心身ともに健康な国民の育成」という視点から、この設問の内容は重大である。私は校長として、子どもたちの「体力・運動能力の向上」に次のように取り組み、全力であたる。

1.運動の必要性の理解と、運動習慣の確立に努める

子どもたちの体力や運動能力は、長期的に低下傾向にある。したがって、校長になったら、真っ先に取り組まなければならない課題の1つである。まず、子どもたちの実態や課題を把握し、校長として学校経営方針の重点事項として取り組む必要がある。「体力･運動能力の向上」を重点目標として掲げ、教職員・子どもたち・保護者が理解できる方針を立てて実践していく。そして、運動の必要性を理解させ、運動習慣を確立させる。さらに、体力向上委員会などを立ち上げて取り組んでいく。こうした委員会は、どの学校にもあるが、組織を立ち上げただけでは、なかなか効果は出ない。体力や運動能力は、体育の授業だけでなく、保健の学習や食育の学習などにも関わりがある。したがってこのような課題は、全校体制を確立して取り組む必要がある。

2．質の高い授業を行う教職員の育成に努める

教職員の資質・能力を高め、体育の授業等で体力・運動能力の向上が図ることのできる質の高い教育活動の実践が大切である。なぜなら、運動量を確保すると同時に、運動の行い方など質の観点も大切だからである。それには、教職員による授業の質を高めていく必要がある。週に３時間の体育の授業が子どもたちにとって楽しいものであれば、子どもは体を動かすことに喜びを持つ。授業の質の変化は、「運動をする子・しない子」の二極化も防ぐことができるはずである。また、時間割の工夫などをして、子どもたちが体を動かす時間を少しでも増やしていくことも必要である。運動会や体育祭などの学校行事も、体力向上に密接に関わってくる。したがって、体育主任だけに任せるのではなく、学校全体で取り組む必要がある。

3．保護者との連携を深め、体力向上に努める

食の問題や健康管理などについては、保護者・地域との連携・協力も重要である。そこで、早寝・早起き・朝ごはん運動などを推進し、朝ごはんを欠食して登校する子どもをなくしていく。また、家庭でもゲームばかりしていないで、体を動かす遊びをするよう指導することも必要である。地域の保護者にも声かけをしてもらい、子どもたちの遊び場の確保にも努める。

体力の向上は、学校全体をもう一度見直して、総合的に取り組んでいかなければならない課題である。校長として、これらのことを意図的・組織的・計画的に進め、総合的に実践し、子どもたちの体力・運動能力の向上に努めていきたい。

15 生徒指導への取組み 〈子ども論〉

問題

暴力行為や少年非行が増加している中で、学校における生徒指導の方法は、従来の取締り型の指導から、相談や支援を重視する予防的な指導に力を入れる必要があります。あなたは校長として、学校における生徒指導にどのように取り組んで行きますか。具体的に述べなさい。（1,200字程度）

◉解答のポイント

生徒指導は、教育課程の内外において、一人ひとりの児童・生徒の健全な成長を促し、児童・生徒自ら現在及び将来における自己実現を図っていくための自己指導能力の育成をめざすという意義を持っています。そして、自己指導能力を育んでいくのは、授業や休み時間、放課後、部活動や地域における体験活動の場など、あらゆる場や機会です。

学校は、学習指導が中心ですが、生徒指導の確立なくして、学習指導を進めていくことはできません。生徒指導の基になるのは、児童・生徒理解であり、個別指導・集団指導であり、これらは学校全体で進めていかなければいけません。

現実の問題として、文部科学省が発表した暴力行為の発生件数は、依然として高い水準にあります。その理由として、①感情のコントロール不足、②コミュニケーション能力の不足、③規範意識の欠如などが挙げられています。この危機的状況に対応していくためには、上記①～③への対応を中心として、文科省が作成した「生徒指導提要」の内容に沿った個別的・組織的な展開が不可欠です。ここには、生徒指導の意義と原理、教育課程と生徒指導、児童・生徒理解、学校における生徒指導体制教育相談などが詳述されています。

「生徒指導提要」は、喫煙、飲酒、薬物乱用、暴力行為、いじめ、インターネット・携帯電話に関わる課題、児童虐待など多様化する問題行動への対応も詳しく記述され、まさに問題解決の対応書となっています。

解答例

生徒指導とは、一人ひとりの児童・生徒の人格を尊重し、個性の伸張を図りながら、社会的資質や行動力を高めることを目的として行われる教育活動である。すべての児童・生徒のそれぞれの人格のよりよい発達をめざすとともに、学校生活がすべての児童・生徒にとって有意義で興味深く、充実したものになることを目標としている。「平成27年度児童生徒の問題行動等生徒指導上の諸問題に関する調査結果」によると、暴力行為の発生件数は依然として高い水準で推移しており、生徒指導についてしっかり対応しなければならない。私は校長として、次のように生徒指導を行っていく。

1．学校全体として取り組むために生徒指導主事（主任）を中心とした生徒指導委員会を設け、生徒指導全体計画・生徒指導方針を策定し、職員会議で学校の方針として示し、全教職員で共通理解する。

2．学習指導の場を含む学校生活のあらゆる領域で、児童・生徒の自己指導能力を高めるように指導させる。授業や休み時間、放課後、部活動や地域における体験活動等教育課程の内外の全領域で生徒指導の実践を行わせる。

3．学校経営の中に生徒指導の視点を明確に位置付け、学校全体で組織的、計画的、継続的に生徒指導を行うように努める。そして、学年での指導、学級での指導、全教職員の指導と一貫性のある指導を行う。

4．暴力行為などに発展しないように、従来の取締り型の対症療法的な生徒指導から脱却し、予防的な生徒指導を行うようにしていく。生徒指導上の課題については、課題解決のために生徒指導委員会で協議し、全教職員で共通理解をして対応する。

5．児童・生徒が充実した学校生活を過ごせるように、わかる授業の実践に努める。生徒指導委員会で、学習時のルールや決まりなどを決め、落ち着いた学習活動や授業が行えるようにする。

6．自己教育力を高め規範意識を育成するために、「特別の教科　道徳」の授業を中心に全教科での道徳教育の実践に力を入れ、心の育成を図っていく。

7．学校の生徒指導方針などを保護者や地域住民に公開し、生徒指導について理解と協力を求める。学校、保護者・地域の相互に情報の共有を図り、すばやく対応し、問題行動の芽をなくしていく。

8．学校と教育委員会や警察、福祉関係など関係諸機関等と青少年健全育成協議会を設け、定期的に集まり児童・生徒の問題行動について情報交換をし、連携をして対応する。

私は校長として児童・生徒の指導に力を注ぎ、暴力行為や問題行動の発生を未然に防ぐようにする覚悟である。

16 教育目標の実現に向けた取組み〈教育論〉

問題

教育基本法が改正され、教育の目標として「幅広い知識と教養を身に付け、真理を求める態度を養い、豊かな情操と道徳心を培うとともに、健やかな体を養うこと」が示されました。あなたは、校長としてこの目標を達成するためにどのように学校経営を行いますか。具体的に述べなさい。(1,500 字程度)

◉解答のポイント

教育基本法では、第１条の「教育の目的」を実現するために重要と考えられる５つの項目が、第２条に「教育の目標」として規定されています。

この問題文にある第２条第１号規定は、義務教育の目的ともいえる、知育、徳育、体育の充実に関する規定で、校長としては最も重要に考えておかなくてはなりません。本課題は、その教育基本法に掲げられた目標を各学校でどのように実現していくのかという問題です。

解答例

「新しい教育理念」として教育基本法第２条に示された「幅広い知識と教養」「豊かな情操と道徳心」「健やかな体」は、「知」「徳」「体」の調和の取れた子どもを育成するということである。科学技術の変化、情報化、国際化、少子高齢化などさまざまな課題が生じている中で、教育の根本にさかのぼった改革が求められ、教育基本法の改正となったのである。校長として子どもたちにこの「知・徳・体」の力を身に付けさせ、「生きる力」を育んでいくためには、学校経営方針で教職員にこの「知・徳・体」に関する内容をしっかり説明し、共通認識を持たせる必要がある。その上で、これらを身に付けさせていく具体的な方法を実践していく。そこで、年度当初に全教職員を「知力向上部」「徳力向上部」「体力向上部」の３つのどこかに入るように組織を立ち上げ、組織を通してこの課題の達成を図るようにする。

まず、子どもたちに「知」を育んでいくことについては、次のように取り組んでいく。「知力向上部」の委員長は教務主任にし、全体計画や学年での年間指導計画の中で、子どもたちに必ず身に付けさせたい「知」の力について確認し、職員会議の中で提案し授業実践を行う。各教職員の学級経営案や週案の中にも「知」について記述させ、授業の中でしっかりと基礎的・基本的な知識・技能について育てていくようにする。また、授業研究を中心にした校内研修をしっかり行い、教職員の授業指導力の向上を図っていく。校長としては教頭とともに授業参観を行い、教職員を督励し的確な指導を行っていく。

次に「徳」であるが、道徳教育推進教師を委員長にして「徳力向上部」を立ち上げる。子どもたちの道徳心の向上を図るために、週１回の授業だけでなく毎日行われているすべての授業において、子どもたちの道徳心の育成を図っていく。同時に生徒指導主任を中心にして、授業中の決まりや学校生活の決まりなど子どもたちに落ち着いた学校生活を送らせるための規律について決め、それを守ることによって子どもたちの基本的な生活習慣の確立も図るようにする。また、特別教育活動や総合的な学習の時間などすべての教育活動で、順番を守る、友達と協力する、ずるをしない、自分の考えをしっかり持つ、思ったことについてはっきり話すなど「徳」の育成に努める。読書活動なども推進し、子どもたちの気持ちの陶冶を図る。

最後に「体」であるが、体育主任を中心にして「体力向上部」を組織する。体育の授業研究を行い、体力向上を図れる授業について研究して教職員に伝達し、学校で行われる体育の授業変革に取り組む。体力向上の学習カードなども子どもたちに配布し、子どもたちが意欲的に体力向上に取り組むような工夫も行う。また、業前の時間や業間の時間、放課後の時間などでも子どもたちの体力の向上を図れる遊びについて指導し実践する。体力の向上には、体位についても深く関わる。栄養教諭、給食主任などを中心にして、食べ残しを少なくするような給食指導を行い体位の向上をめざす。

このような「知」「徳」「体」に対する取組みについては学校だよりや学校ホームページなどで情報提供を行い、保護者・地域住民の理解と協力を得る。また、保護者懇談会・地域懇談会などでも「知」「徳」「体」のバランスのとれた子どもの育成について伝え、保護者・地域と一体になった教育の展開に努める。

校長として自己研鑽に励み、リーダーシップを発揮し、子どもたちに教育基本法で示されているような「生きる力」を持った子どもたちの成長を図る覚悟である。

⑰ 言語力の育成〈教育論〉

問題

「確かな学力」を育成する上では「言語力」の育成が重要です。言語力の育成は、国語科はもちろん、すべての教科・領域で進める必要があります。あなたは校長として子どもたちの言語力の育成にどのように取り組んでいきますか。具体的に述べなさい。(1,500 字程度)

◉解答のポイント

言語活動の充実は、国語科における取組みがその中心ですが、「話すこと・聞くこと」、「書くこと」、「読むこと」のそれぞれに、記録・要約・説明・論述・討論といった活動を行うことが重要です。また、学校全体における言語環境を望ましい状態に整えておくことも子どもたちの言語環境を適正にする上で重要です。管理職としては、現任校の子どもたちの言語活動の充実をどのように図り、言語環境をどのように整えていくか、さらには子どもたちをどのように高め、変容させていくかまで考察することが大切です。なぜなら、学校教育活動は、子どもたちの変容をめざすものだからです。管理職のこうした将来への展望を持った指導実践こそが、子どもたちの変容を促し教育の進展を図るのです。

解答例

言語は、知的活動やコミュニケーション、感性・情緒の基礎であり、国語科をはじめとして各教科等において言語活動の充実を図ることが、学校教育に求められている。また、確かな学力や豊かな心の育成を図り、子どもたちに「生きる力」を身に付けさせる上でも言語力の育成は重要である。そこで私は校長として、確かな学力の定着を図るとともに、以下のような取組みを行い、子どもたちの言語力育成を図っていく。

1．教育課程の工夫・改善に取り組み、言語力の育成を図る

学校経営方針の第一に言語力の育成を掲げ、重点事項として全教職員で取り組むことで、言語力の育成を図ることができる。現任校では、授業を進めるときに適正なノート指導を行うなど、記録に力を入れ、それをもとに説明する指導にも力を入れている。その結果、子どもたちの授業への集中度が高まっている。これに学んで、私は校長として、①年度当初の職員会議で、言語力育成について確かな学力の向上と関連させながら、具体的に説明して全教職員の共通理解を図る。②教頭、教務主任、研修主任、国語科主任による教育課程検討委員会を組織して子どもの言語力の定着度を分析し、教育課程の工夫・改善に取り組む。③子どもたちの言語力を、全国学力・学習状況調査、標準学力検査の結果や日頃の評価により分析し、その向上策を提案する。④子どもたちの言語力がどの程度身に付いているかの具体的な評価基準を作り、学期末ごとの評価によって課題を明確にし、改善策を実践する。

2．授業力の向上を図り、言語力の育成を図る

子どもたちの言語力を向上させるのは、日々の授業であり、記録・要約・説明・論述・討論などの言語活動を重視することにより、言語力は着実に身に付く。そのためには教職員の授業力の向上が最も重要である。そこで私は、①学年ごとに年間指導計画や単元指導計画に言語活動を明記し、各学年に応じて計画的・段階的に実施するように指導・助言する。②教職員一人ひとりに、自己目標として言語力を育成するための授業テーマを決めさせ、授業実践させる。授業公開を行い、研究協議では、互いに高め合える授業研究を行わせる。③日々の授業実践に生かせるように、週案簿の授業内容に記録・要約・説明・論述・討論の言語活動を意図的に位置付けさせ、計画的に授業に取り組ませる。授業観察を行い、労をねぎらったり努力を認めたりして継続的に続けていく。

3．言語環境を整備し、言語力の育成を図る

学校における言語環境を整えておくことで、子どもたちの言語力は向上する。また読書活動の推進も、子どもたちの言語活動を適正にしたり、コミュニケーションの重要な要素である語彙を増やしたりして言語感覚を豊かにできる。そこで校長として、①子どもたちと直接関わり影響が大きい教職員に、正しい言語で話したり、正確で丁寧な文字を書いたりするように指導する。②自分たちで調べたことを発表したり、話し合ったりするような活動を全教育活動の中で展開するようにし、言語環境を整えていく。③子どもたちが読書活動に取り組むように、司書教諭を中心に学校図書館や学級文庫を整備したり、地域の読み聞かせボランティアに協力を求めたりしていく。

私は校長として、未来を担う子どもたちの「生きる力」を育むために言語力の育成に全力で取り組み、自己研鑽にも努め、リーダーシップを発揮していく覚悟である。

18 調和のとれた教育課程の実践〈教育論〉

問題

　知・徳・体のバランスのとれた、心豊かな子どもたちを育てていくためには、調和のある教育課程の実践が大切です。あなたは校長として、調和のとれた教育課程をどのように編成し、取り組んでいきますか。具体的に述べなさい。（1,500字程度）

◉解答のポイント

　校長の学校管理事項の中で、最も重要なのは教育課程の管理です。教職員の管理や児童・生徒の管理も重要ですが、教育課程の管理は、学校で行っている教育内容についての管理であり、学校の生命線ともいえるものです。校長としては、年度当初に学校経営方針をしっかり示し、教頭を中心に年間指導計画・教育活動計画・授業指導計画などを立案させて、教育課程の管理に取り組む必要があります。

解答例

　よりよい学校教育を通じてよりよい社会を創るという目標を共有し、社会と連携･協働しながら、未来の創り手となるために必要な知識や力を育む「社会に開かれた教育課程」の実現が重要である。この主旨を捉え、教育課程の編成実施に全力であたっていくことが校長としての最重要課題である。そこで私は校長として、学校教育目標の具現化をめざし、現任校の教育課題を解決していくために、次の方策の実現に努める。

1．基礎的・基本的な内容を重視する教育課程の編成を目指す

　子どもたちが21世紀を心豊かにたくましく創造的に生きていくために、まず必要なのは、基礎的・基本的内容を確実に身に付けることである。そうした過程で、新しい学力（意欲・思考力・表現力・創造力）が培われ、個性を生かし育むことができる。その観点から、全教職員の英知を結集して教育課程の編成にあたる。また、編成された教育課程を実施していく中で適宜評価し、改善していくサイクルを決め、よりよい教育課程にしていく。現任校では、言語活動についての校内研究を進めている。その結果、児童の発表力などが高まってきている。これに学んで、①年度当初の教育課程編成にしっかり取り組み、教科主任等に働きかけて、教育内容を精選し基礎的・基本的内容を明確化する。②週案をもとに学年で協力して児童に基礎的・基本的な力が身に付く授業指導にあたらせる。③授業参観等を計画的に実施し、教職員個々の能力や特性の把握とともに、教育課程実施状況を把握し指導助言にあたる。④教育課程を実施する上での環境整備、施設・設備・教材の充実と効果的な活用を図る。

2．教える指導から、学び取らせることのできる教職員を育てる

児童の興味・関心を把握し、生かしながら、教える指導から学び取らせる指導のできる教職員を育てることが重要な課題である。現任校では学習意欲がなく覇気がない児童がおり、担任が悩んでいたが、歴史に興味を持っていたことを思い出し、学年で指導案を十分練って授業をした。その結果、児童は興味･関心が高まり学習にも意欲的になり、次の課題に挑戦するようになった。この経験にならって、①研修主任に命じて、児童理解のための事例研修を行い、児童に向かう姿勢の大切さを教職員に学ばせる。②授業指導を中心にした学年研修を行い、教職員同士が切磋琢磨していく中で磨き合っていく。③学校研究を校内研修の中核に据え、年間一人１回の研究授業に取り組ませ、全員で１つの課題を解決していく中で指導力を付けさせていく。

3．学校評価を充実させ、実りある教育課程の実践に努める

学校で行っている教育活動をしっかり学校評価することによって、より教育活動が活発化するはずである。それは児童に大きな変容をもたらす。そこで、①一学期の教育活動について、夏期休業中に全教職員でしっかり評価し、二学期の初めに保護者や地域にその結果を示す。②二学期初めに学校関係者評価をしていただき、それを二学期の教育活動に生かしていく。③二学期末にも同じように学校評価をし、学校関係者評価とともに次への教育活動に生かすというサイクルを確立していく。

学校は、児童の才能や個性を最大限に伸ばすことがその本旨であるはずだが、画一的で硬直的な指導が多く、社会の変化に十分に対応できていないとの批判がある。このような流れを転換し、児童と教職員が、学校に信頼や期待が持てるような、個性的な魅力ある学校づくりを行っていきたい。そしてしっかりした教育課程の実践に努め、保護者・地域住民から信頼されるように校長として鋭意努力してまいりたい。

19「特別の教科　道徳」の推進〈教育論〉

問題

道徳が、「特別の教科　道徳」になりました。子どもたちの心を育てていくために、あなたは校長として、「特別の教科　道徳」の推進をどのように行っていきますか。具体的に述べなさい。（1,200 字程度）

◉解答のポイント

道徳の時間が、「特別の教科　道徳」になり、検定教科書が導入され、一人ひとりのよさを伸ばし、成長を促すために記述式で評価も行われることになりました。「特別の教科　道徳」の目標は、「よりよく生きるための基盤となる道徳性を養うため、道徳的諸価値についての理解を基に、自己を見つめ、物事を（広い視野から）多面的・多角的に考え、自己の（人間としての）生き方についての考えを深める学習を通して、道徳的な判断力、心情、実践意欲と態度を育てる。」（括弧内は中学校）となり、明解で理解しやすいものになりました。また、一人ひとりの児童・生徒が「考える道徳」、「議論する道徳」に、道徳教育の質的な変換を図ることも示されています。道徳教育は、人間としての生き方の自覚を促し、道徳性を育成することをねらいとする教育活動であり、社会の変化に主体的に対応して生きていくことができる人間を育成する上で重要な役割を持っています。しかし、いじめや自殺、問題行動の非行化傾向など、子どもたちの実態は「心の豊かさ」とは程遠いものとなっており、道徳性を養うことがさらに求められています。

解答例

道徳の時間が「特別の教科　道徳」となったことにより、道徳教育全体の充実を図っていくことであり、教育基本法が求める人格の完成を目指した学校を作り、学校教育を人格形成の場にしていくことである。この主旨を捉え、「特別の教科　道徳」の実施に全力で当たっていくことが、校長としての最重要課題である。そこで、私は校長として、学校教育目標の具現化を目指し、自立的に道徳的実践ができる子どもを育成するために、次の方策の実現に努める。

1．道徳教育全体計画を作成し、全校体制で推進する

道徳教育の充実を図っていくためには、「特別の教科　道徳」を基に道徳教育全体計画を作成し、全校体制で推進していくことが必要である。道徳教育推進教師を中心にして、道徳指導の重点項目を決定し、全体計画を基に年間指導計画を作成し全教職員で共通理解を図る。そして、学級担任には各学級での指導計画を作成させ、「特別の教科　道徳」を要として全教科での指導の中で、道徳性を身につけさせるように取り組む。道徳的実践力を身につけさせるためには、「特別の教科　道徳」の教科書をしっかり利用して、道徳的価値について考えさせ、道徳的行為を行うための意欲や態度を育てることが重要である。また、教科書だけでなく、「私たちの道徳」や地域人材の活用、倫理観・規律などが学べるものなどを教材として用いることによって、心に響く道徳の授業になるようにしていく。

2．道徳教育推進教師を中心に、校内研修を基に道徳授業の活性化を図る

「特別の教科　道徳」を推進していくためには、道徳教育推進教師を中心にして、校内研修を推進し、全教職員の実践力を高めていく必要がある。研究授業で子どもたちの心に響く道徳授業、「考え、議論する」道徳に質的に変換するようにして、感動体験を味わうことのできる道徳授業の実践を行い、全教職員が日々の授業の中に生かしていくことが出来るようにする。校長として、教室訪問をし、学級経営についてしっかりと観察する。子どもたちが他者を認め、互いに尊重しあう、望ましい人間関係ができているかどうかという視点で観察する。子どもたち相互の好ましい人間関係や子どもたちと教職員の信頼関係が確立しているかどうか、しっかり指導していく。指導主事等の外部講師も招聘して、道徳教育の校内研修を行い、教職員の意識の向上、実践力の向上に努める。

3．保護者・地域と連携して、道徳教育の充実に取り組む

保護者・地域と一体となって連携を深めていくことが、道徳教育では特に重要である。「特別の教科　道徳」を基にした取組み、子どもの活動の様子などを、学校だよりや学校ホームページで保護者・地域に発信していく。学校で学習したことについて、家庭でも話し合うように、指導を継続して子どもの道徳的心情を育てていく。道徳教育推進教師とともに、PTA や地域の会合で道徳教育の大切さを説明し、学校・保護者・地域の連携の重要さについての理解を求める。

私は校長として自己研鑽に励むとともに、子どもの道徳性の涵養はいじめや不登校の防止にも繋がることを確信して、「特別の教科　道徳」を基に学校の教育力向上に努めていく決意である。

⑳ 食物アレルギーへの対応〈教育論〉

問題

学校給食を原因とする食物アレルギーによって、児童が亡くなるという痛ましい事故が発生しています。あなたは校長として、学校給食での食物アレルギー対策をどのように取り組んでいきますか。具体的に述べなさい。(1,500字程度)

◉解答のポイント

食物アレルギーというのは、食物を摂取した後に皮膚、粘膜、消化器、呼吸器など生体に不利益な症状が起きることをいいます。卵、牛乳、小麦、ピーナッツ、イクラ、ソバなどを食べたときに、蕁麻疹を初めとしてさまざまな症状を発症します。即時型症状のうち、複数の臓器症状が急速に同時進行していくものをとくにアナフィラキシーといいます。アナフィラキシーの場合には、時にはショック状態や呼吸器症状が強くなり、まれにそれが原因で死亡することがあります。子どもたちの中には、食物アレルギーを持っている子どももいます。校長は、校内における児童・生徒の心身の健康と安全を守る最高責任者であり、文部科学省の「今後の学校給食における食物アレルギー対応について　最終報告」を基に全教職員の共通理解を図る必要があります。さらに、保護者や専門機関との連携を深め、学校給食での食物アレルギー事故発生を未然に防ぐことに取り組むことが大切です。

解答例

学校給食の食物アレルギーが原因で、子どもが亡くなるという痛ましい事故が発生している。学校で行う学校給食は、食中毒や感染症、食物アレルギー、異物混入、火傷などさまざまな事故の発生の可能性がある。楽しいはずの給食の時間は、実はこのような危機をはらんだ時間でもある。そこで私は校長として、事故の未然防止に努めるとともに、さまざまな事故発生を想定し、迅速かつ適切に対応してまいりたい。

1．校内での危機管理体制の整備をし、事故の発生を防ぐ

学校給食の運営・実施については、実施主体である自治体の方針により、単独自校調理方式と共同調理法式に大きく分かれる。どちらの場合にも、給食献立表が事前に配布されるわけで、事前の対応をしっかり行うことによって、食物アレルギー事故の発生を防ぐことができる。そこで①毎年度当初、食物アレルギーを持っている全校の児童・生徒の正確な情報を保護者への調査票などから収集し、個別に対応する児童・生徒の把握に努め、しっかりした管理を行う。②校長を責任者とする食物アレルギー事故防止委員会を組織し、実態把握、緊急時の連絡等具体的な対応方法の明確化を図り、教職員の共通理解を図る。③平常時ならびに非常時の教頭・主幹教諭・養護教諭・学校栄養士・保健主事・学級担任等の役割についてしっかりと定めておく。④学級担任は毎月の詳細な献立情報を提供し、保護者に学校生活管理指導表の提出を求め、事故などの未然防止を図る。

2．学校栄養士・調理員等との連携を深め、事故の発生を未然に防ぐ

食物アレルギーを持っている子どもの給食は除去食が調理されているので、学校栄養士と調理員との連携を深める必要がある。特に、卵、牛乳、小麦、ピーナッツ等は給食に出る頻度が高いので、除去食への十分な対応が求められる。そこで、①除去食の調理においては、アレルギー対応の調理ラインを個別に設定し、学校栄養士や調理員で十分な確認を行う。②個別の容器に学級・個人名を明記し、調理員から学級担任を通じて子どもに確実に届くようにする。③施設設備が不十分で除去食対応が難しい場合には、保護者に連絡をして家庭から弁当を持ってこさせる。④宿泊を伴う林間学校や修学旅行等では、宿舎との連携を密にして事故防止に努める。

3．校内研修を実施し教職員の力を高め、事故の発生を未然に防ぐ

食物アレルギー事故を防止するには、教職員の学校給食に関する知識と食物アレルギーに関する情報の理解が必要である。そこで①専門家を招いて校内研修を行い、食物アレルギーに関する理解を深める。②非常事態に対応するために、全教職員がエピペン（アドレナリン自己注射薬）の使い方の講習を行い、その接種効果についての理解に努める。③校内において事故が発生した場合を想定し、学校医や消防救急関係者等専門家の指導の下、教職員の緊急対応の仕方について確認する。

学校給食は安全であることが大前提であり、食物アレルギー事故を防止するには、学校・保護者・学校医等との緊密な情報交換と連携が必要である。私は校長として、教職員への指導に努め、学校給食における食物アレルギー事故を絶対に起こさないように、学校給食の安全確保に努める覚悟である。

COLUMN 4

同じ言葉は必ず表記を統一する

1．同じ論文の中での表記は統一する

論文の中で同じ言葉を複数回記述するときに、表記が統一されておらず、違った書き方をしていると、採点者は抵抗感を覚えます。

> いじめの早期発見には、児童生徒一人ひとりの行動を把握することが大切である。教頭として、担任に一人一人の行動をよく見るように指示していく。

「一人ひとり」か「一人一人」、どちらかに統一する必要があります。

2．同じような意味でも、よく考えて記述する

次の文では、同じような意味で３つの言葉が記述されています。

> ・・・教員は、授業に取り組むことが大切である。教師としてこれは最も基本的なことである。教頭として、校長の指導の下、職員会議等で、教職員に徹底を図る必要がある。

この表記では、斉一性に欠けると指摘されかねません。どれか一つに統一したほうがよいでしょう。

3．教育施策の中で使われている言葉で記述する

全国の都道府県・政令指定都市の教育委員会では、「○○教育ビジョン」等といった教育施策を発表しています。その中で使われている表記は、それぞれ微妙に異なります。たとえば、「とりくみ」という言葉も、教育委員会によって、「取組み」「取り組み」「取組」のように３つあります。「はぐくむ」も、「はぐくむ」の場合もあれば、「育む」の場合もあります。自分の受験する教育委員会で発表しているビジョン等をよく読んで、使われている表記を確認しておきましょう。

第7章

教頭論文の模範解答例

1 人事評価の推進〈学校論〉

問題

　教職員の勤務評価について、新しい人事評価システムの導入が図られています。人材育成に向けて、能力開発を図り、学校の活性化と教職員の資質・能力の向上をめざしています。あなたは、教頭として人事評価をどのように推進していきますか。具体的に述べなさい。（1,500 字程度）

◉解答のポイント

　人事評価とは、教職員が学校全体の目標や集団の目標（校務分掌、学年、教科、各種委員会等の目標）と適合した目標管理手法のもと、自ら設定した目標を自己申告した上で、校長や教頭と面接し設定にあたっての考えや内容を説明し、年間での実践を評価されることです。

　自己目標の達成状況は、評価要素としての「業績」「能力」「意欲」の３つの側面から評価されます。「業績」の評価要素は、業務実績、業務工夫・改善、正確性、迅速性、効率性を含み、「能力」は、知識・技能、企画・計画力、判断力、分析・理解力、説明・調整力、指導・統率力、交渉・折衝力、情報収集・活用力等を含みます。また「意欲」は、目標達成や職務遂行の過程における取組み姿勢を評価し、積極性、責任感、規律性、連携・協力姿勢、リーダーシップ等です。

解答例

　人事評価の目的は、教職員の職務能力開発と、学校組織の活性化である。学校教育や教職員に対する信頼を確保するためには、この人事評価の取組みが重要である。単に査定のためではなく、一人ひとりの能力や業績を適正に評価し、教職員に意欲と自信を持たせ、育てていく評価とする必要がある。私は教頭として校長の指導のもと、教職員のモラールを向上させ、学校組織の活性化を図るために、次のように人事評価制度を推進していく。

１．学校経営の重点に基づいた自己目標の設定

　人事評価の成否は、教職員一人ひとりの資質によって大きく左右される。年度当初の目標設定にあたっては、校長の示す学校経営の重点に基づいた個人目標を設定することが大切である。個人の目標を主体的に設定し、目標達成をめざし、年度末にその達成状況等について評価する目標管理手法の考え方が教職員評価の基本である。職務能力の向上に向けて、できるかぎり具体的で、レベルが高すぎない目標を立てることが重要である。担任時代の経験であるが、算数の達成度を８割にするという目標を立て年間を通して実践したところ、教え方についてできるだけ工夫しようと努力した経験がある。これにならって、①人事評価制度は教職員の職務能力向上のために必要なものであるとともに学校組織の活性化に必要であることを説明し、その主旨・手順などについて共通理解を図る。②年度当初の目標設定にあたっては、学校経営の重点に基づいた目標を立てさせ、校長・教頭との面接でできるだけ具体化させる。③具体的内容を記入した自己申告書を提出させ、日常の授業実践・学級経営・校務分掌への取組みなどを観察しながら、課題や努力点などを適宜支援・指導していく。④夏季休業中に校長・教頭との中間面接を行い、中間申告で目標内容の変更などを行わせ、実践力を高めて、目標達成に向かわせるようにする。

２．職務実績記録などに基づく業績評価

人事評価は、自己申告と業績評価の２つの柱からなる。教職員が提出した自己申告書をもとに校長・教頭は面談し、指導・助言を行う。面談は中間申告（年度途中)、最終申告（年度末）と行い、校長・教頭は職務実績記録、授業観察記録から、目標達成状況や課題を整理し業績評価を行う。業績評価は、教頭が第一次評価者、校長が第二次評価者となる。そこで教頭として、①授業観察は毎月必ず行い、自己申告に基づいた形で授業実践や学級経営が行われているかどうかを見届け、的確な指導助言を行う。②校務分掌などの職務実績についても、着実に実践しているかどうかしっかり観察し、教職員の課題を指摘し適切な指導助言を行う。③職務実績記録、授業観察記録をもとに、本人の説明を参考にして成果と課題について具体的に指導を行う。④最終面接をふまえ、業績評価を校長に提出し、評価について教職員に提示する。

人事評価を行ったことにより、すべての教職員が能力・資質の向上を感じられるような評価にするとともに、次年度への意欲を持つことができるようにしていく。教頭として自ら研鑽に励み、教職員一人ひとりの職務能力向上と学校組織の活性化に全力であたる覚悟である。

2 防災教育の推進〈学校論〉

問題

東日本大震災から10年過ぎましたが今だに復興途上です。災害により児童・生徒等に生ずる危険を未然に防止し、危害が生じた場合に適切に対処する防災教育の推進は重要な課題です。あなたは教頭として、防災教育の推進にどのように取り組んでいきますか。具体的に述べなさい。(1,500字程度)

◉解答のポイント

災害は、学校の対応の限界を超える場合があり、地域の組織機能すら失われる場合もあります。誰もが未経験の「想定外の災害」をふまえた「防災教育」の実践が今求められています。

まず学校では、「学校安全計画」「学校防災マニュアル」に基づいて何度か避難訓練を実施して、教職員や子ども・保護者に防災教育の重要性を徹底します。また校長は、「防災計画」を教育委員会に提出し、教育委員会は計画に不備がないかどうか、専門家の意見を聞きます。

学校安全の領域としては、「生活安全」「交通安全」、防災と同義の「災害安全」の3つの領域が挙げられます。子どもたちに命の大切さを指導し、このすべてに対応できることが必要です。

解答例

学校で最も重要なのは、児童・生徒の生命の安全である。東日本大震災のような重大な災害が再び起きる可能性を考慮し、児童・生徒の安全確保のために、防災教育の推進に力を入れていかなければならない。防災教育の最重要課題は、危険を避けるために児童・生徒が自分で判断し、行動できる力を育てることである。私は教頭として、校長の指導のもと以下のような方策を実施して防災教育の推進にあたっていく。

1. 学校安全計画の見直しを図り、教職員の意識変革を図る

防災には、地震、津波、火山活動、風水(雪)害のような自然災害はもちろん、火災や原子力災害も含まれる。地震、津波、原発事故と重なった東日本大震災によって、学校はこれまでの防災教育に対する大きな無力感を持たされることになった。この経験を生かして、管理職は今後も想定外のことが起こりうることを強く意識して、防災教育に取り組む必要がある。現任校では防災訓練を実施する場合には、ただ単に避難経路を教えるだけでなく、安全教育部が中心になって避難経路の工夫をするなど、児童・生徒の判断力を育てる訓練を行うようにしている。児童・生徒の中にも、安全に対する意識が少し芽生えつつある。これに学んで、私は教頭として、①「学校安全計画」「学校防災マニュアル」等を計画段階から瑕疵がないかどうか綿密に検討し、教職員全員に再確認させて防災に対する意識の変革を図る。②自治体が作成しているハザードマップなどを参考にして、地震などの災害が起きたときにどのように行動したらよいのか教職員の共通行動を確認する。③教育委員会・警察署・消防署・保護者・地域住民・学校医・地域の医療機関との連携など防災計画を総合的に見直し、外部の講師などを招聘して計画的な研修を進める。

2．生きて働く防災訓練を実施し、児童・生徒の知識理解の向上を図る

災害は突如として起きるので、管理職の指示が間に合わない場合もあるかもしれない。管理職からの指示がなくても、主幹教諭や安全教育主任を中心とした教職員の自覚と適切な対応力がきわめて重要である。また、通学途中に地震等が起きる場合もあり、児童・生徒にも適切な判断力を身に付けさせる必要がある。こうした力を育てていくために、私は次のように進めていく。①防災（避難）訓練を年間を通じた教育指導計画に位置付け、地域の関係機関の訓練も含めて計画的に実施する。訓練の段階から連絡体制をしっかりと図っていくことが、児童・生徒の意識を向上させ命を守ることになる。②避難訓練を行う場合にも、児童・生徒に自分の安全を守るための知識・技能を身に付けさせ、活用できるような訓練になるようにする。一学期には防災に対する基礎訓練、二学期には休み時間などを利用した避難ルートを自分で考える訓練等を実施し、児童・生徒の判断力の向上を図っていくようにする。③保護者引渡し訓練も地域住民の協力を得て年に１回は実施し、保護者・地域住民にも防災教育の大切さを伝え、防災意識を高めていく。

さらに、学校だよりや学校ホームページでも、学校での防災訓練の様子や引渡し訓練の様子などを掲載し、保護者・地域住民の防災意識の向上を図っていく。私自身も教頭として、いつ起きるかわからない震災への備えとして、常に防災意識を念頭に置いた心構えを持ち、児童・生徒の安全確保のために全力であたる覚悟である。

3 学校内の定期的見回り〈学校論〉

問題

１日に何回か学校内を見回り、子どもたちが安全に学校生活を送れるようにすることは、教頭の重要な職務です。あなたは教頭として、どのような視点を持って学校内を見回りますか。またどのようにすれば、さまざまな問題を未然に防ぐことができますか。具体的に述べなさい。（1,500字程度）

◉解答のポイント

まず、校長が示した学校経営方針に基づき、教職員に理解され納得される視点による見回り計画を策定して、共通理解を図ることが大切です。なお、教頭個人の見回りには限界があるため、組織を動かして安全確保等に対する教職員の意識を高めることも必要です。

教頭が学校内を見回る際は、２つの視点が大切です。①子ども・教職員・外来者・施設・設備の安全確保と、②教室訪問等による教職員の資質向上と生徒指導の充実です。学校に潜在する数多くの危険を予測するとともに、危険を回避・除去する態勢の整備や心がけが必要です。どのように学校を見回れば、問題を未然に防ぐことができるのかという視点が大切です。

解答例

定期的に校内を見回ることにより、学校の施設・設備に瑕疵はないか、適切に運用されているかを確認することが重要である。子どもたちの実態、教職員の指導の実態、校内の情報を自分の目で確認・収集し、確かな情報をもとに早い対応をとり、問題を未然に防ぐために見回りを行うのである。そこで、施設・設備の安全確保、生徒指導上の問題、教育課程の管理に目を向けて、校内を見回る必要がある。

まず朝の見回りである。校庭をすばやく一周して見回る。校庭に壊れた自転車や電気製品などが投げ込まれている場合もある。子どもたちの教育活動の妨げになるので、そういうものがあった場合は、用務主事に片づけさせる。次に、昨夜のうちに誰かが学校内に侵入した形跡がないかどうかという視点で、教室内をすべて見回る。特に校舎の１階は入念に見て回るようにする。

今日も１日、学習活動ができるかどうかという視点で、全部の教室を見回る。非常口などの施錠も確認する。

次は授業中の見回りである。各教室で行っている授業が正常に行われているかどうかという視点で、全教室を見回る。廊下をゆっくりと歩いて見回れば、子どもたちが騒いでいて収拾がつかなくなっている学級などを見つけることはたやすい。子どもたちの学校での安全を、体罰・セクハラ・いじめなどさまざまな視点を考えながら見回る。教室内から教員の怒鳴り声などがしている場合は教室内に入り、体罰にならないように指導・助言する。また、不審者などが校内に侵入していないかどうかという視点も持って、使っていない特別教室などを注意して見回るようにする。教職員評価のための教室訪問は、毎日の廊下の見回りとは異なり、毎月１回全教職員の授業を観察し、指導・助言を行う。

次は、清掃活動中の見回りである。生徒指導主任にも全学級の清掃活動を見回るように指示するが、子どもたちが真剣に清掃活動をしているかどうか、教頭として子どもたちの様子を把握しながら見回る。生徒指導という視点を持って、子どもたちの清掃活動の様子を把握する。学級経営がしっかり行われている学級は、清掃活動等も真剣に行っているはずで、学級経営がうまくいっていないクラスは、清掃活動等も遊びになってしまうはずである。校庭や裏庭など外の清掃場所にも、足を運んで見回るようにする。

最後は、放課後の見回りである。常日頃から、担任に教室を出るときは鍵の施錠と照明を消すこと、近くの特別教室も確認することを指導し、学校全体の組織力で安全確保に心がける。放課後の見回りは、教室や廊下の電気が消えているか、窓はすべて閉まっているか、鍵の施錠も確かめながら全教室をしっかり見回る。朝の見回り同様、１階の見回りは入念に行う。鍵がしっかり施錠されていない場合は、不審者などの侵入が防げないからである。用務主事が全部の鍵を施錠しているはずであるが、念のため再確認しながら見回る。また、教室内の椅子や机は揃えてあるか、明日の教育活動がすぐに行えるように整然としているか、というような教育的な視点も持って見回る。

教頭がこのように学校内をしっかり見回ることによって、学校の安全確保は万全になり、信頼される学校となる。教頭として校長の指導のもと、毎日しっかりと学校内の見回りを行って、子どもたちや保護者、地域住民、教職員の信頼を得ていく覚悟である。

4 学級崩壊への対応〈学校論〉

問題

子どもたちが教室内で勝手な行動をして、教員の指示に従わないクラスが発生しました。学級全体が落ち着かなくなり、学級崩壊の状態です。あなたは教頭として、このクラスを正常に戻すためにどのように取り組んでいきますか。具体的に述べなさい。（1,200 字程度）

◉解答のポイント

学級崩壊は、いつでもどこでも、学年を問わず起こりうる問題です。一度、学級崩壊してしまうと、元に戻すには大変なエネルギーを要します。また、それは他の学級にも悪影響を及ぼし、ひいては学校全体にも影響しかねません。したがって、校長や教頭は常に現任校の教員すべての学級経営の状態を把握し、少しでもその兆候があればしっかりとした対策を取ることが必要です。

教頭や教務主任は学年主任との連携を密にして、各学級の様子を学年主任にもしっかり把握させなければなりません。もしも、学級崩壊が起きた場合、子どもだけでなく保護者をも巻き込んで、学級担任は言葉には表せないほどの苦しさや大変さを味わうわけで、未然にこまめな対策を取ることが最も大切です。

しかし、この問題は、学級崩壊がすでに起きてしまっており、その現状をどうしたら改善できるかを問うています。こうした状態になったら、学校全体で思い切った対策を講じるしかありません。担任補助として毎時間別の教員が教室に行って授業をするとか、教科によっては学年内で少人数指導に切り替えて対応するとか、考えられるかぎりの対策を講じるのです。

自分が着任した学校で、このようなことが起きたときに何の手も打てなくては、子どもたちはもちろん、保護者・地域からも信頼を失ってしまいます。一日も早く、学級の正常化を図っていく必要があります。

解答例

学級崩壊が起きると、学級担任と子どもたちの信頼関係は失われ、学級担任が何を言っても子どもたちは言うことを聞かなくなってしまう。こうした状態になったら、学校全体で思い切った対策を講じるしかない。教頭としてはまず事実関係を把握し、正確な情報をつかむことが必要である。そして、第一に取り組みたいのは学級に落ち着きを取り戻すことである。学級崩壊がすでに起きてしまっており、その現状を改善していくためには、子どもたちの声を受け止めて、学級の規律を取り戻すことが必要である。

次に行うのは、学校の組織を生かした取組みである。毎時間教務主任や主幹教諭が教室に行き、担任補助として担任と二人で授業を担当し、子どもたちが授業をしっかり受けられる環境をつくる。また、学年内の別のクラスの担任とチームティーチングで授業を行ったり、教科によっては学年内で少人数指導に切り替えて対応したり、ともかく考えられるかぎりの対策を講じて、少しでも子どもたちの状態を落ち着かせる。

そして、学級が少し落ち着きを取り戻したら、学級崩壊がなぜ起きたのか、その原因を見つけることが必要である。学級崩壊に至る原因にはさまざまなものがあるが、乱暴な子どもたちが多く学級の規律が乱れているのか、担任の指導力に問題があるのかなどをしっかり調べ、その対策を立てる。また、学年内の教員でチームを組んで、学級担任のサポートにあたることも必要である。それを行わないと再び学級崩壊を繰り返すことになるからである。

また、学級崩壊の状態は、保護者の耳にも子どもたちからの情報として届いている可能性もある。保護者会を開くなどして現在の状態を正確に伝え、学校が取っている措置を話して協力してもらう必要がある。場合によっては、保護者を招いて授業参観を行うことも考えられる。保護者と協力をして、一日も早く学級を正常な状態に戻すように努める。

さらに、生徒指導主任等に命じて、子どもたちへの生徒指導上の問題点を、学校全体で把握する。学級担任は学級の状態について学年主任に報告し、生徒指導主任や教務主任はその情報をしっかり把握しなければならない。他方で、管理職はこうした学級崩壊などが起きないように毎日学校全体の見回りを行う必要がある。少しでもおかしな雰囲気を感じた場合は、教室内に入っていき、授業がきちんと行われ子どもたちと学級担任の信頼関係が結ばれているかどうかを見極める。

私は教頭として校長の指導を受け、学級崩壊が起きないように日頃から学校全体の全学級の状態を把握し、学級担任と子どもたちの信頼関係が結ばれ、信頼される学校づくりをめざしていく覚悟である。

⑤ 校内研修の推進〈学校論〉

問題

教職員を育て学校課題を解決していくためには、校内研修の推進が欠かせません。教育活動の改善を図っていくためにも、教職員が一丸となり組織的な校内研修に取り組む必要があります。あなたは教頭として、校内研修の推進にどのように取り組みますか。具体的に述べなさい。（1,200字程度）

◉解答のポイント

校内研修を推進するための教頭としての「策」を列挙してみます。

①校内研修の必要性や重要性を、教職員に体験的に感じさせる土壌づくりを行う。②主任を核として、研修小委員会の組織づくりから全体的な組織へと盛り上げていく。これは、主幹教諭や教務主任に命じて行わせる。③ミドルリーダーを育て、組織や教職員の役割分担を明確にし、継続的で実り多い校内研修にしていく。④学びを実感し、自分の意識や実際の授業が変わったと認め合えるような校内研修にしていく。⑤個人研修や学年会、教科部会などの充実も図り、校内研修の質的向上に努める。⑥研修が進まない者や成果の上がらない者に対する支え、支援をしっかり行う。⑦学び合い、磨き合う人間関係の醸成に努め、物的条件や研修時間の位置付け、条件整備などに十分配慮していく。⑧校長が示した教育ビジョンに対して、仮説を立てて実施させ、仮説の検証と見直しに真剣に取り組ませる。⑨校内研修を実施していく中で、教職員の資質を向上させ人材を育てていく。

校内研修を意義あるものとするためには、教職員の間での単なる和合や妥協ではない、鍛え合う厳しい教育実践によるよりよい人間関係が重要です。そのためには教職員の長所を見抜く眼力を持つ、学年の持っているよい雰囲気を全校に広げていく気概を持つ、自らも研修していく姿勢を示すことが必要なのです。

解答例

平成29年の学習指導要領の趣旨を生かした教育活動に取り組み、保護者や地域の信頼に応えるためには、校内研修の推進が重要である。教育公務員特例法にも「教育公務員は、その職責を遂行するために、絶えず研究と修養に努めなければならない」と定められている。現任校では、確かな学力を付けるという学校の重点目標を定め、校内研修を実践している。特に研究授業の実践に力を入れているので、どの教職員も授業の進め方が少し向上してきたという実感を持ってきている。教職員の指導力や授業実践力の向上は、子どもたちの学力向上を招くとともに、学校全体が活性化し、保護者や地域から信頼される学校づくりを進めることができる。私はこれに学んで、教頭として次のように校内研修の推進を図っていく。

まず、校長の学校経営方針を実現していくために、学校課題を解決するための校内研修の全体計画、月別実践計画を研修主任、教務主任とともに立案する。各学年で学校課題解決策について学年会議で検討させ、全体研修会で学校課題解決策を検討・確認し、学校全体で校内研修に取り組む体制を構築する。校内研修であるため、教職員の指導力を高める授業研究、新しい教育方法を学ぶ研修、最新のICTの技術を身に付ける研修など、学校課題を解決する内容を企画するが、授業研究を中心に据える。

次に校内研修推進委員会を設け、研修主任を中心とした研修体制の確立に努める。そして本年度の研究主題を決め、指導計画を立案し授業研究を中心とした研修体制を進めていく。全教職員が参観する授業研究会を一学期に2回計画し、実施学年は事前に指導案をしっかり検討し、研究主題を解決できる授業実践かどうかの検討を行う。授業の研究協議会には、指導主事等を招聘し指導と助言をしてもらい、学校課題解決のための授業実践であったかどうか十分協議し、どの学級の授業にもこの成果が生かせるようにする。

二学期には、一学期の授業をもとにして全教職員に1回は研究授業に取り組ませる。この研究授業では管理職や主幹教諭、学年主任などが授業観察を行い、学校課題解決策だけでなく、学級経営力、学習指導力の視点を中心としたOJT研修の観点からも授業内容について評価を行う。授業を行った教職員は自己評価を行い、自己評価をもとに管理職や主幹教諭、学年主任などが指導と支援を行い、教職員の指導力の向上をめざしていく。

最後に、校内研修の実施に関しては、学校評価の視点でも取り上げ、学期末の自己評価にも付け加え、それを学校関係者評価とともに公表して保護者や地域に理解と協力を求めていく。私は教頭として校長の指導を仰ぎ、校内研修を推進して教職員を育成し、特色ある学校づくりのために全力であたる覚悟である。

6 体罰防止への取組み〈教師論〉

問題

教員による体罰は重大な人権侵害で、学校教育法第11条で禁止されているにもかかわらず、一向に減りません。あなたは教頭として、現任校の教員が体罰を起こさないようにするためには、どのように取り組んでいきますか。具体的に述べなさい。(1,500字程度)

◉解答のポイント

学校教育法第11条に体罰の禁止が明確に定められているにもかかわらず、一向に体罰を起こす教員の数が減りません。その背景には、指導における思い上がりや言行不一致など指導の未熟さがあります。体罰は違法行為であるとともに、児童・生徒からの信頼の失墜という教育の破壊行為でもあります。それは、教員の信用失墜だけにとどまらず、学校や教育界全体の信頼感の喪失につながります。また、体罰を受け、児童・生徒が自殺してしまうという悲惨な事件も起きています。管理職としては、教員に絶対に体罰を起こさせないという決意を持ち、全力で対峙する必要があります。

解答例

教員が部活動や体育の授業で、児童・生徒が自分の思い通りにならないからといって感情的になってしまい、叩いてしまったり蹴ってしまったりするというような体罰事件が後を絶たない。体罰は違法行為であるとともに、児童・生徒の心身を傷つけ、人権を侵害する重大な行為でもある。ときには、体罰を受け自殺してしまう児童・生徒も出てしまっている。また、教員一人だけの問題ではなく、学校や教育界全体への信頼感も喪失させてしまう教育の破壊行為でもある。私は教頭としての責務を自覚し、校長の指導のもと次のように取り組む。

1．体罰の起きないような校風の確立に努める

部活動が勝利至上主義になってしまったり、体育などで厳しく指導が行われたりして、勝つことだけがよいことであるような中での指導から体罰は起きがちである。いかなる理由があろうとも体罰による指導は認められない。殴ったり、蹴ったりして、児童・生徒が言うことを聞くはずはなく、教員への不信感が募り、教育への信頼感は一気に失われる。教員としての思い上がりや指導力のなさが、児童・生徒に対するこうした暴力行為を引き起こすのである。そこで、私は教頭として次のようにして体罰防止にあたる。①学校の年間の重点目標に体罰の禁止を掲げるように校長に進言し、体罰禁止の意義を教員にしっかり認識させ、年間計画を立てて服務研修を行うようにする。②生徒指導主任・教育相談主任とともに、児童・生徒への説諭・説得をもとにした指導、カウンセリング手法で行うような指導の確立を学校内で図っていく。③児童・生徒と教員が十分理解し合い、互いに信頼し合えるような学校内の雰囲気醸成に努め、落ち着いた校風の確立を図る。④児童・生徒の問題行動については、生徒指導部を中心に情報交換を密にして、教員の指導が統一されるよう力量を向上させる。

2．学校の教育活動全体で、規範意識の向上を図る

前任校では道徳教育を充実させた結果、児童・生徒の授業中の態度が変容し、児童・生徒の規範意識の向上を図ることができた。そして、児童・生徒の行動が規範意識に満ちてきたことで、教員の叱る回数も減っていった。そのため、教員が児童・生徒を誉めることが多くなり、落ち着いて授業に取り組むことができたので体罰を起こすような雰囲気をなくすことができた。私はこれに学んで、①道徳教育をはじめ、国語や特別教育活動など教育活動全体の充実を図り、規範意識の向上を図り、誉めることの多い授業実践を行うようにする。②生徒指導主任を中心に教員と児童・生徒、児童・生徒同士で互いに尊重し合えるように行動規範について指導する。③部活動や体育祭などの指導のときに体罰事故は起きやすいため、教頭として校内巡回の回数を増やすなど、発生を未然に防ぐようにする。大声を出したり、興奮しやすかったりする教員に対しては注意してしっかり観察し、個別に指導にあたるようにする。

体罰は、法的にも行政上の責任、刑事上の責任、民事上の責任を追及される行為であり、教員として絶対にしてはならない行為である。児童・生徒からの信頼はもちろん、保護者・地域からの信頼も一気になくなり、信頼を回復させるためには長く苦しい年月がかかる。私は教頭として現任校の体罰事故の発生を防ぎ、信頼感溢れる学校づくりに取り組む覚悟である。

⑦ 学年主任への指導〈教師論〉

問題

新年度が始まり、校長から主任発表があり、学年主任が任命されました。あなたは教頭として、この学年主任を集め「望ましい学年経営」について指導することになりました。あなたが教頭ならば、どのように指導するか、その指導事項について、具体的に述べなさい。(1,500 字程度)

◉解答のポイント

学年主任の職務は、法制上は次のように定められています。

学校教育法施行規則第 44 条には「小学校には、教務主任及び学年主任を置くものとする」とあり、その第 5 項には「学年主任は、校長の監督を受け、当該学年の教育活動に関する事項について連絡調整及び指導、助言に当たる」(同施行規則第 79 条には「準用規定」が設けられ、中学校にも準用されます) と定められています。

連絡調整は、縦の関係から見ると、学校と学級を連絡し、調整するという機能ですが、横の関係から見れば、各学級間の横の連絡や調整を果たすという機能のことです。指導助言は、常に学級担任の様子をしっかりと把握し、長年の経験をもとに、各担任の悩みや相談などに親身にあたることです。

解答例

新年度になってから、教頭としてはじめての学年主任への指導であるため、各学年主任が自信を持って円滑な学年経営ができるようにしっかりと指導する。

1．学校教育法施行規則第 44 条第 5 項には「学年主任は、校長の監督を受け、当該学年の教育活動に関する事項について連絡調整及び指導、助言に当たる」と定められている。学年主任の立場には、補佐機能、連絡調整機能、指導助言機能を持っていることをまず共通理解させる。

2．学年主任の補佐機能は、法では「校長の監督を受け」となっているので、職務上の上司にあたる校長、教頭等からの命令・指示に従い、その職務を補佐していくことになる。したがって、校長の示した学校経営計画に基づいて、学年経営計画の立案を行う必要がある。

3．連絡調整機能は、縦の関係から見ると、学校と学級を連絡し、調整するという機能であるが、横の関係から見れば、各学級間の横の連絡や調整を果たすという機能のことである。学年主任といっても、学級担任であるため横の調整も大切である。また、この連絡調整機能は学年内の考えを調整するわけであるから、学年主任としての職務の遂行に必要ならば学年主任という職務の範囲内で強力なリーダーシップを発揮していく場合もある。
4．指導助言機能は、常に学級担任の様子をしっかり把握し、学級経営などでの各担任の悩みや相談などに親身になってあたることである。この場合、学年主任は組織の論理よりも教育の論理に基づいて行動する。培われた教育の専門家としての役割であり、各担任の学級経営について心のこもった指導、助言をすることである。
5．学校教育目標との関連を明確にし、学校経営方針に基づいて学年教育目標を作成するように指導する。また学年内の教職員に児童・生徒の実態把握に努めさせ、学級経営案を作成させ、それに基づいて学年経営案の作成を行わせる。また校務分掌なども含めて、学年内の仕事や分掌担当の偏りがないように指導する。
6．校長の示した自己申告目標に基づいて、学年内の教職員がしっかりとした自己目標を立案して自己申告書を記入し、管理職との年度当初面談に臨むように指導する。自己目標については、自己の資質・能力を高めるようなできるだけ高い目標設定を行い、達成できたかどうか把握しやすいように具体的で数値化できたものになるように指導する。
7．学期ごと、月・週ごとの生徒指導方針については学年会で十分に話し合い、学年内の教職員すべてで共通理解を図っていくようにする。また学年会は週に1回定期的に行い、授業指導計画などで各学級に大きな差が出ないように調整する。学年会では、児童・生徒の様子をしっかりと話し合い、学級担任が自信を持って毎日の授業を行えるようにする。また、教材研究、生徒指導、教育相談などについても話題を決めて共通理解をする。
8．学年内で、何かの問題が起きたときの対応が最も重要である。児童・生徒が共同生活を行っているのが学校である。問題が起きないはずはなく、起きた場合の迅速な対応が重要である。問題の内容については、まず管理職への報告をすばやく行う。そしてその後は、児童・生徒や保護者などを交えての対応になる場合もある。適切な対応で問題の解決にあたらせるようにする。

私は校長の指導のもと、教頭として、学年主任の支援にしっかり取り組む。

8 不祥事の防止・服務の徹底〈教師論〉

問題

教職員による体罰や飲酒運転、交通事故、公文書紛失、わいせつ行為、個人情報の漏洩など、学校教育の信頼を失墜させる事件・事故が後を絶ちません。このような不祥事をなくし、教職員として服務規律の徹底を図るために、あなたは教頭としてどのように取り組んでいきますか。具体的に述べなさい。（1,500 字程度）

◉解答のポイント

服務とは、公務員がその職務に従事するに際して服すべきさまざまな義務や規律のことをいいます。その根本基準として、地方公務員法第 30 条には、「すべて職員は、全体の奉仕者として公共の利益のために勤務し、且つ、職務の遂行に当つては、全力を挙げてこれに専念しなければならない」と定められています。

教育公務員である公立学校教員の場合、この「全体の奉仕者」という基本的性格をふまえて、地方公務員法および教育公務員特例法において、その服務義務として、服務の宣誓、法令および職務命令に従う義務、職務専念の義務、信用行為失墜の禁止、秘密を守る義務、政治的行為の制限、争議行為の禁止、営利企業等への従事制限が定められています。

また、地方公務員法第 33 条は「職員は、その職の信用を傷つけ、又は職員の職全体の不名誉となるような行為をしてはならない」と定めています。これが公務員の信用失墜行為を禁止した規定です。

解答例

多くの教職員が真面目に職務に励んでいるにもかかわらず、一部の教職員の不祥事によって、教育全体への信頼が揺らいでいる。教職員のわいせつ行為、体罰、交通事故、公文書紛失など、教職員としての信用を失墜させるような不祥事である。教職員は公務員であり、特に教育公務員という人を教育する立場に立っているため、その服務に対してはより厳しさが求められる。現任校の教職員の信用失墜行為発生を未然に防ぐには、管理職として細心の注意を払う必要がある。私は教頭として校長の指導のもと、次のように取り組んでまいりたい。

1．年度当初の職員会議で、教職員として守らなければならない地方公務員法上定められた服務の根本基準について教職員に説明する。このような義務が課せられる理由は、公務員には全体の奉仕者としての地位の特殊性に由来する高い倫理性が求められ、そのため公務員や教職員の犯す非行の社会的影響は重大であり、教育行政全体の信用低下に関わることを理解させる。
2．朝礼や職員会議ごとに、公務員の信用失墜行為についてもしっかり理解させ、教職員一人ひとりの倫理観の向上を図る。これは公務員としての地位にある者が、その身分を有する限り、勤務時間の内外を問わず、また職務との関連の有無を問わず、常に守らなければならない義務だからである。
3．校内研修では、体罰やセクハラ防止、会計上の不祥事防止、選挙違反などの教育委員会からの通達を詳しく解説し、こうした非違行為はよく考えない不注意な行動から起きることを自覚させ、現任校の教職員がこのような不祥事を絶対に起こさないように徹底して指導を図る。
4．教職員の服務規律違反や不祥事が報道された新聞の切り抜きなどを印刷して配り、改めて注意を促すとともに、機会あるごとに不祥事の防止・服務の徹底に努めていく。もしもこうした不祥事を犯してしまった場合は、懲戒処分の対象になりうることも指導しておく。懲戒処分には、戒告・減給・停職・免職があり、懲戒免職の場合には、退職金は支払われず教員免許も失効することなどを指導する。
5．子どもたちの情報が入ったUSBメモリーなどの校外持ち出しなども固く禁じるようにする。万が一紛失や盗難した場合には、子どもの個人情報が流失してしまい取り返しが付かない大問題・大事件になるからである。
6．教室訪問や校内巡回などから、授業の様子、子どもへの接し方、教職員同士のやり取りなど、教職員情報を的確に把握する。問題がある場合は、校長への報告とともに、適切な指導を行い大きな事件にならないようにする。
7．教育という仕事は、教職員と子ども、保護者、地域住民との信頼関係の上に成り立っていることも十分に理解させる。不祥事や信用失墜行為によって信頼が失われた場合、再び築くには大変な努力が必要なこともわからせる。

私は教頭として、教職員の厳正な服務を確立し、しっかりとした勤務体制が取れている学校であるという校風を確立し、保護者や地域住民から信頼させる学校を築いていきたい。そして職場全体の士気を高め、自らの行動も律してまいりたい。

9 教員の多忙化への対応〈教師論〉

問題

取り組むべき学校課題の多様化や事務量の増加などにより、教員が多忙化し、子どもと向き合う時間が減っていると指摘されています。子どもと向き合う時間を確保し、教員の多忙化を改善していくために、あなたは教頭として、どのように取り組んでいきますか。具体的に述べなさい。（1,200字程度）

◉解答のポイント

この設問に対しては、単に教員に余裕を持たせるとか、心のケアをするなどに重点を置いたのでは正対したとはいえません。具体的に教員が子どもと向き合う時間を確保できるような手立てを論じる必要があります。

一人ひとりの子どもに教員が向き合うことの重要性は、平成30年6月に閣議決定された「教育振興基本計画」（第3期）でも「教師一人一人が持っている力を高めるとともに、限られた時間で専門性を発揮し、授業をはじめとした学習指導、学級経営、生徒指導等をこれまで以上に創意工夫を生かして効果的に行うことができるようにするためにも、学校現場における業務の役割分担・適正化を図っていくことが必要である。」と述べられています。このことについては、教職員定数の改善等、国の施策を待つことになりますが、学校自らも教員の負担軽減をしていかなければなりません。

学校で改善していく内容は、個々の学校によって異なりますが、職員会議を含めた会議運営のあり方、適材適所でかつ均等な校務分掌の見直し、校務処理の簡素化・効率化が共通の課題となります。他にも、会議における事前資料の配布、時間制限、校務処理では資料の様式化、ICTの活用、適切な勤務時間の割振り、情報伝達の工夫など数多くあります。

教員が子どもと向き合う時間を確保するために、教頭としてこれらをどう実現させていくか、具体的に示すことが求められます。

解答例

教員の多忙化に対応し、子どもと交流する時間を多く確保すれば、子どもとの信頼関係が築くことができて学級経営がうまくいき、十分な学力の保障につながるはずである。しかし、学校という組織風土によく見られるように、前例踏襲主義が多く、仕事についても完璧さが要求されるために、変革することがとても難しい。私は教頭として校長の指導を受け、教員の多忙感を解消し、子どもと向き合う時間を確保するために次のように進める。

1．会議の効率化を図り、余裕時間を生み出す

会議の進め方を工夫することで、話し合いの時間を短縮し、会議の効率化を図ることができる。例えば、職員会議や校内研修をするにしても議案内容を前日までに教職員に配布し、考えをまとめてから会議に参加させることができれば、会議の運営を効率化することができる。そうすることで会議の効率化が図られ、時間を生み出すことができる。また、職員会議や校内研修はできるだけ長期休業など子どもが登校しない日に設定し、ゆとりを持って会議をできるようにすることで、新しい意見や提案が生まれ、会議の充実が図れることになる。

2．事務処理の効率化を図り、多忙化の要因を減らす

児童名簿の作成をはじめ、教育活動を進める上でしなければならない事務量は多い。事務の効率化を図るために、前年度の調査項目の一覧を４月当初に作成して、必要な調査類は学期始めにまとめて調べておき、データを保存しておく等の工夫をして時間を生み出していく。さらに、パソコンを活用した情報管理により事務処理能力を高め、時間を確保するようにする。こうすることによって、単に仕事を減らすという考えではなく、時間の確保が教育の質の向上につながり、子どもの学習意欲の向上につながっていくという視点を持って対応する。

3．データの保存を工夫して、情報の流失を防ぐ

パソコンの共有フォルダから事務報告に必要なデータが自由に取り出すことができれば、データの処理がしやすくなる。授業時数計算なども、校務用のパソコンを使って行うことにより時間短縮になるはずである。また、各教員が実施した研究授業の指導案や授業で使用した資料、漢字や計算のテスト類などもすべて共有フォルダに入れ、誰でも使えるようにする。しかし、子どもの通知表の文章や指導要録の所見欄など、個人情報も多い。インターネットにつながっているので、これらが流失してしまっては問題である。セキュリティーに十分注意して情報流失を防ぐようにする。

教頭として学校運営のさまざまな部分を工夫し、教員の事務能力の改善・向上を図り子どもと向き合う時間を確保していく決意である。

⑩ 初任者研修の充実〈教師論〉

問題

あなたが教頭として勤務する学校に、本年度、初任者が２名着任することになりました。あなたは、教頭としてどのように初任者研修を計画し、指導教員と連携して、初任者をどのように育てていきますか。具体的に述べなさい。（1,200 字程度）

◉解答のポイント

初任者研修は、昭和 63 年に教育公務員特例法の改正によって創設され、平成元年より実施された新任教員のための研修制度です（教育公務員特例法第 23 条）。採用後 1 年間、校外研修と校内研修を義務付けるもので、新任教員に対して実践的指導力と使命感を養うとともに幅広い知見を得させ、円滑に教職生活がスタートできるように援助することをねらいとしています。

研修内容としては、①指導教員の指導・助言による校内研修（週２日、年間 60 日程度）、②教育センターなどにおける受講、他校種参観、社会教育施設などの参観、ボランティア活動体験などの校外研修（週１日、年間 30 日程度）、③４泊５日程度の宿泊研修、④都道府県等指定都市教育委員会の推薦に基づく洋上研修があります。

また、指導教員は、任命権者（県費負担教職員については市町村教育委員会）が、初任者の所属する学校の教頭、教諭、または講師のうちから任命しますが、その際校長の意見を聞くことが望ましいとされています。

初任者研修は、各学校の年間計画の中に明確に位置付けられる必要がある非常に重要な研修です。しかし、初任者研修該当校において、研修実施体制が未確立だったり、管理職や指導教員の指導力不足により、研修が十分に成果を上げていなかったりする例も時折見られます。

解答例

前任校の経験であるが、初任者の配置が２名ということがわかったときに、教頭が３月末までに１年間の初任者研修計画を立て、４月に初任者が着任すると全教職員にその計画を周知し、学年主任、校内指導教諭、拠点校指導教諭、校務分掌の担当者が初任者研修で果たす役割を理解していた。そのため１年間の初任者研修で大きな効果を上げることができた。私はこの経験にならって、初任者が２名配置になった場合は、校長の指導を受け教務主任とともに１年間の綿密な初任者指導計画を立案し、各担当者に指導について漏れがないようにし、全校体制を構築し指導にあたるようにする。

まず教頭は、初任者の研修意欲に応え研修の実が上がるように研修内容・方法などに創意工夫を凝らすとともに、校内で適正に実施できるように、校内の指導組織を整備する必要がある。また、実施されている研修の全体状況を常に把握し、年間を通して研修が、計画的・系統的・組織的に行われているか確認する必要があり、学校全体でのバックアップ体制を確立しなければならない。初任者指導計画の実践を進めていくときは、学年主任、校内指導教諭、拠点校指導教諭との連携を密にし、着実な成果を上げていくように努める。教師としての力量を高めるとともに、公務員としての勤務の重要性や豊かな人間性も養わせる。また、１年間は条件附採用期間であることを十分に自覚させ、初任者研修に励むよう指導し、資質の向上をめざさせる。その際に２名いるので、お互いに切磋琢磨し連絡・協力をして研修の効果が相互に高まるように教頭としてしっかり指導する。

初任者として最も重要なのは、日々の学級経営である。そこで、学級内でのさまざまな問題に対しては、子どもたちの立場に立って対応するようにさせる。また、学年主任や指導教諭の指導のもと、問題や課題に対する解決方法を身に付けさせ、実戦的な力を育てて学級経営にあたらせる。さらに、教頭として毎日初任者の学級経営の様子を参観し、何か問題がある場合には指導教諭、学年主任に指導にあたらせ、初任者の学級経営力の向上を図る。また、初任者の考えや悩みの把握にも努め、何でも相談できるような雰囲気づくりにも気を配る。

初任者研修での授業参観については、各教科主任に研究授業を行わせ、初任者に主任の授業を見学させ、担任している学級での指導力の向上を図っていく。校務分掌では２名とも副主任の役割を与え、主任の指導のもと、少しでも学校での校務分掌の行い方について学ばせるようにする。研修での記録や週案の反省など、文書記録への指導も行うようにする。

初任者研修は初任者に実践的指導力、使命感、幅広い知見を得させることをねらいとしている。初任者研修の成果を上げるために、教頭として校長の指導のもとリーダーシップを発揮していく覚悟である。

11 生徒の暴力行為への対応〈子ども論〉

問題

授業中に教師や他の生徒に向かって暴力行為をして、授業妨害をする生徒がいます。担任の言うことを聞かず、授業が行えずに、手がつけられない状況です。教頭としてどのようにしたらよいか、対応の仕方を具体的に述べなさい。（1,500字程度）

◉解答のポイント

教頭として迅速に対応しなければならないことと、今後も事件が起きないように長期的な対応措置を考えることの２つについて論文展開をします。

このような設問を論文で書くときに陥りやすいミスは、「これをやって、あれもやって」と何でもかんでも自分がやるように書いてしまうことです。校長の指導を受けながら、教頭として自らがすることと、学級担任にさせること、生徒指導主任や学年主任などにさせることは当然異なりますので、そこをしっかり書き分ける必要があります。

できるだけ細かな対策を並べて書くのも１つの方法です。こうした事件はどこの学校でも起こりえます。教職員の意識啓発を含め、危機管理能力が問われるこの種の問題については、可能なかぎり想像力を働かせ、的確に記述しましょう。

解答例

暴力行為は緊急事態であり、早急に対策を立てる必要がある。万が一、その生徒の暴力によって、他の生徒や教職員が怪我などをした場合には大問題になることは間違いないからである。教頭として校長の指導のもと、すばやく適切な対応を取って、正常な教育環境を取り戻すようにしたい。

まず、暴力行為をする生徒のいる学級に、教務主任を補助担任として配置し、担任と二人で授業にあたらせるようにする。そして、生徒が暴れそうになった場合は、担任と教務主任と学年主任の三人で、暴力行為を何とか抑えるようにする。さらに、他の生徒や教職員が怪我などをしないように暴力行為の発生をなくすようにするのが第一の対策である。

暴力行為の発生は授業中とは限らない。休み時間や教室移動中に起きる可能性もある。教務主任と学年主任は、この学級に注意深く寄り添って暴力事件を未然に防ぐようにする。また、全教職員でこの状況について共通理解を図り、短期的な対応としては暴力行為を未然に防ぐことであるが、長期的には学校全体の雰囲気が穏やかで明るい校風をめざすように、学校全体の指導方針について協議を行う。

暴力行為を起こす生徒には、担任と教育相談主任が対応し、どんなことが契機となって興奮して暴力行為に走ってしまうのかを十分に聴き取る。学校の授業についてであれば、本人の希望をできるだけ入れて、興奮しなくてすむようにさせる。家庭に問題があれば、保護者にも連絡を取り、その原因の究明・除去に全力であたる。また、暴力事件を起こして相手に怪我をさせてしまったら、謝ったとしても取り返しが付かないことを十分に理解させる。

次に学級の様子をよく観察して、学級担任に生徒の暴力行為を抑える力がなくなっている場合は、学年主任、教務主任、生徒指導主事などにチームを組ませるとともに、校長・教頭がしっかり指導し、担任の指導力を向上させるように努める。この生徒の問題以外でも学級経営の問題がないかどうかをよく調べ、学級の荒れを沈静化させていくようにする。

暴力行為の場合は、保護者にもその問題が伝わり、不安を感じている場合もある。PTA 会長にも報告し、緊急保護者会などを学年で開かせて、保護者の不安を減らすようにする。そして、学校が行っている対応、今後問題が大きくならないようにする対策などについての理解と協力を求めていく。

また、日頃からわかる授業を全教職員が行うように心がける必要がある。授業がわからなくなってしまい、自暴自棄になって興奮してしまい、暴力行為に走る生徒もいるからである。毎日の授業が楽しければ生徒自身、穏やかな気持ちで授業を受け、落ち着いた生活ができるからである。

長期的には、生徒指導体制の確立が重要である。生徒指導主事と学年主任で生徒指導委員会を行い、学習時のルールなどについては、全校で統一し、チャイムが鳴ったら席に着く、丁寧な言葉遣いをするなどの生徒指導上のルールの徹底を全校で進めていく。

このような生徒はどこの学校にもいるが、特に迅速な対応が必要で、もたもたしていると取り返しがつかない事態にもなりかねない。教頭として生徒の問題行動や暴力行為をなくすために、最善の対策をすばやく、総合的にとって対処していく覚悟である。

⑫ 社会性や規範意識の向上〈子ども論〉

問題

少子化や価値観の多様化、家庭や地域の教育力の低下などが、子どもたちの社会性の未熟さや規範意識の希薄化などを招いています。あなたは教頭として、子どもたちの社会性を育み規範意識を向上させるために、どのように取り組んでいきますか。具体的に述べなさい。（1,500 字程度）

◉解答のポイント

学校と家庭との緩衝材だった地域社会の機能が低下し、保護者同士の交流も減少傾向にあります。また、家庭や地域社会における「価値観の多様化」も進行しています。こうした社会動向に目を向け、一般社会と乖離しないように、児童・生徒の社会性や規範意識を醸成していくことが求められます。法律上でも、教育基本法第６条において、学校教育の実施にあたっては、「教育を受ける者が、学校生活を営む上で必要な規律を重んずる」ことを重視しなければならないと明示されています。学校教育法第 21 条第１項第１号でも、「規範意識、公正な判断力並びに公共の精神に基づき主体的に社会の形成に参画し、その発展に寄与する態度を養うこと」が義務教育の目標であるとされています。

解答例

生きる力を支える確かな学力・豊かな心・健やかな体の調和のとれた育成を効果的に推進するには、社会性や規範意識の向上が必要不可欠である。児童・生徒を取り巻く社会状況の変化は、価値観の多様化、家庭や地域の教育力の低下など社会性の未熟さ、規範意識の希薄化などを生んでいる。児童・生徒の社会性や規範意識の醸成は、発達段階に即しながら意図的・計画的に推進していくことが求められている。しかし近年、いじめや暴力行為の増加は由々しき問題となっている。私は教頭として校長の指導のもと、次のように取り組む。

１．学習規律をしっかり守らせ、規範意識を育成する

学校・学級の規律をしっかり決め、それを守らせることは、学校での授業の充実につながり、学級が安定する。安定した学級で過ごせることで、児童・

生徒の心が落ち着き、行動も穏やかになる。現任校では、学習指導部が学習時の決まりを決め、すべての学級、児童・生徒に守らせるよう徹底している。その結果、学習規律が守られ、学習意欲も向上してきている。これにならって、①校長に進言し、学校経営の重点目標に各学級での学習規律の遵守を掲げ、共通理解を図る。②教務主任を指導して学年主任６名と学習規律委員会を組織し、学習時の決まりを決め職員会議で確認する。③廊下の歩行の仕方、休み時間の適切な遊び方などについても生徒指導部で共通理解し、児童・生徒の行動の実態について把握する。④校長と一緒に学級訪問をし、学級での学習規律についての実態を把握し、不十分な場合は指導助言を行う。

２．受容と共感の児童・生徒対応により、落ち着いた態度を育成する

児童・生徒の心の指導にあたっては、受容と共感の教育相談的な対応の仕方が効果的である。命令的な口調での対応は、児童・生徒の心を乱し、児童・生徒同士が交わす言葉も乱暴になる。相手を思いやるような行動を取るようにするには、落ち着いた態度の育成が重要である。そこで、①教育相談的な児童・生徒への対応の仕方について、学級や学年で統一して取り組み、学級経営や生徒指導の充実を図る。②研修主任を指導し、校内研修で受容と共感の教育相談研修を実施し、教職員の指導力の向上を図る。③教育相談主任を指導し、指導主事を招聘して事例研修会を行い、児童への対応について幅広い考察に努める。

３．保護者や他の教育機関と連携し、社会性を育成する

規範意識や社会性の向上には、幼稚園や保育園、進学先の中学校等との連携も必要である。また、保護者に対しても情報を発信し、家庭と学校が児童・生徒に社会性や規範意識を身に付けさせることを共通の目的として取り組まなければならない。そこで、①児童・生徒の社会性や規範意識の醸成は家庭におけるしつけが核であるが、学校教育と家庭教育の役割分担を明確にし、相互に連携して取り組むことで効果が上がるようにする。②地域社会やさまざまな人材とのネットワークを生かして、複合的な取組みを進める。③学校開放・地区別懇談会等で双方向の交流教育機能を高め、学校・保護者・地域の中で、児童・生徒の生活を落ち着かせ、心を育てる相互交流を行う。

毎日起こる悲惨な事件や人を馬鹿にするようなテレビのバラエティー番組などは、子どもの心の荒廃を招いている。子どもたちに社会性や規範意識の向上を進めるのは厳しいものがあるが、教頭として、着実に進めて効果を上げていく決意である。

⑬ 家庭学習指導の推進〈子ども論〉

問題

学習意欲の向上や学習習慣の確立は、学校教育だけでなく家庭教育の場でも行う必要があり、家庭学習習慣の定着を図る指導が大切です。あなたは教頭として家庭学習指導にどのように取り組んでいきますか。具体的に述べなさい。(1,200字程度)

◉解答のポイント

OECD生徒の学習到達度調査「PISA」の結果からは、学習意欲や粘り強く課題に取り組む態度自体に個人差が広がっているといった課題が認められます。

その背景には、将来への不安や家庭環境などが考えられ、学校教育のみで解決できるものではありません。しかし、自信の欠如もその一因であるため、学校では、習熟度別学習、少人数指導、補充的な学習等の個に応じたきめ細かい指導を行い、子どもたちがつまずきやすい内容をはじめ、基礎的・基本的な知識・技能の確実な定着を図る必要があります。それが、子どもの学習意欲の向上、家庭学習を含めた学習習慣の確立につながります。

学力の低下が社会問題になる中で、学校には、基礎的・基本的な知識・技能を確実に習得させ、これを活用して課題を解決するために必要な思考力・判断力、表現力を育み、確かな学力の育成が求められています。

確かな学力とは、知識や技能、学ぶ意欲や自分で課題を見つけ、自ら学び、考え、主体的に判断し、行動し、よりよく問題を解決する資質や能力のことです。繰り返し学習を重ね、学ぶ習慣を身に付け、予習や復習に取り組んだり、学校で学んだことを家庭や地域の中で活用したりすることが重要です。こうして学校で学んだものを学校と家庭で反復することはきわめて効果的であり、学校と家庭の協力・連携を図ることが家庭学習習慣の確立には重要です。

解答例

学習状況調査などの国際的な比較によると、我が国の子どもたちは学校外で勉強する時間は最低であり、テレビを見たりゲームしたりする時間が多く、家庭学習の習慣が身に付いていない。そこで、学校は保護者との連携を図り、基礎的・基本的な知識・技能を繰り返し練習したり、学校での学習をきっかけとして家庭や地域で活用したりするなど、学習習慣を培うことが求められている。私は教頭として校長の指導のもと、次のように取り組む。
1．各学年で家庭学習方法の学年共通目標を立案し、教頭を中心とした学年主任が参加する家庭学習対策委員会で学校としての統一を図り、家庭学習指導の学校としての一貫性を図っていく。家庭学習時間の目安を学年×10分とし、低学年のうちから家庭でも机に向かう習慣を確立させ、6年生は60分の家庭学習時間の実施をめざさせる。
2．教頭として学年会や教科部会に参加し、家庭学習の進め方に関する全教職員の考え方の統一を図っていくようにする。校長に進言し、教職員の人事考課面談でも学習意欲の向上と学習習慣の確立についての目標に触れるようにし、目標が達成されているかどうか確認を図る。
3．家庭学習対策委員会で家庭向けの「家庭学習の手引き」を作成し、学級指導で子どもたちには理解させ、保護者には保護者会で説明し、家庭における学習の仕方について推進していく。また家庭学習への学校の取組みについて、学校だよりや学校ホームページで情報発信して理解を求めていく。
4．家庭学習については全学級で共通の目標を立て、音読、漢字練習、計算練習など基礎的・基本的な持続可能なものを取り組ませる。子どもたちが家庭学習を行った場合には、学級担任は必ず確認し、コメントを書いて誉めて励ますようにし、子どもたちや保護者に継続しようとする気持ちを持たせる。
5．家庭でテレビを見る時間やゲームをする時間などは、子どもたちと保護者でよく話し合って各家庭で決めさせるようにする。また、こうした家庭生活のルールについては家族の協力も必要であり、家族全員で協力して子どもたちが我慢強く集中力がつくように進めていく。
6．子どもたちが健やかに成長していくためには、適切な運動、調和の取れた食事、十分な休養・睡眠といった基本的生活習慣の確立も重要である。「早寝・早起き・朝ごはん」という家庭における生活習慣についても、学校だよりや保健だよりなどで定期的に呼びかけ、定着するようにする。PTAにも協力を求め、親子読書運動なども推進していく。

教頭として、学校と保護者が連携して、子どもたちに基本的生活習慣の確立を図り、学習意欲と学習習慣を高めていくように推進する覚悟である。

⑭ インフルエンザ・感染症への対応〈子ども論〉

問題

過去には、新型インフルエンザの流行が社会的問題となったこともありました。学校の中でインフルエンザや感染症への対応を図るために、あなたは教頭としてどのような対策を取っていくべきだと考えますか。法的根拠もふまえ、具体的に述べなさい。（1,200 字程度）

◉解答のポイント

平成 29 年の小学校学習指導要領の総則には、学校における健康の指導は「生涯を通じて健康・安全で活力ある生活を送るための基礎が培われるよう配慮すること」と明記されています。健康増進法や食育基本法の制定を受けて学校保健法も改正され、平成 21 年 4 月からは「学校保健安全法」が施行されました。設問にある「インフルエンザや感染症への対応」は法規が改正されたので、教頭は特に新しい「学校保健安全法」でしっかりと確認しておく必要があります。

学校保健安全法では、感染症対策として、第 19 条に「出席停止」、第 20 条に「臨時休業」について定められています。これを受け、学校保健安全法施行規則では、第 18 条で「感染症の種類」が定められ、インフルエンザは第二種に決められています。また、第 19 条では「出席停止期間の基準」、第 20 条では「出席停止の報告事項」、第 21 条では「感染症の予防に関する細目」が定められています。

教頭としては、常日頃からこれらの法規を熟読・暗記し、法的根拠に知悉・通暁し、子どもたちの健康の保持のためにしっかりとした方針を立て、対応策を考えていかなければなりません。

解答例

子どもたちが共同で生活している学校では、インフルエンザなどの感染症が発症するとすぐに流行する。特にインフルエンザの流行は、毎年のように繰り返され、学校として適切に対応しなければならない課題である。私は教頭として校長の指導のもと、感染症への対応を次のように行う。

1．学校経営方針に感染症への対策をしっかりと記述するように校長に進言し、年度当初から１年間感染症の流行を防ぐための方策を示す。感染症の中には、インフルエンザだけでなく年度当初の春に流行するものもある。発疹が出たり発熱したりするものもあり、保健主事や養護教諭に子どもたちの様子をしっかり観察させて、校内での流行をできるだけ防ぐ。
2．管理職・教務主任・保健主事・学年主任・養護教諭で保健安全推進委員会を組織し、学校保健安全計画の中に感染症対策の計画を盛り込む。そして、インフルエンザを含む感染症対策の感染症流行防止マニュアルを作成し、職員会議で確認し、全教職員で共通理解をする。
3．風疹や水痘は発疹が出たり、熱が高かったりして家庭で見つけやすい。学校だよりや保健だよりなどで、感染症の発見への理解と協力を訴え、学校での流行を防ぐようにする。また朝の健康観察は学級担任が子どもたちの顔をしっかり見つめ、体調面の観察に重点を置いて行う。
4．学級担任が子どもたちの健康状態に何か異変を見つけた場合は、保健主事と養護教諭が確認し、管理職に報告させる。万が一感染症が発症した場合は、学級担任に家庭への連絡をさせ、病院に行くように指示する。医師の登校の許可が出るまでは、病気の治療に専念させ登校は見合わせる。
5．もしも流行ということになった場合には、いち早く情報を収集し、学校医の指示に従い、校長や保健主事、養護教諭などとも相談し、どのような対策が有効か話し合い、学級担任に指示をするようにする。教職員への指導や子どもたちへの対応、保護者への連絡など、教頭がリーダーシップを発揮していかなければならない面が数多くある。学級閉鎖の対応がすぐできるようにする。また教頭として、教育委員会への連絡報告なども行う必要がある。
6．学校医・学校歯科医・学校薬剤師・PTAの代表・保護者の代表・管理職・保健主事・養護教諭等で学校保健委員会を立ち上げる。定期的に会合を持ちインフルエンザをはじめとする感染症に対する知識を高め、子どもたちの健康を守っていく対策を打ち立てる。

教頭として各教室に消毒用のアルコールや手洗い用の石鹸などを用意し、年間を通してうがい・手洗いの励行を呼びかける。また、市内の小・中学校における感染症情報の収集なども行い、子どもたちの間にインフルエンザなどの感染症が流行しないように努める覚悟である。

⑮ 生活習慣・運動習慣の確立と定着〈子ども論〉

問題

　子どもたちの体力・運動能力は低下傾向にあり、テレビゲームに没頭するなど、生活習慣が乱れている子もいます。子どもたちに正しい生活習慣や運動習慣を確立し定着させるために、あなたは教頭としてどのように取り組んでいきますか。具体的に述べなさい。（1,200字程度）

◉解答のポイント

　現在は横ばいの状態ながら、長期にわたって、子どもたちの体力の低下傾向が続いています。この原因としては、子どもの遊びがテレビゲームなど体を動かさない遊びが主であることが挙げられます。また、野球やサッカー等のスポーツ少年団に入る運動が好きな子どもと、運動が嫌いな子どもとの二極化も問題です。

　子どもたちの体力・運動能力の向上は、現在の学校での重要な課題であり、「健やかな体の育成」こそ「生きる力」を支える最も重要な要素です。また、「早寝・早起き・朝ごはん」などの基本的な生活習慣の確立も子どもたちの成長にとって大切です。子どもたちの間にも大人がかかるような生活習慣病などが発生しているという報道もなされ、正しい生活習慣は、子どもたちが一生涯を通じて健康で活力のある生活を送る上で重要です。

　そして、「調和の取れた食事」「適切な運動」「十分な休養と睡眠」の健康３原則を、すべての子どもたちが身に付けられるようにしていくことが必要です。

　この設問のように、「生活習慣」と「運動習慣」のような２つの要素が入っている場合は、まず柱１で「生活習慣」、柱２で「運動習慣」、まとめで保護者・家庭との連携を書く構成にすると、論文内容がよくわかると思います。

解答例

　生きる力の礎になるのは、健やかな体である。健やかな体は、しっかりとした生活習慣や毎日の定期的な運動から生まれる。私は教頭として校長の指導を受け、子どもたちの生活習慣と運動習慣の確立定着に次のように取り組む。

1．子どもたちの生活改善を進め、基本的な生活習慣の確立・定着を図る

　基本的生活習慣の確立には、子どもたちの生活状況をしっかりと把握し、課題を明確にして保護者や地域との連携を深めて取り組むことが重要である。前任校では養護教諭を中心にして、子どもたちや保護者に基本的な生活習慣のアンケートをとり、学級担任が学年ごとの対応策を考え生活習慣の改善を図ることができた経験がある。これに学んで、生活習慣アンケートを実施し、子どもたちの生活実態を把握する。そしてこの実態をもとに各学年での対応策を実践していくようにする。また、早寝早起きの習慣を確立し、栄養バランスの取れた食事をし、毎日朝食をしっかり食べるという基本的生活習慣を身に付けるように、学校が中心となって家庭や地域に啓蒙していく。子どもたちの生活習慣の改善は、子どもたちの体位･体力の基礎づくりにとって重要である。栄養教諭や給食主任などの学校給食への指導をもとに、食育の充実にも努め、養護教諭による保健指導や保健学習の充実も図り、学校生活全体で基本的な生活習慣の確立をめざしていく。

２．体を動かす楽しさを味わわせ、運動習慣の確立・定着を図る

運動習慣の確立であるが、校長の掲げる学校経営方針の体力・運動能力の向上を重点目標にして、授業を中心に全教職員で取り組んでいく。できる喜びを味わえるよう工夫し、子どもたちが精いっぱい運動に励むことができるような授業の展開を進める。体育の授業で運動が好きになれば、きっと体を動かすことが好きになるからである。また、体育の授業で子どもたちへの適切な支援や指示ができるよう、教職員の授業力向上にも努めていく。登校後の朝の時間には全校での運動遊びを行い、教室内に残っている子どもがいないような実践にも取り組む。そして、日常の体力向上策などについても「運動カード」「なわとびカード」などを配布して記入させ、さまざまな工夫をして取り組み、体を動かすことの楽しさを実感できるようにする。さらに、サッカー少年団や少年野球のチームに入っていてしっかり運動する子と、外遊びを全くしない子等の二極化も課題なので、教職員も一緒に業前遊び・業間遊びの奨励などに努め、その解決にも取り組んでいく。

保護者や地域との連携を深め、子どもたちに基本的生活習慣や運動習慣の確立･定着を図ることができれば、活気あふれる学校をつくることができる。私は教頭として子どもたちに生きる力をつけるため、全力であたる覚悟である。

⑯ 小中一貫教育の推進〈教育論〉

問題

小学校から中学校への接続の円滑化を図るために、小中一貫教育が進められています。あなたは教頭として、小・中の連続性と系統性をどのように考え、小中一貫校の運営を進めていったらよいと思いますか。具体的に述べなさい。（1,500字程度）

◉解答のポイント

小中一貫校とは、中学校区内の小・中学校が「目指す児童生徒像」や「重点目標」を設定、共有し、その実現を図るため、９年間を見通したカリキュラムを編成してそれに基づいて行う系統的な教育です。生活環境や学習環境のギャップをなくし、小学校から中学校への接続をスムーズにすることで、今までも小中連携教育の推進が図られてきていました。しかし、児童・生徒に関する課題が多様化・複雑化する中で、小中連携から一歩進めて、校種間の枠を超え、教育課程を調整して行う小中一貫教育校の導入を進めています。小学校から中学校に進学する際に、新しい環境での学習や生活に移行する段階で、いじめや不登校が増加するいわゆる中１ギャップがあり、小中連携は重要です。同一校舎内に小学校及び中学校の全学年があり、組織・運営ともに一体的に小中一貫教育を行う施設一体型や、施設は隣接するものや施設が分離しているが一体感のある教育活動を展開するものなど、小中一貫教育はさまざまな形態があります。平成28年４月からは義務教育学校として制度化され、９年間課程の学校が設置可能となっています。

解答例

小中一貫教育のねらいは、小・中学校９年間の学び（学習面）と育ち（生活面）の連続性・継続性を重視することによって、児童・生徒の学習意欲の向上を目指す系統的な教育である。中学校区の小学校と中学校が、目指す児童・生徒像と重点目標を設定し、共有して教育活動を進めることは、確かな学力と豊かな心の育成につながるはずである。私は教頭として、小中一貫教育の推進に次のようにあたってまいりたい。

１．小中一貫教育を効果的に推進していくためには、小・中校長、副校長、小中一貫教育コーディネーターによる小中一貫教育推進委員会を組織し、中学校区内の児童生徒の実態把握や分析を行っていく。
２．小中一貫教育推進委員会で中学校区内の学校経営方針に小中一貫教育の推進を掲げ、中学校区の目指す児童・生徒像、重点目標を設定し、９年間を見通したカリキュラムを編成し、教職員の共通理解を図る。
３．中学校区の小・中学校の教職員の中から、校務分掌で小・中学校間の連絡調整機能を推進する小中一貫教育コーディネーターを決め、小中一貫教育の内容に関する乗り入れ指導や合同行事に向けての連絡調整を行うとともに、管理職や教職員との連携を図るようにする。
４．全教職員が参加する学力向上部会、生徒指導部会、交流推進部会の３つの専門部会を組織し、目指す児童・生徒像や重点目標の実現などについて具体的な取組みを計画し、実践する。
５．学力向上部会は、中学校区の児童・生徒の学習面での現状と課題を明らかにし、学習意欲の向上や学習規律の徹底、家庭学習の習慣化等についての計画、実践について取り組む。また指導の在り方について共通認識を持った上で乗り入れ指導を実施したり、教職員の指導力向上を目指した合同授業研究会を行ったりする。
６．生徒指導部会は、中学校区の生徒指導の共通理解、共通行動を図るため、「○○中学校区生活のきまり」などを定め、すべての学校で児童・生徒への定着を図る。また、いじめを許さない態度の育成や生命や人権を尊重する態度の育成、不登校対応の連携等にも取り組み、「中１ギャップ」の防止に努める。
７．交流推進部会は、中学校区の児童・生徒、教職員交流に関する企画や学校間の連絡調整を行うとともに、保護者・地域の連携強化を図る。また、合同あいさつ運動や合同奉仕活動、合同合唱際、作品交流会等の企画、運営にも当たり、児童・生徒が目を輝かせて活動する活気溢れる学校づくりを目指す。
８．小中一貫教育を行っている校地・校舎の在り方は多様であるが、隣接していても離れた場所にあっても、中学校区内の小中学校での日常的な連携についてできる限り丁寧に行うように努める。
９．小中一貫教育推進のための体制づくりで、乗り入れ指導や授業交流、合同研修等を行う中で、教職員の負担が増加しないように努める。

私は教頭として校長の指導を仰ぎ、常に研究と修養に努め、小中一貫教育の推進を図り、自己の職務に誠意を持って取り組む覚悟である。

17 学校評価の推進〈教育論〉

問題

学校教育法や学校教育法施行規則が改正され、学校の自己評価の実施とその結果の公表の義務化が規定されました。これに伴い、今後学校評価を生かした学校経営を推進することが求められます。あなたは、教頭としてどのように学校評価を進めますか。具体的に述べなさい。（1,500字程度）

◉解答のポイント

社会全体で進む情報開示の流れの中で、文部科学省は、平成17年の中教審答申「新しい時代の義務教育を創造する」において、「教育の目標を明確にして結果を検証し質を保証する」システムの構築をうたい、学校による自己評価の重要性を再確認しつつ、外部評価の充実と全国的な外部評価の仕組みの構築を提言しました。

また、18年3月には、『義務教育諸学校における学校評価ガイドライン』が策定され、20年3月学校教育法などの改正をふまえて、「学校評価ガイドライン」として改訂されました。この中で、評価の手法として各学校の教職員が行う「自己評価」、保護者・地域住民等の学校関係者からなる評価委員が行う「学校関係者評価」、専門家による「第三者評価」の3つの形態が示されました。平成22年には、第三者評価に係る内容の追加で改訂が行われ、平成28年には小中一貫教育を実施する学校における学校評価の留意点を反映した「学校評価ガイドライン［平成28年改訂］」が示されました。

解答例

学校運営の改善を図り、教育水準の向上を図る信頼される学校づくりが、今求められている。こうした学校づくりのためには、学校評価を計画的・効果的・継続的に行い、保護者・地域からの信頼を得るようにすることが必要である。学校評価には自己評価・学校関係者評価・第三者評価があり、学校教育法改正により自己評価は義務化され、学校関係者評価も努力義務化された。第三者評価の試行も始まっているが、私は教頭として、校長の指導のもと、以下のように学校評価を推進してまいりたい。

1．定期的な自己評価の公表を行い、学校運営の改善を図る

学校評価は、教育活動その他の学校運営の状況について自己評価を行い、

その結果から学校運営の改善を行うものである。学校教育目標を設定して学校経営方針を策定し、計画に基づいて教育活動を実施し、目標の達成状況や取組みの状況を把握するのである。私は、校長に進言して、学校評価を学期ごとに定期的に公開して振り返り、達成状況をふまえて次の改善課題を検討するようにする。まず一学期には、教育活動の成果について、総花的ではなく、学校の重点目標に特化した評価を行う。そして、教職員による自己評価を含めた学校の自己評価を、保護者や地域住民に公表し、連携・協力を図る。そして、この結果を学校関係者の評価委員に示し学校関係者評価を行っていく。これが自己評価の客観性や透明性を高める。これらの結果も、保護者や地域住民に示し信頼される学校づくりを推進していく。この結果は、教職員と共通理解し、二学期の教育活動に生かしていく。

2．学校評価の質的改善に努め、学校運営の改善を図る

学校評価は、評価結果を出すことが目的ではない。その結果を次の教育に生かしていくことが大切である。したがって、甘い自己評価をしていたのでは発展性にかけ、厳しい相互評価こそが学校としての力量を高めていくのである。そこで、二学期の教育活動は、一学期の評価結果から謙虚に学び、実施していくようにする。体育祭や文化祭などの教育活動が終了した時点で、教職員全員に自己評価を行わせ、二学期末の自己評価に掲載する。学期末に総括的に行うのでは、忘れてしまう場合もあるので、きめ細やかな自己評価も行っていく。また教職員が計画した自己目標に対する中間評価も、自己評価の中に含め保護者や地域住民に公表する。こうして二学期末には、学校の教育活動すべての自己評価を公表し、保護者や地域住民の信頼を高めていく。また、校長に進言して教育委員会による評価・支援・条件整備などを受け、専門家などの外部委員会による第三者評価も行い、教育活動の組織的・継続的・計画的な改善に努めていく。そして、年度末には、最終の学校自己評価を行い、保護者や地域住民に公表する。またそこで出てきた課題については、次年度の学校課題として次年度重点目標に加え、学校教育活動を推進し、児童・生徒の変容をめざして信頼される学校づくりに取り組んでいく。

こうした学校の自己評価、学校関係者評価、第三者評価という評価の仕組みが、学校における教育活動の継続的改善に真に効果を発揮すれば、学校は大きく変容していくに違いない。私は教頭として校長の指導を受け、全力で学校評価を推進していく覚悟である。

⑱ 公共の精神の涵養〈教育論〉

問題

今、個人を尊重する風潮をはき違え、「自分さえよければ」と考える若者が増えています。社会の発展に寄与する態度を育成し、公共の精神の涵養を図ることこそ、喫緊の課題です。あなたは教頭として、子どもたちにどのようにして公共の精神を身に付けさせますか。具体的に述べなさい。(1,500字程度)

◉解答のポイント

「公共の精神」は、平成15年の中教審答申「新しい時代にふさわしい教育基本法と教育振興基本計画の在り方について」において、21世紀の教育がめざすものの1つとして提示されました。

また、教育基本法の平成18年改正では、前文に「公共の精神を尊び」、第2条第3号に「公共の精神」という言葉が示されました。そして、学校教育法第21条第1号でも、「義務教育の目標」の1つとして示されています。

こうした新しい「公共」を創造するためには、国や社会の問題を自分自身の問題として考えていくような子どもたちを育成する必要があります。積極的に行動する気持ち・態度を育成する学校づくりや教育活動を計画的・継続的に行っていくことが、最も大切です。

解答例

核家族化や少子化などにより他人と触れ合うことが少なくなり、人間同士の関係もますます希薄化してきている。家庭や地域の教育力の低下も起きてきている。こうした社会の影響を受け、「自分さえよければいい」というような自己中心的な主張をする子どもが増えてきている。こうした状況をふまえて改正された教育基本法には、公共の精神の涵養や社会規範意識を身に付けた子どもの育成が必要であるとの考えが盛り込まれた。私は教頭として校長の指導のもと、子どもたちに公共の精神の涵養を図るために次のように取り組んでまいりたい。

現任校では、保護者と子どもたちで校庭の草むしりを行ったり、花壇に花を植える花づくり運動を行ったりしている。また学期に1回は、地域住民と

PTA、保護者、子どもたちで、学区域のごみ拾い運動なども行っている。こうした体験活動により、例えば廊下にごみが落ちていたときに子どもたちが率先して拾う様子も見られ、少しずつではあるが子どもたちの心の変容を図ることができている。公共の精神の涵養を図るには、自然と染み込むように子どもたちの心を育成する必要がある。体験活動やボランティア活動等を着実に進め、時間はかかるが、粘り強い実践が必要である。

そこでまず、学校経営方針にこの「公共の精神」の尊重を掲げ、本年度の重点目標として推進していく。校長に進言し、道徳教育推進教師を委員長にして、「心の教育推進委員会」を設け、各学年の学年主任を委員として具体的な行動計画を立案する。日々の授業実践や学年行事、体験活動の中で心を育てる視点を入れた計画を立案し、実践を行っていく。実践後は、心の育成が少しでも図られたかどうかしっかり振り返りに努める。その実践結果は校内研修で報告し、各学年での実践について全教職員の共通理解を図る。次に、確かな学力、豊かな心、健やかな体を育てていきながら、道徳教育の充実を図ったり、体験活動の重視を図ったりするようにする。「特別の教科　道徳」を推進し、子どもたちの本音を語らせるような教育実践に努める。体験活動では、動植物を育てる体験や生活科や総合的な時間での実践的な体験活動の充実を図り、さらにコンピュータによる疑似体験などにも取り組み、心の教育にあたる。公共の精神の涵養であるので、社会規範を尊重する意識や態度などの育成も図る必要がある。そこで、生徒指導部を中心にして、授業中の態度なども含め子どもたちの行動規範についても育成計画を立て実践する。学校の花づくり活動や学区域のボランティア活動であるごみ拾いなどにも積極的に参加させ、子どもたちのボランティア精神を育んでいく。

また、「子は親の背中を見て育つ」といわれるが、心の教育では保護者の養育態度も重要である。教職員を指導し、保護者会や家庭教育学級、地域教育相談などあらゆる機会を通じて、子どもたちの心の育成について理解と協力を求めていく。保護者や地域とも連携・協力をして、家庭教育の中でも公共の精神を身に付けるような生活の仕方をしてもらうように努めていく。

私は教頭として校長の指導のもと、子どもたちが生涯にわたって公共の精神を培い、豊かな心を持った人間に成長できるように強力な指導力、実践力を発揮する覚悟である。

⑲ キャリア教育の推進〈教育論〉

問題

「ニート」や「フリーター」などの言葉が社会問題として取り上げられている中で、子どもたちに勤労観や職業観を育てるキャリア教育の推進が大切です。あなたは教頭として、キャリア教育にどのように取り組んでいきますか。具体的に述べなさい。(1,200 字程度)

◉解答のポイント

キャリア教育とは、「児童・生徒一人一人のキャリア発達を支援し、それぞれにふさわしいキャリアを形成していくために必要な意欲・態度や能力を育てる教育」のことをいいます。児童・生徒の社会的自立・職業的自立に向けて、児童・生徒に勤労観・職業観を育成していくことです。

小・中・高を通じた組織的・系統的な取組みが重要であり、一人ひとりの発達に応じた指導も必要です。就職・進学を問わず、進路をめぐる環境や教育を取り巻く環境は大きく変化し、若者をめぐるさまざまな課題が出てきています。こうした中、若者の勤労観・職業観は未成熟で、社会人・職業人としての基礎的・基本的な資質・能力の不十分さも指摘されているのです。

この問題を解決するには、小学校のうちから発達段階に応じたキャリア教育を推進し、望ましい勤労観・職業観を育てることが重要です。どのように生きるかという指導は、小学校では、「特別の教科　道徳」において「自己の生き方についての考えを深めること」、総合的な学習の時間において「自己の生き方を考えること」、特別活動において「自己の生き方についての考えを深め、自己を生かす能力を養うこと」がそれぞれ目標の一部になっています。小学校・中学校ともに、「生き方」の指導が位置付けられています。キャリア教育の重要性を全職員に認識させ、全校で計画的に取り組む体制をつくる「指導力」が問われる問題です。

解答例

キャリア教育とは、子どもたちに望ましい勤労観や職業観を形成することであり、子どもたちが社会の中で生き抜いていくためにも重要なことである。こうした教科書のない教育を進めていくときにまず大切なことは、教職員のキャリア教育に対する認識を深め、教務主任、学年主任、進路指導主任などとともにキャリア教育の全体指導計画を作り、学年ごとの具体的な年間計画を立案することである。私は教頭として校長の指導を受け、家庭や地域・関係機関との連携も図り、キャリア教育の推進に取り組む。

まず「生き方」の指導について、進路指導主任や道徳主任を中心にキャリア教育推進委員会を設け、学年ごとの具体的な年間指導計画を作成する。そして、「生き方」の指導は委員会活動やクラブ活動、生徒会活動、ボランティア体験活動等を全体指導計画の中に位置付け、しっかりと指導を行う。また、毎日清掃活動にもきちんと取り組ませる。特別活動部に企画をさせ、PTAや地域住民の理解・協力も得て、学区域のごみ拾い運動や学校内を花でいっぱいにする運動などにも取り組んでいく。教頭として校長の指導を受け、中学校学区内の他の小学校とも連絡連携を図り、組織的・系統的な取組みとして活動する。そして、生き方や働くことについての子どもたちの考えや意識の変容を目指していくようにする。子どもたちの取り組んでいる活動の様子は、学校だよりや学校ホームページにも取り上げて報告するようにし、活動がより活発化して意欲的になるように努め、保護者や地域の理解も深めていくようにする。

次に、職場体験やインターンシップなどを通じて、子どもたちにしっかりとした勤労観・職業観を育てていくようにする。学区内や近くにある商店や事業所などの協力を得て、生徒に３日間の職場体験を行わせ、働くということはどういうことなのかを実体験させる。そして、働くことや職業に対する正しい理解を形成していくようにする。実習している商店や事業所には、管理職や担任、学年主任、進路指導主事などが訪問して子どもたちを励ましたり、応援したりして、意欲的に取り組むように指導支援をする。生徒の事後活動としては、職場体験記録に基づくレポートの作成、体験先に対する礼状の作成、体験内容の発表会などを行い、体験の共有化を図る。管理職や教務主任で手分けをして学校からの感謝の手紙を商店や事業所に届け、来年の協力もお願いするようにする。

私は校長の指導のもと、以上のようにキャリア教育推進の必要性を教職員に理解させ、指導の充実を図っていく。そして、さまざまな学習や体験を通じて、子どもたちに生涯にわたる多様なキャリア形成に必要な能力・態度を身に付けさせるようにする決意である。

20 食育の推進〈教育論〉

問題

食育基本法が制定され、学習指導要領の総則にも「学校における食育の推進」が取り上げられている。食生活の多様化が進み、子どもの食生活の乱れが指摘される中で、あなたは教頭として、食育の推進にどのように取り組んでいきますか。具体的に述べなさい。（1,200 字程度）

◉解答のポイント

食生活を取り巻く社会環境が大きく変化し、多様化が進む中で、朝食をとらないなどの子どもの食生活の乱れや、偏った栄養摂取などによる肥満傾向の増加、子どもの生活習慣病の発生などが指摘されています。子どもが将来にわたって健康に生活していけるよう、栄養や食事の取り方などについて、正しい知識に基づいて自ら判断し、食をコントロールしていく自己管理能力や望ましい食習慣を身に付けさせることが急務となっています。

平成 17 年、国民の心身の健康増進などをめざして、食育基本法が制定されました。その前文では、食育は、「生きる上での基本であって、知育、徳育及び体育の基礎となるべきものと位置付けるとともに様々な経験を通じて『食』に関する知識と、『食』を選択する力を習得し、健全な食生活を実践することができる人間を育てる」とし、家庭や学校、地域による食育教育の重要性を述べています。

また、食育基本法の制定の前には、平成 17 年 4 月より栄養教諭制度もスタートしています。さらに、平成 29 年の学習指導要領・総則では、第 3 章教育課程の編成及び実施の中で「特に、学校における食育の推進においては、栄養摂取の偏りや朝食欠食といった食習慣の乱れ等に起因する肥満や生活習慣病、食物アレルギー等の健康課題が見られるほか、食品の安全性の確保等の食に関わる課題が顕在化している。こうした課題に適切に対応するため、児童が食に関する正しい知識と望ましい食習慣を身に付けることにより、生涯にわたって健やかな心身と豊かな人間性を育んでいくための基礎が培われるよう、栄養のバランスや規則正しい食生活、食品の安全性などの指導が一層重視されなければならない。」と食育の推進の重要性が示されています。

解答例

「食育」の推進は、今最も重要な学校課題であり、子どもたちが将来にわたって健康に生活していけるようにするには、栄養や食事のとり方について正しい知識を持つことが必要である。食に対する自己管理能力や望ましい食習慣を身に付けることも大切である。私は教頭として校長の指導を受けながら、次のように具体的に食育の推進にあたっていく。

1．学校経営方針の中に「食育重視」を位置付けるように校長に進言し、食育推進全体計画を立案し、栄養教諭を委員長とする食育推進委員会を設ける。委員には、教務主任・保健主事・養護教諭・給食主任と管理職が加わる。

2．推進委員会として、朝食の欠食、一人で食事をする孤食、肥満傾向等、子どもの食生活の実態調査を行い学校の課題を明確にする。課題については食育推進全体計画に基づき、計画的に指導していくようにする。

3．栄養教諭は学校における食育推進の中心として位置付けられるが、すべての小・中学校に配置されてはいないので、いない場合には教務主任と保健主事を中心にして学校全体で推進していくようにする。

4．教職員への啓発を行い、教職員の指導力を向上させていく。生活科や理科などの飼育栽培活動を食育の視点から見直させたり、「特別の教科　道徳」で動植物の命を頂いて人間は生きていることを確かめたりする。

5．家庭科の時間や学級活動では、食に関する学習教材の充実や食品の安全性などの指導についても取り組み、食育についての総合的な取組みも行うようにして、子どもたちの力を高めていく。

6．給食主任を中心に、給食の時間に学校放送を使い、地産地消の食物について発表をしたり、学校給食の食材の充実を図ったりして、食物に関する知識を深めていく。

7．自然の恩恵・勤労などへの感謝や食文化などの指導も、学級活動や「特別の教科　道徳」で取り組む。全体計画をもとに学年ごとに段階的な取組みになるようにして、低学年から高学年に向かって知識が高まるようにする。

8．学校だよりや学校ホームページで、食育に関するの学校の取組みを紹介し、家庭や地域の協力連携を推進する。そして、子どもたちの心身の成長に及ぼす家庭での食の役割について啓発していく。学校が中心となって、家庭、地域を巻き込んだ食育の推進を図る。

9．PTAと連携協力して、家庭や地域を巻き込んだ活動を展開し、食をテーマにした食育講演会、料理教室、給食試食会などを行い、参加体験型の食育の啓発活動を実践する。

私は教頭として、生きる力の基盤となる食育の推進に取り組み、子どもたちの基本的な生活習慣や食習慣の育成に努めていく覚悟である。

COLUMN 5

管理職論文への対策

1．受験する教育委員会の出題傾向を知る

管理職試験に臨むにあたっては、自分の受験する教育委員会が行っている試験に関する詳しい情報を多く集めることが大切です。過去に出題された問題を何年間か遡って調べると出題傾向がわかると思います。教育用語の短答記述問題や、長文の事例を読んだうえで対応を回答する問題など、教育委員会によって試験内容が少しずつ異なります。過去問から出題傾向がわかれば、有効な対策を立てることができ、自信が生まれ、合格に一歩近づくことになります。

孫子の兵法に「彼を知りて己を知れば、百戦して殆(あやう)からず」という言葉があります。管理職試験も、受験に対する情報を集め、対策をしっかり立てれば勝ち抜くことができるはずです。

2．論文記述の基本を忘れない

最も基本的なことですが、「読みやすく、丁寧な字で記述する」ことです。自分で論文記述を練習する段階から、丁寧に書くことを心がけましょう。次に、試験官に「読んでいただく」つもりで書くことです。こうした心がけを持って書けば、その気持ちは必ず試験官に通じるはずです。最後に、「誤字・脱字」に気をつけて書くことです。管理職が字を間違って書いては話しになりません。不明な漢字などは常に漢和辞典で確認し、誤字・脱字を防いでください。

3．確かな教育観を持って書く

論文を記述するためには、自分自身の確かな教育観を持つ必要があります。例えば、防災教育について、「防災教育とはこういうものです」と書いたのでは、防災教育の説明をしただけで論文としては不十分です。自分の教育観をもとに、「防災教育については、自分はこのようにしていけばよいと考えています」と書くのです。どんな問題が出題されても、確かな教育観をもとにした考えで書けるようにしましょう。

第8章

事例問題の模範解答例

1 部活動顧問の後継者育成〈学校論〉

問題

市の中心にあるＡ中学校は部活動指導が盛んで、特に球技は伝統的に強い学校である。中でもバスケットボール部は、有名大学で選手経験があり、国体に参加したこともあるＢ教諭が顧問だった。Ｂ教諭の指導の成果もあり、市内では常に優勝し、県大会にも５年連続出場を果たし、県で準優勝したこともある強豪であった。

今年３月、Ｂ教諭は７年目が終わり、Ａ中学校から異動していった。４月はじめの職員会議は、バスケットボール部の顧問に誰が就くか、後継者問題でもめにもめた。教頭が何人かのミドルリーダーたちに顧問になることを打診したものの、Ｂ教諭の後では成績が落ちれば生徒や保護者から批判されてしまうと、皆尻込みをした。そのためＣ校長は教頭と相談して、やむを得ず教員２年目のＤ教諭を顧問にあてることにした。しかし、「伝統あるバスケットボール部をないがしろにしている」と生徒や保護者から苦情が出て、転校を希望する生徒まで出た。そこで、Ｃ校長は教務主任を部活動の補助につけ、Ｄ教諭と教務主任の二人で、指導者としてバスケットボール部の指導を続けている。まもなく市内の県大会予選があるが、昨年と同じような優勝という成績が残せるのかどうか、Ｃ校長は今から頭が痛い。早めにバスケットボール部の次の後継者養成に取り組んでいればこんなことにはならなかったのにと、Ｃ校長は校内人事に対する甘さを噛みしめている。あなたは校長として部活動顧問の後継者問題につきどのように対応しますか。具体的に述べなさい。（1,200 字程度）

◉解答のポイント

部活動顧問の後継者問題は、特に学校の伝統ある部活動の場合は難しい問題です。校長は、後継者については計画的な養成を図る必要があります。

解答例

部活動指導について、平成 29 年学習指導要領では「生徒の自主的、自発的な参加により行われる部活動については、スポーツや文化、科学等に親しませ、学習意欲の向上や責任感、連帯感の涵養等、学校教育が目指す資質・能力の育成に資するものであり、学校教育の一環として、教育課程との関連が図られるよう留意すること。」と示されている。まず校長として、教育課程の中に部活動指導についてしっかりと位置付け、学校経営方針の中にも部活動指導の充実を示し、全教職員で共通理解を図る。その基本的な考え方は、ここにもあるように学習意欲を向上させ責任感や連帯感の涵養を図ることである。

次に、教員の場合は人事異動があるため、１つの学校にいられる期間が決められている。どんなに優秀な教員であっても、ずっとその学校にいられるわけではない。校長は学年のメンバー構成やミドルリーダーの人材育成、管理職の育成計画などについては校内人事計画を考え、転出者などについても年次計画を立案しているはずである。同じように部活動の指導者についても人事計画を考え、特にその学校にとって伝統的な部活動についてはできるだけ後継の指導者を計画的に育成するようにする。教頭とともにすべての部活動を参観し、部活動指導教諭配置計画を立て指導者養成計画を立案する。もし一人の指導者が転任したとしても、次の指導者に引継ぎをしっかりとして、部活動指導が停滞しないようにする必要がある。

また、学校規模が小さく、１つの部活動に二人の指導教諭を配置することができない場合には、部活動を縮小していくこともやむをえない。しかし、校長としては地域の人々や社会教育団体等に協力を求め、少しでも部活動が盛んになるように配慮する必要がある。指導者として地域の人やボランティアの人がいれば、部活動指導の停滞を招かないからである。

生徒にとって部活動は、学校生活の中でも楽しい時間である。また、真剣に練習して、市内の大会や地区大会で勝利することは最高の喜びでもある。勝利至上主義にはならないようにしていてもスポーツなので、生徒や保護者にとっては勝ちたいという気持ちもわかる。したがって、土曜日の午前中に練習をしたり、朝早く登校して練習をしたり自主的な活動をする場合もあるが、教頭と教務主任が登校して全部活動を見回るなど、できるかぎり生徒が活動しやすいように工夫することも必要である。

部活動が盛んになると生徒が意欲的になり、学校の活性化が図られ、学校の伝統が築かれていく。校長として、部活動指導教諭の配置については、数年後までを見通した人事計画を立てて対応してまいりたい。

② 怪我への対応と安全の確保〈学校論〉

問題

「教頭先生。５年生のＡさんが怪我をして保健室に行ったそうです」

５年生の子どもが職員室に駆け込んできた。Ｂ教頭が保健室に行くと、５年生のＡ男が左手にタオルを巻き青ざめて座っていた。養護教諭は、電話で学校医に連絡を取っている。学校医のＣ先生がすぐに診てくれることになり、怪我をしたＡ男と担任、養護教諭がタクシーで病院に向かった。

Ｄ小学校の旧校舎の昇降口の扉は、教頭がこの４月に転任してきたときに気になっていた扉だった。新校舎の昇降口の扉は引き戸だったが、旧校舎の２箇所の扉は観音扉だった。観音扉は突然閉まることもあり、危険である。大風で突然閉まったガラスの扉を押さえようとしたＡ男が手のひらに大怪我をしたのである。昇降口では、用務員が扉にダンボールを貼っていた。ガラス部分は網入りだったので全部は割れなかったが、それでも風の勢いでガラスの扉が思い切り閉まって割れ、Ａ男の手のひらに刺さったのだという。風の強い日には、しっかり紐で縛っておくよう用務員に言っていたのだが……。

Ｂ教頭は校長に報告し、学年主任にＡ男の保護者に怪我をしてＣ病院に向かったことを連絡させた。あなたは教頭として、この昇降口の扉による子どもの怪我にどのように対応し、学校の施設・設備の安全管理をどのようにしていきますか。具体的に述べなさい。（1,200字程度）

◉解答のポイント

学校は子どもたちが学校生活を行う場所であり、安全な場所でなければなりません。学校の施設・設備の瑕疵により、子どもが怪我をしてしまうことは絶対防ぐ必要があります。

解答例

学校生活に最も求められるのは、安全で安心な学校である。それが、この設問のように、施設や設備の瑕疵で子どもが怪我をしてしまうことは決してあってはならない。教頭として校長の指導のもと、施設・設備の点検、学校内の見回りをしっかり行って子どもの安全を守っていく覚悟である。

まず行わなければならないのは、怪我をした子どもへの対応である。医療機関へ連絡をし、怪我をした子どもを病院へ搬送することである。大怪我をしているので緊急性を要する。手術が必要になるかもしれず、対応が遅れてしまうと、後遺症を引き起こすことにもなりかねない。怪我によっては、入院が必要になるかもしれないため、子どもを病院へ搬送するときは、養護教諭、または担任を付き添わせる必要がある。また、保護者への連絡を行わなければならないが、担任は病院に付き添って不在なので、学年主任に連絡をさせる。そのときに保護者があわてて病院へ向かい、二次災害の交通事故などを起こさないように落ち着いて行動させる必要がある。また怪我をした子ども以外の子どもへの指導を教務主任に任せるなど、他の事故が起きないような配慮もする。壊れてしまった扉については、用務員と一緒にダンボールなどを貼って再び割れないようにしっかり片づけておく。

また、事故が起こった状況についてしっかり調べ、校長に報告をする必要がある。そして、養護教諭、担任等が保護者と対応する際は、学校内で起こった事故であり、学校に責任があることを十分自覚して対応させること、謝罪する気持ちを忘れないようにすることが大切である。原因について保護者への説明も必要であり、これらの配慮が行き届くように教職員を指導する。

次に、施設・設備の瑕疵への対応が必要である。観音扉の場合は大風で、扉が急に閉まったりする危険性がある。大風で扉がぶつかって子どもが怪我をしてしまうようでは、施設・設備の瑕疵が考えられる。この学校に着任したときに危険だと思ったら、学校予算をかけて扉を取り替えるというようなことも必要である。また、風のときや雨のときは大丈夫なのかというように、視点を変えて安全点検に臨む必要もある。これらのことから、安全点検の視点の見直しが必要になる。緊急の安全点検の実施、安全点検項目や安全点検方法の見直しもしっかり行っていく。施設・設備の瑕疵による事故を再発させないための安全点検である。さらに、子どもの安全感覚、安全に対する意識を高めることも行っていく。「安全は自分で守る」との意識を高めるために、学校安全教育の見直しと充実が必要である。安全の確保は、学校の信頼を保つための根幹という意識で取り組んでいく。

最後に怪我をした子どもへの対応に不備があると、後々問題を起こす要因となる。教頭として問題解決まで誠意を持って対応してまいりたい。

③ 児童の立場に立った生徒指導〈教師論〉

問題

近隣の人から、Ａ校長宛に「２年生ぐらいの子が下校のときに友だちのランドセルを６個ぐらい持たされていた。あれはいじめではないのか」と電話が入った。さっそく教頭に伝え、職員室に低学年の学年主任を呼び電話の内容を伝え調べるように指示をした。翌日、学年主任は、「ジャンケンで負けた子どもがランドセルを持つというゲームをしていたそうで、いじめではないようです」と、いたってのんきな回答をしてきた。１週間後、２年生の担任が青い顔をして教頭のところに、連絡帳を持って駆け込んできた。連絡帳には、Ｂくんの保護者から、「下校時にうちの子がいつも友だちのランドセルを持たされるから、もう学校に行きたくないといって、今日は休むというので困っています。ジャンケンに勝ったときも後出しだったといって、Ｂ男が負けるまでジャンケンするそうです。これはいじめです。一体どういうことですか」と激しい怒りの文面が綴られていた。Ｂくんは今日は休んでいるとのこと。近隣の人の電話が事実であり、児童の立場に立って指導すべきであったのだが、判断が甘かった。Ａ校長は教頭を呼び、２年生の学年主任や教務主任等に、このような遊びをしないようにするための具体的な対策を立てるように指示をした。あなたが校長ならば、どのような対策を立てますか。具体的に述べなさい。（1,200 字程度）

◉解答のポイント

いじめ問題は、その根本において重大な人権問題であるという認識をしっかり持つことが必要です。また、きわめて微弱なSOS信号を見つけることが大切であり、どのように対応するか、校長はしっかりとした考えを持つ必要があります。

解答例

学校生活の中では、教職員は細心の注意を払って子どもの生活を観察していないと、このような事態が起きる。想像力を豊かにして、常にもしかしたらという考えを持つ必要がある。特に、集団の中では、力の強い子どもが弱い子どもに対して力の強さを見せ付けることがある。また、周りにいる子どもも自分がそのターゲットになってしまうことを恐れて、力の強い子どもに同調するようになる。弱い子どもにとっては悲劇である。したがって、教職員が子どもの立場に立って、それも弱い子の立場をよく考えて生徒指導にあたるようにする。私は校長として次のように対策を取る。

学校経営方針に明るい学級づくりを掲げ、重点目標として何でも話し合える学級、友だち相互に認め合える学級づくりを全校で進めるようにする。そのためには命令的な指導ではなく、受容と共感を中心にした教育相談的な手法を用いるようにする。また、カウンセリングマインドに基づく、相手に寄り添った指導支援を全教職員が行えるように努める。学級担任と子どもがしっかり向き合って、「学校生活の中で困ったこと、いやなことがあったらすぐに先生に相談できる学級づくり」に取り組ませるようにする。

そして学級担任には学年で共通理解を図り、何か問題があったら次のような対策を取らせる。①問題の重大性をしっかりと認識する、②実態や原因について正しい理解を得る、③早期発見と早期解決に努める、④大人側の連携・協力を図る（校内の指導体制の確立、保護者との連携、保護者同士の連携など）、⑤子どもとの心の交流をしっかりと図る（保護者や教師と子どもとの心の交流を図る、地域の大人から子どもへの声かけ）、⑥個別指導と集団指導を並行して進める、⑦望ましい人間関係について指導する、⑧子どもの存在を認め、個性の伸長を図るというようなことに注意して対応する。

また、生徒指導主任を中心に子どもたちの１日の様子をきちんと把握させ、何か問題があれば生徒指導部で子どもの立場に立って対応をすることをめざす。この問題のようなジャンケンゲームに名を借りたいじめのような遊びは絶対させないようにする。いじめられている子にとっては、大変な苦しみである。いじめは、絶対に許されない行為であり、重大な人権侵害であることも強く指導させる。また、子どもたちの様子をしっかり把握して、陰湿化・悪質化する前にすばやく対応していくようにする。発達段階に応じた指導の仕方を工夫して、子どもの立場に立って生徒指導を進めていくように努める。

さらに、いじめ問題を発生させないために校内研修に取り組ませたり、道徳教育の充実を図ったり、特別教育活動などにも力を入れていく。

私はこのように取り組み、学校・保護者・地域社会が連携した「いじめ根絶の教育」を充実させ、校長としてその推進を図っていく決意である。

④ 校内人事への適切な対応〈教師論〉

問題

A小学校で来年度の校内人事希望を募ったところ、高学年希望者で理科の授業を担当したくないという希望者が続出した。音楽科はピアノ伴奏が大変なので音楽の専科教諭による授業希望は多く、高学年担当の音楽専科は置いている。B校長に原因を聞かれたC教頭が、ある教員を教育相談室に呼んで尋ねると、「去年転任してきたD先生の学級は、理科準備室に子どもが授業中に入って実験器具などを持ってきて実験させています。私たちが次の理科の時間に使うために前日に理科準備室に用意していた箱から、平気でビーカーなどの器具を使うのです。『これは5年の実験器具なので使わないで』と書いていても使われます。もう来年は理科を他の先生にやってもらいたくて理科専科教諭による授業の希望を出しました。この学校では、今まで子どもだけで理科準備室に入らないように指導していたのですが……。D先生は理科主任で、年長なので言いにくくて」とのこと。C教頭がB校長にこのことを報告すると、「こんなに理科に出てほしいという希望者がいては、理科専科を置かなければならないね。少人数指導担当を理科専科にするしかないかな」とB校長はため息をついた。少人数指導を行って算数指導がようやく成果を上げつつある今、理科専科を置くのは無理があり、C教頭は何とかしなければと考えた。あなたは教頭として、この問題にどのように対応し、校長の進める来年度の校内人事に対応していきますか。具体的に述べなさい。(1,200字)

◉解答のポイント

年度当初に授業中の決まりなどの確認が不徹底の場合にこうしたことが起きます。人事異動で着任した教職員がいる場合、年度当初に職員会議や校内研修を行ってその学校のやり方を早く身に付けてもらうようにします。

解答例

理数教育の充実が叫ばれている中で、誰もが科学的な素養を身に付け科学的知識や技術を習得できるように、理科の授業に力を入れることはとても重要なことである。また、子どもたちに筋道を立てて論理的に考えることなどの論理的思考力を養うためにも、理科授業に力を入れていくことが求められている。実験を行って、レポートにまとめて発表し合うなど、言語活動の充実にも役立つのが理科の授業である。小学校の教員はすべての教科指導ができるようになる必要であるため、高学年の理科指導ができなくなってしまっては困る。私は教頭として校長の指導を受け、次のように対応していく。

まず、教頭と教務主任、理科主任、理科副主任で理科室や理科準備室の使い方、理科実験のさせ方などについて話し合い、今までの本校での授業中の決まりを再確認し、それをさらによいものにしていくように話し合う。理科準備室には子どもだけで入らせないようにし、他学年の準備した実験道具などは絶対に使わないこと、使用した実験道具はきれいに洗浄して元の場所に戻すことなどを確認する。話し合った内容は校長に報告し、職員会議の場で教務主任が提案して全教職員の共通理解を図る。また、教務主任が教職員を児童に見立てて理科の模擬授業を行い、授業内容が全教職員に身に付くように配慮する。その際に理科室や準備室等の整理整頓を心がけることも確認する。

次に、学校の指導体制を再構築するために、教務主任と生徒指導主任、学年主任で学習推進委員会を組織し、授業中の決まり、子どもたちの発言の仕方など授業の進め方について一定のルールを話し合う。話し合った内容は学年主任が学年会議に持ち帰り、他の教職員の意見を聞き、再び委員会で話し合う。その内容については管理職の指導も受け、学校の授業中の決まりを決定する。決まりについては、校内研修の場で教職員が共通理解をし、各学級で身に付くように子どもたちに指導するようにする。

そして、校内人事希望調書の再提出を校長に進言し、教職員に再提出させるようにする。その折に、加配教員については、来年度も算数科での少人数指導を継続するために、理科専科教員を置くわけにいかないことをしっかりと説明する。また、理数教育の充実は校長の学校経営方針にもあり、重点目標にもなっているので、高学年の理科もしっかり指導する必要があることを全教職員に認識させる。来年度の校内人事希望については、できるだけ多くの学年を経験すること、すべての教科指導が得意になるようにすることなども指導していく。

教頭として、理科だけでなく、他の教科の授業もよく授業観察し、再びこのようなことが起こらないように、教職員の指導を行っていく決意である。

5 道路横断中の事故への対応〈子ども論〉

問題

信号機のない十字路を横切っていて、児童が車に引っかけられるという事故がＡ校で発生した。朝の通勤ラッシュ時には、大きな幹線道路の抜け道として車の交通量の多い道路である。６年生の班長が１年生と渡った後、３年生の児童が道路を渡ろうとして、左から来た車に引っかけられたのである。近くの人が救急車を呼び、病院に搬送されたが、幸い大きな怪我にはならなかったので一安心であった。一緒に歩いていた別の通学班の班長から職員室に事故の連絡が入り、校長として教務主任を事故現場に向かわせた。また、担任の携帯電話に電話をさせ、担任がすぐに病院に駆けつけ、保護者とも話をしたところ、医師によれば２、３日入院すれば大丈夫だろうという判断であった。主幹教諭には、この３年生のクラスを担任が登校するまで見させることにした。担任からの電話が入り、教頭が教育委員会に事故についての報告をした。教頭の話では、PTA会長が心配して電話をかけてきたようである。この十字路は、以前にも大人が横断中に車にはねられるという事故があったのである。この通学途中の事故を受けて、あなたは校長としてどのように取り組みますか。具体的に述べなさい。（1,200字程度）

◉解答のポイント

このような交通事故を防ぐためには、校長として学区域の様子を詳細につかんでおく必要があります。今回の問題は、事故が発生してから学校としてすぐに取れる対応策と長期的な対応策を考え、同時に実行していくことで事故の発生を未然に防げる場合があります。実際に起こりうる問題への、校長としての豊かな想像力が問われています。

解答例

通学班の列に無謀運転の自動車が突っ込み、死者が発生するような交通事故が起きている。このＡ校の事故は幸い大きな怪我にならなくてすんだが、再び起きないとも限らない。二度とこのような事故にあわないようにするため、校長として次のような対策を立てていきたい。

1．事故直後の対応

まず、通学班班長の６年生の担任には、児童が自分の通学班で起きた事故にかなりのショックを受けていることが考えられるため、しっかり対応するように指示する。そして事故の責任は、班長にはないことも十分指導しておく。次に、午前中の長い休み時間に全教職員を職員室に集め、事故についての概要を伝え、憶測で話をしないように指示する。また、養護教諭に命じて、動揺している児童もいるかもしれないので、やさしく対応するように指示する。しばらくの間その交差点には、朝の登校時に教員が立哨指導するようにし、安全教育主任に配置計画を立てさせる。さらに、通学班の班長を集め、交差点での無理な横断をしないなどの細かな指導を生徒指導主任と安全教育主任に行わせる。また、教頭に事故についての保護者宛の通知を作らせ、学校での対応について保護者の理解を得る。教育委員会にも事故報告と、学校で取ろうとしている今後の対応策を文書で提出する。PTA 会長には、学校での処置などについて校長が報告し、理解を求めておく。

2．長期的な対応

登下校中の事故防止については、全体指導を朝礼時に行い、学年に応じた指導を各学年や学級指導で行わせる。交通事故だけでなく学校生活の中での安全な生活についても、保健主事に命じてすべての教育活動を点検し、指導を行う。市の交通課と警察署に連絡し、歩行中と自転車での臨時の交通指導を依頼する。もし交差点の横断歩道の白線表示が、少し消えかかっているようであれば、塗り直してもらうことも依頼する。市の交通課を PTA 会長と教頭で訪問し、交差点があることの注意看板などがつけられないか、交差点へ信号機を設置できないかどうかなどについて話を進める。また、PTA 会長と連絡を取って PTA の運営委員会において、信号機の設置について話し合う。交差点の交通量を調査する場合は、PTA の協力を得て具体的な台数まで把握し、文書で市の交通課と所轄の警察署長宛に提出する。

保護者の信頼を得るためには、学校によるしっかりとした対応が必要になる。校長としてリーダーシップを発揮し、この事故を契機に学校生活全体での安全な生活を推進するようにし、学校内外での事故防止に全力であたりたい。

❻ 器物損壊事件への対応〈子ども論〉

問題

　Ａ中学校の４階の男子用トイレの便器が、２つ壊された。このトイレは４階の一番はずれにあり、生徒たちにほとんど使用されていないトイレであった。帰りの見回りで発見した教頭は、さっそく生徒指導主任を呼び器物損壊をした人物を何とかして見つけるようにとの指示を行った。Ａ中学校は、２階に３年生の教室、３階に２年生の教室、４階に１年生の教室がある。また音楽室などの特別教室は、２階から４階までに分散してある。全校朝会で生徒指導主任が「もしトイレを壊した人がいたら、正直に申し出なさい」という指導を行った後、各学年集会でも「何か気が付いた人がいたら申し出なさい」と指導した。１年生が担任に「放課後の部活動中に、４階のトイレ付近に２年生が４名いた」という情報を伝えた。２年生の学年主任に伝えられ、その４名を個別に指導することになった。最初はやっていないと言い張っていた４名だったが、教員の説得により器物損壊を認めた。原因は、「君たちがしっかりしていないから、何か起きるとすぐ２年生のせいになる」というある教員の何気ない一言であった。４名は、「下駄箱が壊れたときも、靴が盗難にあったときもまず２年生が疑われたので、頭にきてトイレを壊した」ということであった。あなたは教頭として、この器物損壊事件にどのように対処し、学校の生徒指導体制をどう立て直していきますか。具体的に述べなさい。（1,200字程度）

◉解答のポイント

　文部科学省の統計によると、学校内の施設・設備を破壊する事件は、多くの学校で起きています。いろいろな生徒がいるため、起きることはやむをえないと考え、起きた場合にどのように対応し、二度と起きないようにするかを考えることが大切です。

解答例

　生徒が学校の施設・設備を損壊させる事件などを起こすときは、必ず原因があるものである。思春期の生徒であるため、その対応は日頃から丁寧に行わなければならない。激しい言葉で押さえつけようとしても、そのときは収まるが、長い目で見ると生徒の心を育てることはできない。教頭として校長の指導を受け、今回の器物損壊事件について次のように対処していく。

まず、トイレを破壊した２年生の４名を教育相談室に呼び、生徒指導主任や２年の学年主任等とその原因について再度調査する。声を荒げる指導などはせず、落ち着いて対応する。原因が教員の言葉であった場合には、「二度とそのようなことを言わないように教頭から指導する」と生徒を納得させる。しかし、どんなに気分が悪くなり傷ついたからといって、学校施設を壊すという行為は決して認められないことを説諭し、心から反省させる。そして、二度とこのようなことをしないこと、普段の生活態度を見直すことなども約束させる。その上で、今回の件は他の生徒には言わないことを約束する。ただし、それぞれの保護者には、自分の口から話すように指導する。

教頭として生徒指導主任に、今回の事件を契機に学校の生徒指導体制の確立を図るように指導する。全校の生徒には、生徒指導主任から全体集会でトイレを壊した生徒が自分から謝ってきたので、学校として許したことを報告する。その上で、日頃から何か気に入らないことなどがある場合には、自分たちで抱え込まずに、担任やスクールカウンセラー、養護教諭などに相談するとか、生徒会役員に話したりするようにして、このような事件を起こさないことを指導する。施設・設備が使えなくなって、最も困るのは生徒自身であることを十分に自覚させる。また、施設・設備を直すにも修繕費がかかり、そうすると他のものを買うことができなくなり、結局自分たちが不自由な学校生活を送ることになってしまうことも理解させる。

職員会議では全教職員に教頭として、生徒への対応の仕方、話の仕方に十分注意するように指導する。２年生が悪いとか３年生が悪いとか、色眼鏡での決め付けが最もよくないことを指導する。何かが起きた場合の言葉による指導も、激しい言葉遣いによる指導はその場は何とか収まることができるかもしれないが、長期的に見た場合は生徒本人がきちんと反省するような心に染み入るような言葉でのほうが効果が高いことを理解させる。また、受容と共感によるカウンセリング技法を使った指導のほうが、よりしっとりと心に沁みていくこともわからせる。生徒指導部を中心にして、今回の事件を契機にして的確な生徒指導を行っていくようにさせる。

教頭として、二度とこのような器物損壊事件を起こさないように、授業参観や部活動参観で生徒を見守り励ましていく決意である。

7 伝統や文化に関する教育の充実〈教育論〉

問題

Ａ中学校のＢ校長は、学習指導要領の主な改善事項の中の「伝統や文化に関する教育の充実」について何も取り組んでいなかったため、今年こそ何かしなければと考えていた。そこで企画委員会で、Ｂ校長は「文化祭で何か行えないか」と伝え、伝統と文化については教頭、国際理解については教務主任に提案させることにした。教頭はPTAの役員に相談して、「華道教室を行ったらどうか」と提案してきた。役員の母親で華道の教室をしている人がいて相談してみると、やってもよいという返事だったという。一方、教務主任からは、学年主任と相談し、「校内にいる外国人の生徒に協力してもらい、外国の衣服を生徒に試着させる体験はどうか」との提案があった。２年生に在籍している東南アジア出身の保護者に担任が話をすると了解してくれ、生徒が試着を手伝うことになった。文化祭当日は、華道教室に多くの生徒が参加し、見学にきた保護者にも好評だった。外国の衣服の試着をする生徒も多数いて、こちらも盛り上がった。文化祭後には華道部を作りたいという声が生徒から上がり、技術・家庭科でも外国の衣服を作りたいという声が生徒から出ているという。Ｂ校長はこれから、伝統と文化の尊重と国際理解のさらなる充実をどのように推進しようかと考えている。あなたが校長ならば、今後どのように対処しますか。具体的に述べなさい。（1,200字程度）

◉解答のポイント

平成29年の学習指導要領の主な改善事項は、言語能力の確実な育成、情報活用能力の育成、理数教育の充実、伝統や文化に関する教育の充実、体験活動の充実、外国語教育の充実の６点でした。教育課程の中で、その推進をしていく必要があります。

解答例

グローバル化が進展する中で、これからの時代には国際社会の一員として生きる国際人としての自覚とともに、世界に生きる日本人としてのアイデンティティーを持つことがますます重要になる。そこで、伝統と文化を尊重し、それらを育んできた我が国と郷土を愛するとともに、他国を尊重し、国際社会の平和と発展に寄与する態度を養うことが必要である。

私は校長として、学校経営方針に伝統と文化の尊重と国際理解の充実を掲げ、主幹教諭や教務主任に命じて、全体計画・年間指導計画、学年指導計画を作成させる。学年ごとに縦の系列をしっかり考え、生徒に計画的・継続的な力が身に付いていくような計画を立案する。また、国語科での古典や民話、社会科での歴史学習、技術・家庭科での衣食住にわたる伝統的な生活文化、音楽科での歌唱や民謡・郷土に伝わる歌・和楽器、美術科での我が国の美術、保健体育科での武道の指導など、各教科の特質や役割に応じて、これらをふまえた教育指導計画を各教科主任に作成させる。

また、我が国の伝統や文化のよさに触れる、親しむ、誇りや愛着を持つ、守り受け継ぐ、創造、発展させるというねらいを設定し、校内研修推進委員会に指導方法や教材の開発、外部人材や関係諸団体、ボランティア団体との連携を図る体制づくりも行わせる。さらに、学区域に住んでいる外国人や外部ボランティア団体との交流なども計画して、生徒や教職員に異文化に対する意識変革を促すような活動も行わせる。地域や市の行事と学校行事との関連も考慮させ、協力して進めるようにする。このことによって、国際社会で活躍する日本人としての資質の形成と自己の生き方を深めるという２つの側面が育ち、生徒に「生きる力」を育むことができる。

次に、教務主任に命じて計画を立てさせ、我が国の伝統と文化を理解させるために地域の建造物の実地見学や伝統芸能の体験活動なども行っていく。郷土の博物館や資料館などを見学し、郷土に対する理解を深めていく体験活動にも力を入れ、郷土に対する愛着心を育てていく。総合的な学習の時間の推進のためには教職員自らも地域を歩いて、そこに受け継がれてきた伝統や文化を発掘することも必要であり、それを生徒に伝えることも大切である。中学校の場合には、部活動での実践も大切である。PTA や地域住民の協力を求め、華道部や茶道部、弓道部、和太鼓部など日本の伝統文化を部活動の中で行うようなことも計画させる。

国際社会に出て行くほど、自らを日本人として意識する機会が増え、自国の存在について無関心ではいられなくなる。国際社会における自国の地位を高めようと努力することは自然な動きである。このような思いが、国を愛する心につながる。私は校長として、生徒に自らの郷土や国の伝統や文化を正しく理解し尊重させるようにする決意である。

８ 効果的な小中連絡会の実施〈教育論〉

問題

Ａ中学校に進学するＢ小学校とＣ小学校の教員に対して、小中連絡会のための授業参観が行われた。中学校で行われた授業では、発問に対する解答は席に並んだ順に教員が指名して生徒が答えていくという授業が行われており、小学校の教員全員が驚いてしまった。授業後の小中連絡会では、通常は中学校進学後の子どもたちの様子やその変容についての話し合いがもたれるのであるが、この授業のやり方について小学校の教員から意見が続出し紛糾した。「小学校時代にはあんなに自由に発表していたのに、このような授業方法はおかしい。これでは向上心や自主性などは育たないのではないか」とＢ小学校もＣ小学校の教員も一斉に発言したのである。すると、中学校の教員から、「はじめは自由に発表させていたのだが、大規模校であるＢ小学校出身の生徒が発言するばかりで、小規模校のＣ小学校出身の生徒は全く発言しなかった。そこで、考えた末での授業のやり方なのだ。部活動なども、大規模校のＢ小学校ばかりにならないように生徒の気持ちを尊重しながら配慮している。Ｂ小学校とＣ小学校の生徒の対立を防ぐには、この方法がよいと思っている」との反論が述べられ、小中連絡会は意見の対立が起き騒然となってしまった。あなたは教頭として、小中連絡会を今後どのようにしていきますか。具体的に述べなさい。（1,200 字程度）

◉解答のポイント

小学校と中学校の連携は、教育の連続性という意味からも、重要な課題です。小学校と中学校の教員が、お互いの学校の教育方法について尊重し合うことが、児童・生徒の健全な成長の上で最も大切です。また、中１ギャップを防ぐためにも、小学校と中学校の連携は欠かせません。

解答例

小学校高学年にも教科担任制が導入されるが中学校では全教科で教科担任が変わるなど、小学校と中学校の教育の仕方は大きく変わる。そのため「中１ギャップ」と呼ばれる、中学校への進学に伴う学習内容や生活リズムの変化になじめず、いじめが増加したり不登校になったりするなどの問題が起きている。そのため、小学校の教員と中学校の教員の間で小中連絡会を設け、児童・生徒の情報の共有をしたり、それぞれの学校の授業参観をしたりして連携を深める必要がある。そこで教頭として校長の指導を受けながら、次のように対応していきたい。

まず、中学校学区内の中学校・小学校の教頭・教務主任間で、小中連携推進委員会という話し合いの場を設ける。そこで出た課題については、各学校で教員に小中連携の重要性を再認識させ、解決策を見つけ出す。また、各学校に小中連携委員会を設け、小学校から中学校への教育の連続性についての問題点やその解決策について検討を行う。その解決策を持ち寄って、中学校学区内の小中連携推進委員会で話し合いを再び行い、中学校学区内の教職員の共通理解を深めていくようにする。

次に、中学校学区の小中連絡会を年２回定期的に行うようにする。６月には、小学校の教員が中学１年生の授業参観を行い、中学校に入学した生徒の様子を確認し研修するようにする。11月には中学校の教員が小学６年生の授業参観を行い、小学校の学習方法などの研修を深め、次年度に入学してくる小学６年生についての情報を確認する。授業参観後の話し合いの場では、児童・生徒の成長の違いなどもあるので互いの学習方法について批判しあうのではなく、児童・生徒の発達段階や成長の違いについて共通理解を図るとともに、児童・生徒の確かな情報を得るようにする。

また、小中連絡会の前に、教頭・教務主任の小中連携推進委員会で話し合い、中学校と小学校の学習時の決まりや生徒指導上の決まりなども情報交換をする。お互いの学校で決まりなどを改善し、児童・生徒が悩まないようにするとともに、中１ギャップを防ぐようにする。この会議には、教育委員会の指導主事も招き、全体の立場からの指導を受けるようにする。

児童・生徒の具体的な活動については、小学６年生の学年集会に中学校の生徒会役員を呼んで中学校生活について紹介してもらい、中学校生活に対する児童の心配を少なくするようにする。そして、中学校学区内のごみ清掃運動を中学１年生と小学６年生が共通の日に実施して、互いに協力して行うようにする。PTAにも呼びかけて、一斉に行うようにして協力し合い、小・中学校のPTA同士の連携を深めるようにする。

教頭として小中連携について教員の理解を深めさせ、互いの学校の教育活動がますます豊かになるような配慮をする覚悟である。

COLUMN 6

試験当日の注意点

1．5分で論文の構成を考え、簡単なメモをつくる

論文試験が始まり、次のような問題が配られたとします。

> 創意工夫を生かす特色ある教育活動を展開するには、基礎的・基本的な知識及び技能の習得を図ることが重要です。あなたは教頭として基礎的・基本的な知識・技能の習得にどのように取り組んでいきますか。具体的に述べなさい。

すぐに書き始めてはいけません。しっかり問題文を読み、何を問われているのか、どうすればこの課題が解決できるのか、教頭としてどんな策を立てて解決するかの構想を立てます。隣の受験者の書く鉛筆の音が気になっても、焦る必要はありません。5分は使って論文構成を考えましょう。例えば、①まず、基礎的・基本的な知識・技能を明らかにして教員が共通認識を持つ必要があります。②また、指導形態の工夫も欠かせません。③さらに、保護者・地域との連携も重要です。このような3つの構想を立て、これに基づき、解答用紙の左側に、序論、そして柱1、柱2、柱3、結論とそれぞれ書くスペースのしるしを付けます。それから、書き始めるとよいでしょう。

2．最後の3分でしっかり読み直す

最後の3分間は、読み直しの時間として確保します。試験当日に書いた論文は、自宅で練習として書いた場合と違って、時間に制約があるため、大幅な書き直しは不可能です。表現・表記に関するチェックが中心になりますが、必ず読み直してください。ポイントは、「誤字・脱字はないか」「常体と敬体の混用はないか」「接続詞の使い方が不自然ではないか」「文末が同じ言葉になっていて単調ではないか」などです。漢字の間違いを直すだけで、減点を防ぐことにつながります。

第9章

小論文の模範解答例

1 授業の充実に向けた取組み〈学校論〉

問題

児童・生徒の学力を向上し、学習意欲を高めるためには、日々の授業の充実を図っていくことが重要です。あなたは校長として、授業の充実にどのように取り組みますか。具体的に述べなさい。（800字程度）

解答例

児童・生徒の学力を向上させるには、日々行われている授業を充実させることが最も大切である。そこでまず、現任校の授業がどのように行われているか、その実態把握が求められる。校長として教職員の授業をしっかり指導するように努める。

1．児童・生徒を授業に集中させるためには、導入場面の工夫を図ることが大切である。音読や計算練習、ゲームなどを授業のはじめに取り入れて、集中力を高めていくことも大切である。授業のはじめにどのような導入が図られているのか、教頭にも授業観察に取り組ませ、ともに導入について指導する。

2．次に、個に応じた指導の展開にも取り組む。少人数指導や習熟度別指導など、児童・生徒との密なコミュニケーションが取れるような関係性を築き、多様化した教材指導、学習活動に取り組んでいるかどうかも指導する。発問や板書などもできているのか、教職員の授業力を評価し、高めていくような適切なアドバイスをしていく。授業についての一定の見識が必要であり、板書・発問・指示などが適切に行われているかを見抜く力も必要である。

3．コンピュータやプロジェクターなどのICT機器を活用した授業が展開できているかどうかもしっかり観察する。こうした機器を活用すれば思考力や表現力が高まっていくからである。授業がわかれば、児童・生徒は学校が楽しくなり、保護者や地域の信頼も生まれてくる。

4．主幹教諭に命じて、授業実践を中心にした校内研修に取り組ませる。授業づくりに関するテーマを設定し、それを踏まえて研究授業を展開し協議会を行う。教職員相互に授業参観させて、授業力をつけさせ、日々の授業実践で互いに切磋琢磨する緊張感を校内に作り出していく。

人事評価で最も大切なのはわかる授業の実践である。私は校長として、授業の充実に最も力を入れていくようにする。

② 活力ある学校運営〈学校論〉

問題

児童・生徒を変容させ、教職員に意欲的な姿勢を持たせ、活力ある学校運営を行っていくためには、校長のリーダーシップが必要です。あなたはどのようにして活力ある学校運営を行っていきますか。具体的に述べなさい。(800字程度)

解答例

学校の活力を高めていくためには、学校経営方針を浸透させ教育課程を着実に実践し、教職員の資質向上を図り、児童・生徒の学習意欲の向上に励んでいくことが重要である。そして、教職員に学校課題とその解決に向けた方針を明確に示し、全教職員の機動的な協働体制を築き解決を図っていかなければならない。私は校長としてそのような学校をめざして、リーダーシップを発揮する。

まず、校長として、活力のある学校とはどのような学校であるのか、その理想像をしっかり持つ。それは、校長の管理運営事項を再確認してみれば明らかとなる。校長の管理運営事項には、8管理2連携がある。「①学校教育の管理、②所属職員の管理、③児童・生徒の管理、④施設・設備の管理、⑤学校保健の管理、⑥学校予算の管理、⑦諸文書の管理、⑧情報等の管理、⑨保護者・地域社会との連携、⑩教育委員会・行政との連携」である。これらが澱みなく着実に動いていれば、組織は活性化してくる。校長はこれらをしっかり指導して日々評価し、動きが悪くなっているところ、滞っているところを見つけたら即座に指導し、直ちに直させていく。確かに学校は日々さまざまな問題が発生する。これを放置しておいては、問題の解決が難しくなるので、問題に対しては直ちに取り組み効率的に解決にあたる。学校内で起きた問題の収拾だけにあたっていては、学校の活力は失われていく。その解決に取り組む中で、学校としての活力を失わないように具体的・実践的に問題に対処することが必要である。

教職員については授業・校務分掌・主任としての行動などでその行動が把握できる。教職員に対して、人事評価をしなければならないので日頃から着実に観察しなければならない。児童・生徒についても同様で、授業時の見回りなどでその行動や態度の把握が容易である。副校長や教頭、主幹教諭や指導教諭など学校の中の人材を活用し、学校運営を活力あるものにしていく。そして、学校の中のすべての人材を活躍させて活力ある学校を築いていく。

3 命を大切にする教育の推進〈学校論〉

問題

いじめによる子どもの自殺などが起こる中、学校として自他の生命を尊重する教育の推進が必要です。あなたは教頭として、命を大切にする教育の推進にどのように取り組んでいきますか。具体的に述べなさい。（800字程度）

解答例

命を大切にする教育の推進であるが、東日本大震災をはじめ多くの災害を受け命の尊さを改めて実感したところである。教頭として校長の指導のもと、学校で命を大切にする教育を次のように推進していく。

まず、校長の示す学校経営方針を受け、学校の重点目標として命を大切にする教育を掲げ、学校教育すべての面で生命尊重の教育を推進していくことが必要である。そして命の教育を中心に据えた教育課程の計画作りを進めて教育指導全体計画を見直し、生徒指導方針など校内の体制作りを進めていく。また、子どもたちが自分のよさに気づき、他の人とのつながりを実感できる教育を進める。教職員にも命の尊さを理解させ、自分の生きかたや後姿を見せて子どもたちの教育にあたらせる。

次に、道徳教育全体計画を見直し、教職員の意識改革を進め、命の大切さを主題とする授業の実践などに取り組む。その授業実践の中から、子どもたちの心を理解するとともに、自尊感情を高めていく。学級経営の中では一人ひとりの子どもの居場所を作り、子どもたちを励まし、認める場を多く作っていくことが大切である。また、定期的にアンケートを行って孤立している子どもはいないか、日常的な観察をこまめに行うことも重要となる。子どもたちは自尊感情を高めることで生きている喜びを感じることができ、他との関わりの中で生きているという思いを持ち、孤立感をなくしていくものなのである。

校内研修を通して命の大切さを教職員が学ぶことも必要で、たとえば看護師などを講師に招いて、赤ちゃんの人形などを使って人間の命についての感覚を高めていくことも、子どもにとって有意義な体験となる。地域のゲストティーチャーを招いて命についての講話をしていただくことも効果的である。学校だよりや学校ホームページなどにも命の尊さについて掲載し、命を粗末に扱うゲームなどはしないように保護者などに指導していくことも大切である。

4 職員会議の活性化〈学校論〉

問題

これからの学校は、教職員の積極的な経営参加を求めることが必要です。そこで、職員会議の形骸化を防ぎ、活性化するために、あなたは教頭として、どのような具体策を立てますか。職員会議の法的根拠や機能・性格をふまえながら、具体的に述べなさい。(800字程度)

解答例

職員会議は、学校教育法施行規則第48条に規定され、校長の職務の円滑な執行に資するため置くことができる。主宰者は校長である。また、学校教育法第37条第4項により、学校運営上必要な一切の仕事は、学校段階では最終的に校長の責任と権限に基づいて処理されることが規定されている。そこで、教頭として校長の指導のもと次のように取り組んでいく。

1．職員会議の性格・機能を明確にする

職員会議は補助機関であること、校長は会議の結論に拘束されることなく、学校運営の責任者として判断材料の一つとすればよいことを明確にする。また、教育委員会の指示や校長の意思の伝達と運営内容の調整等、縦横の連絡調整機能があること及び校長の意思決定を適正なものとする経営参加機能があることを全職員に共通理解させる。さらに、これらの内容を明確にするために職員会議規定を作成し周知徹底を図る。

2．会議の円滑な運営を工夫改善する

会議を効率よく運営するために、会議の年間計画を作成して年間を見通させ、計画的に提案できるようにする。さらに提案の場合、用紙の規格や字体等を統一し、両面印刷にするなど、見やすくしつつ資源の節約に努める。また提案に際しては、前回の反省事項を明確にさせ、改善した箇所を重点的に説明させる。このように時間的な効率も重視するとともに、時間厳守に努め、終始時刻を守らせる。そして、課業日の開催を減らすため、長期休業日の開催を多くするよう計画する。職員会議録は、会議終了後に点検し、的確な記載を確実に見届けていく。以上述べたが、教頭の心構えとして常に保護者・地域の意向や社会情勢を察知するとともに、法令等を知悉しておく。さらに計画的に教室訪問し、教職員の長所・課題を把握しながら、円滑な人間関係の構築を図る。

5 特別支援教育への取組み〈学校論〉

問題

特殊教育が特別支援教育になり、障害のある児童・生徒一人ひとりの教育的ニーズに応じて適切な教育的支援を行うことになりました。あなたは教頭として、その充実にどのように取り組んでいきますか。具体的に述べなさい。（800字程度）

解答例

学校教育法の改正により、障害のある児童・生徒の教育もすべての学校で取り組むことになり、教職員の誰もが特別支援教育に関わることになった。特別支援教育の理念を具現化するため、校長の指導のもとに校内体制を整備し取り組む必要がある。私は教頭として、重度化、重複化、多様化する発達障害に対して次のように取り組んでいく。

1．校内に特別支援学級がある場合

校内に特別支援学級がある場合には、特別支援教育コーディネーターに特別支援教育推進委員会の責任者を命じるように校長に進言する。特別支援学級担任とともに特別支援学級の児童・生徒一人ひとりの実態や課題を十分に把握し、個別の指導計画や個別の教育支援計画を作成して、児童・生徒の支援を図っていく。また、普通学級内のLD、ADHD、高機能自閉症等の児童・生徒に対する指導及び支援も特別支援教育の役割と捉え、学級担任とともにきめ細かな対応をするようにして特別支援教育の成果を確実にしていく。

2．校内に特別支援学級がない場合

上記のように学習面、生活面などで何らかの困難さを抱えている児童・生徒が、普通学級にも存在する。特別支援教育コーディネーターがキーパーソンとなり、学級担任とともに児童・生徒一人ひとりの教育的ニーズを把握し、その持てる力を高め、生活や学習上の困難を改善又は克服するため、適切な指導及び必要な支援を行うようにする。障害者を特別視するのではなく、一般社会の中でともに生きるインクルーシブ教育の理念に基づく教育を推進していくようにする。校外との連携としては、医療機関・特別支援学校・通級による指導担当者などからの指導や助言を得るとともに、保護者も含めて密接な情報交換を図っていく。教頭として校長の指導のもと、特別支援学級がある場合でもない場合でも、児童・生徒の立場に立って充実を図っていく。

❻ 指導力不足教員への対応〈教師論〉

問題

保護者から「担任の先生が授業中に話す内容が難しくて、授業がわからないと子どもが言っている」という訴えがありました。あなたは校長として、このような指導力不足教員への対応をどのように図っていきますか。具体的に述べなさい。（800 字程度）

解答例

日頃から教室訪問などをしっかり行ってこのようなことがないようにしておけばよいのであるが、管理職も忙しく十分な対応を取っていない場合もある。私は校長として、次のように対応してこの問題の解決を図る。

まず、教頭とともに指摘された教員の学級訪問を大至急行い、実態把握に努める。授業をしているときの発問や指示の様子や学校経営における実態を的確に把握し、問題があるかないか判断をする。次に、保護者の言葉どおり授業の進め方などに問題がある場合には、緊急にこの学級の支援体制構築に取り組む。教務主任と学年主任等を学級経営のサポートにあたらせ、授業は教科ごとにフォローする教員を決めて二人担任で授業を行わせ、子どもたちの不満をなくすようにする。また放課後には校長として教頭とともに、その教員の明日の授業について模擬授業を行わせ授業力の向上も図っていくようにする。そして、少しでも授業の向上が図れるように努める。着実な支援体制ができ、わかる授業が行えるようになった場合には、緊急保護者会を開き保護者の理解と協力を求める。なかなか授業が改善されない場合は、支援体制を続けるとともに、教育委員会に報告し指導を仰ぐ。

授業参観を行って、その担任にこのような問題がなかった場合には、訴えてきた保護者に教頭から問題はなかったことを説明させ納得させる。指導力不足教員には、学習指導を適切に行うことができない場合や指導方法が不適切である場合、学級経営や生徒指導を適切に行うことができない場合などさまざまな原因がある。まず管理職が、学級観察をして指導・支援を行っていくことが必要である。観察記録を付けることも忘れてはならない。その上で教育委員会に報告し、必要な措置を講じてもらう決意である。

7 教職員のメンタルヘルス対応〈教師論〉

問題

病気休職者や精神性疾患にかかる教職員が増えています。あなたはこの原因や背景をどのように考えますか。また、教頭として、教職員のメンタルヘルス対応にどのように取り組んでいきますか。具体的に述べなさい。(800 字程度)

解答例

保護者や地域からの要求が増大する中、真剣に教育活動に打ち込むうちに精神的な重圧に耐えられなくなり、入院や休職する教職員が増えている。原因としては、①職務多忙によるストレス、②わがままで言うことを聞かない子ども、③保護者の要望・期待の多様化、④複雑化する生徒指導、⑤職場の人間関係トラブル、⑥家庭の事情などがあげられる。私は教頭として校長の指導のもと、次のようにメンタルヘルス対応に取り組む。

1．管理職である校長、副校長、教頭がメンタルヘルスの重要性を十分認識すること、教職員の立場を理解し、何か問題を抱えている場合には親身になって相談に乗るよう努めることが重要である。各教育委員会が進めるメンタルヘルスに関する取組みへの参加や医療機関との連携なども必要である。

2．学級担任は、それぞれが学級を持ち、独立性の高い仕事である。本人が訴えてこないと心身の問題が見過ごされてしまい、重症になってから発見されるという場合が少なくない。日頃から授業観察に努め、仕事振りや体調をしっかり把握しておくことが管理職として必要である。

3．教職員がセルフコントロールができるように指導することも大切である。子どもや保護者のことで悩みを抱えたときは、自分で抱え込まずに学年主任に相談するなど、自分自身で管理できることが必要である。また、管理職が同僚同士の人間関係に気を配り、一人ひとりの教職員が自分自身をうまく管理できるような支援をすることも必要である。

4．校務をつかさどり、所属職員を監督する校長を補佐する教頭の責務は、労働安全衛生法の目的達成からも、学校として組織的なメンタルヘルス対応策を構築することが必要である。

私は教頭として、自分の学校からは精神疾患の病休者・休職者は出さないという決意を持って、学校運営に努める覚悟である。

8 教職員の服務〈教師論〉

問題

教職員事故の多発により、教職員の服務について社会から厳しく問われています。あなたは教職員の服務について、教頭としてどのように指導するか法令等をもとにして述べなさい。(800字程度)

解答例

教職員の服務は、全体の奉仕者として公共の利益のために勤務する公務員として、一般の雇用関係とは異なる規律に服することになっている。

1．まず、憲法第15条第2項に「すべて公務員は、全体の奉仕者であつて、一部の奉仕者ではない」と規定され、教育基本法第9条に「自己の崇高な使命を深く自覚し、絶えず研究と修養に励み、その職責の遂行に努めなければならない」と定められている。

2．次に服務の根本基準は、地方公務員法第30条で「公共の利益のために勤務し」「全力を挙げてこれに専念」することが定められ、以下同法第31条から第38条までに職務上の義務と身分上の義務が定められている。

3．職務上の義務は、勤務時間内を主体的に職員が職務を遂行するのにあたって守らなければならない義務であり、服務の宣誓、法令等に従う義務、職務専念義務などが定められている。

4．身分上の義務は、勤務時間の内外を問わず公務員としての身分を有する限り守らなければならない義務であり、信用失墜行為の禁止、秘密を守る義務、政治的行為の制限、争議行為等の禁止、営利企業等の従事制限がある。ただし、教育公務員特例法に、政治的行為と営利従事については特例がある。

5．地方公務員法第32条と地方教育行政法第43条には、服務監督権者が定められている。職務上の上司は市町村教育委員会であり、身分上の上司は都道府県教育委員会である。学校における上司は校長であり、職務上の命令が上司より出た場合はこれに服さなければならない。

教頭として、公務員の服務に対する一般社会の信頼を傷つけぬように、日頃から教職員に対して法規法令の説明、その遵守などを機会あるごとに指導し、服務の厳正に努めていきたい。そして、教職員に対する社会からの信頼感を高め、よりよい子どもたちの育成に努める決意である。

9 教職員のモラル〈教師論〉

問題

最近、教職員のモラルに関わる問題が、新聞やテレビでたびたび報道され、学校教育への不信につながっています。具体的な事例をもとに、教頭としてどのように指導するか、法令等にふれながら述べなさい。(800字程度)

解答例

教職員の事故は、学校及び教職員に対する信頼を損なうものであり、他の公務員以上に高い品性を求められることを、教育公務員特例法や服務規律の確保(通知等)をもとに十分理解させる。また事故の内容や処分について事例を挙げ、教頭として校長の指導のもと、詳細に説明し意識改革を図る。さらに報道などの機会を捉えて周知し、事故防止に努める。

○体罰事故……①人権尊重の教育観を再確認し、体罰否定を徹底させる。②教職員個々の実践に見え隠れする体罰容認の体質や雰囲気があれば、見逃さず厳しく指導し改善させる。積極的な生徒指導機能発揮のために、生徒理解の手法・教育相談的対応の事例を示し、体罰根絶への意識を醸成する。

○交通事故……①道路交通法遵守。違反を絶対に許さない確かな倫理観や遵法の意識を持った教職員を育てる。特に飲酒運転の絶無(酒席に車で参加させない等)や注意義務違反回避(余裕ある通勤)を徹底する。②処罰(刑事・民事・行政)例を挙げ、その不利益が周囲にも及ぶ事実を示し、遵法意識の向上を図る(懲戒処分:地方公務員法第29条)。

○経理上の事故……①公金の扱いに関し、集金・管理・使途の適正な処理を徹底させる。②執行については、請求・納品・領収書を整えさせ、会計報告は教頭・教務・学年主任等複数で点検し遺漏のない処理を見届ける。

○その他の事故(違法行為:わいせつ、セクハラ、暴力行為、著作権侵害や個人情報の流失等)……すべてが信用失墜行為に該当し、処分対象となることを周知する。その際、特に事故内容や処分の具体例を明確に示し、服務に関する自己診断表や意識調査を適宜実施し、綱紀粛正に生かしていく。

個別の問題に関しては、正確な事実把握をもとに複数(校長との連携)で指導し、記録を残す。本人の状況によっては、専門家(医師・臨床心理士等)を要請し、自身と周囲への損失も示し、早急な問題解決を目指す。

10 読書活動の推進〈子ども論〉

問題

読書活動は、児童・生徒の知的活動を増進し、人間形成や情操を養うものであり、望ましい読書習慣の形成を図るためには、多様な指導の展開を図ることが求められます。あなたは校長として、読書活動の推進をどのように図っていきますか。具体的に述べなさい。（800字程度）

解答例

テレビゲームや携帯ゲームなどに夢中になる子どもが増え、読書離れが起きている。言語活用能力の育成を図り、思考力・判断力・表現力を身に付けさせるためには、読書活動の推進が必要である。読書活動は、人間形成や情操を養う上でも重要で、単に読書を楽しむことだけでなく、読書を通して学ぶ、知的活動を活発化させること、読書を通して心を育むことも求めている。私は校長として、次のように読書活動の充実に全力で取り組む。

充実する必要のある読書活動とは、児童の望ましい読書習慣を形成するために学校の教育活動全体を通して、多様な指導の展開を図ることである。まず、学校経営方針に読書活動の充実を本年度の重点として取り上げ、学校の教育活動全体の中で読書活動の充実を図る。教育指導計画の中に学校図書館の活用を位置づけ、授業や学校全体の教育活動で読書に親しむ環境を作る。

次に、日課表を工夫し朝読書を毎日10分間行うようにし、意図的・計画的・継続的に読書活動を推進する。また国語科や社会科で、書物を利用した研究授業などにも取り組ませる。読書活動で豊かな経験を持つ指導者を講師として招き、読書活動を用いた授業についての校内研修を行う。

司書教諭や図書主任を指導し図書室の環境を整備し、子どもたちが興味・関心を持つ本、人気のある本の紹介コーナーを作るなど、子どもたちが、読書や学習に利用しやすい図書室づくりに取り組ませる。また、図書室の本をデータ化し、探したい本がコンピュータで検索できるようにもする。

PTAとも連携して保護者ボランティアの呼びかけを行い、月に2回は保護者による読み聞かせ、季節ごとの図書室の掲示物の作成、書架の整理や本の修理なども依頼する。図書委員会の子どもたちとの交流も行うようにして、保護者や地域と連携協力して読書活動の推進に取り組む。

11 携帯・ネット犯罪の防止〈子ども論〉

問題

携帯電話の出会い系サイトやメールでの誘いなど、インターネットに関連した児童・生徒の非行や犯罪が増加しています。児童・生徒の健全育成のために、あなたは教頭としてどのように取り組みますか。具体的に述べなさい。(800字程度)

解答例

中高生にとどまらず、小学生の多数がスマートフォン、携帯電話、パソコンなどを使用し始め、日常生活から切り離せない状況にある。中学生が携帯電話の出会い系サイトやSNSで事件に巻き込まれたり、学校裏サイトが作られ子どもたちへの陰湿ないじめの温床にもなったりするなど、IT関連の犯罪が多発している。この現状に教頭として適切な対応に努める。

校長の指導を受けまず次のように対応する。①学校での携帯電話の使用は、緊急時に保護者と連絡をする使用に限定する。②家庭内でのルール作りを保護者に徹底させ、子どもの要求に応えて安易に与えないように指導する。③学校でもメールやLINE、携帯電話による事件を周知し、不祥事に巻き込まれないように教職員に定期的に子どもたちを指導させる。④インターネット上のマナー(ネチケット)についても、総合的な学習の時間などに指導させる。

次に、①メールやLINEなどで住所、氏名、電話番号など、自分や家族のことを簡単に教えないようにと指導させる。②インターネットには嘘や間違いも書かれていることもあるので、載っているからといって安易には信じないように指導する。③知らない人からメールが届いたら、コンピュータ・ウイルスが入っていることもあることを教えるなど、学校内で情報教育主任を中心にしっかりとした指導体制を組んで子どもたちに指導させる。

IT機器は、便利で有効な情報機器ではあるが、使い方次第で子どもの心に及ぼす影響は計り知れない。そのためにITモラル教育を進めるために校内研修に取り組んだり、道徳教育の充実を図ったり、学校・家庭・地域が連携した「心の教育」を充実させ、子どもたちが事件に巻き込まれないように、授業やさまざまな教育活動を通してしっかり指導する。

教頭として、事前指導の大切さを教職員に指導し、対応が後手にならないように危機感を持って推進していくように努める。

⑫ 小１プロブレムへの対応〈子ども論〉

問題

小学校に入学した１年生が、授業中に座っていられない、話を聞かない、集団行動がとれないなど小１プロブレムが問題になっています。あなたは教頭として、小１プロブレムへどのように対応しますか。具体的に述べなさい。（800字程度）

解答例

小学校に入学したばかりの１年生で、決まった時間席につくことができず、教員の話を聞くことができずに学習規律が守れないという児童が多くなっており、小１プロブレムといわれている。私は教頭として校長の指導のもと、次のように小１プロブレムに対応する。

１．幼稚園や保育園との連携を図り、入学前に幼稚園・保育園に教員を訪問させ、園児の実態把握に努める。また、年長の園児を小学校の学校行事に招待して、小学校の様子を理解させる。

２．小学校低学年教員と幼稚園・保育園の教員との情報交換会を行い、相互に情報を共有する。その情報をもとに１年生の学級編成を行い、新入学時の指導体制を整えて、混乱を防ぐように努める。

３．入学後２週間程度は、時間割表も決めず子どもたちの実態に応じたノーチャイムでの授業を行うようにする。20分学習して少し休むなど、モジュール式の授業を行い徐々に慣れさせていくようにする。

４．入学直後の一ヶ月間は学校生活に慣れる期間とし、加配教員に１年生の学級の補助教員を務めさせる。特に事前の情報で落ち着きのない子どもについては、担任がまごつかないようにしっかりと補助をして対応する。

５．その後も随時学級訪問し、落ち着かない学級があった場合には教務主任に担任の補助にあたらせる。席を立ち歩いていたがきちんと座れるようになった子どもは、しっかりほめてがんばる気持ちを持続させる。

６．教員には、子どもたちとしっかり遊ぶように指導し、子どもの心を安定させ、できたときの喜びを味わわせるようにする。また、学年主任の指導のもと、全学級同じ歩調で指導にあたるようにする。

教頭として、新１年生の保護者からの期待に応え、信頼を得られるように、１年生の学級の落ち着いた学習環境づくりに努める。

⑬ 不審者への対応〈子ども論〉

問題

下校途中に不審者から声をかけられたという情報が保護者からありました。子どもたちの安全を確保するために、あなたは教頭としてどのような通学路の安全対策を取りますか。具体的に述べなさい。(800字程度)

解答例

実際に不審者によって声をかけられているため、すぐに対応策を取る必要がある。事件が起きてからではどうにもならない。教頭として校長の指導を受けて、教職員に子どもが不審者に声をかけられた事実の重大さを認識させ、危機管理マニュアルに基づき、役割分担にしたがって行動するようにする。そして、教職員による付き添い下校を行うようにする。また、PTAの役員にも声をかけ、保護者による通学路の見回りも行うようにする。自治会の会長にも相談し、子どもたちの下校時間に合わせて通学路の見回りをお願いするようにする。教育委員会に連絡をし、市役所の交通課の職員による巡回を依頼し、警察にも連絡しパトカーでの巡回を依頼するようにする。下校時間は低学年や高学年で異なるが、下校時間帯はたくさんの目が光っていることを不審者にわからせ、事件の発生を未然に防ぐ対策をすばやく取る。

次に、子どもたちへの学年に即した安全教育を推進し、安全に対する意識の向上を図る。そして不審者に遭遇した場合の行動の仕方について学年に即しての指導を行う。同じ方向に帰る子どもたち同士で集団下校をすることや、緊急行動について子ども110番の家に助けを求めることなどをしっかり指導する。また教職員で下校時間を含む日常の安全対策について、危機管理マニュアルを再確認して不備な点については改善する。保護者や関係機関には不審者対策への協力を依頼し、地域ぐるみで登下校の見回りをしていただくことを求めていく。また、子ども110番の家には通学路での声かけ事件が起きていることを知らせ、何かあった場合の協力依頼を行う。

子どもたちの生命や身体の安全確保は、最優先事項である。教頭として保護者や地域、警察との連携を深め、適切で的確に対応し事件の発生を防ぐことに努めていく。

⑭ 環境教育の推進〈教育論〉

問題

21世紀は「環境の世紀」といわれています。児童・生徒に環境に対する豊かな感受性と熱意、見識等を育てていく上で、環境教育や環境学習の機会を充実することが必要です。あなたは校長として、どのように環境教育の充実を図っていきますか。具体的に述べなさい。(800字程度)

解答例

環境問題は、人類の将来の生存と繁栄にとって重要な課題であり、特に、児童・生徒において「環境教育・学習の推進」は喫緊の課題である。環境問題は広範囲にわたり、学校教育だけでは解決が困難であるが、利便性の追求に終始した社会による歪みでもあり、真剣な取組みが求められている。文部科学省では、「今日の環境問題を解決するためには、我々一人一人が環境と人間との関わりや自然など環境の価値についての認識を深めるとともに、環境問題を引き起こしている社会経済等の仕組みを理解し、環境に配慮した仕組みに社会を変革していく努力を行うことが必要である」として、環境に対する豊かな感受性と熱意、見識を持つ「人づくり」が重要であるとしている。

学校での取組みは、①児童・生徒の発達段階に応じた指導で環境に対する教育内容を充実させること、②「環境教育推進グリーンプラン」の推進を図ること、③「豊かな体験活動推進事業」の実施等、学校における自然体験活動の推進を図ること、④環境への負荷の低減や環境教育・環境学習に役立てるため、パイロット・モデル事業を実施し、環境を考慮した学校施設「エコスクール」の整備充実を図ること等である。

学校で何かを行う場合はまず実態を調べる。そして、学校教育目標に基づく全体計画に従って、学年別、教科別の計画・目標を立てる。そして実践・評価・改善を経て、次の実践につなげる。総合的な学習の時間中で行うだけでなく、理科、社会科、家庭科などの教科学習と食育と深い関係があるため、教科で培った科学的な知識や見方、技能で取り組み、教科との関連を深め、環境教育の質的向上を図っていく。私は校長として、地球温暖化のようなグローバルな視点、リサイクルやごみ問題のようなローカルな視点、自然環境保全のような生態的な視点を持って、環境教育の充実を図っていきたい。

⑮ 地域の人材活用〈教育論〉

問題

学社連携・学社融合を推進していくためには、学校での学習や活動などで学校教育と社会教育が一体となって取り組むことが大切であり、地域の人材を活用していくことが必要です。あなたは教頭として、地域の人材活用をどのように推進していきますか。具体的に述べなさい。(800字程度)

解答例

教育基本法には、学校、家庭及び地域住民その他の関係者は、教育におけるそれぞれの役割と責任を自覚するとともに、相互の連携及び協力に努めるものとすると定められている。私は教頭として校長の指導のもと、次のように進める。

1．地域の人材である教育資源を活用する意義を教職員に共通理解させ、地域人材利用計画を各学年に立案させる。また、教務主任に地域人材バンクという過去に来校した外部講師一覧表を作らせ、計画立案の際の参考にさせる。

2．教頭としては校長の示す方針に基づき、教職員に理解され納得される観点で地域学校協働本部を活用し共通理解を図る。年間指導計画には地域人材をどこで活用するのか記入させ、外国語活動や少人数指導などで、地域人材を活用できるようにする。地域人材との連絡は、教頭や学年で緊密に取り教育的効果が上がるように進める。

3．週1回の読み聞かせやあいさつ運動、花を植える運動、学区域のごみを拾う運動など、多くの地域人材の協力で教育活動が円滑に進められている。また児童・生徒の安全確保の観点からの安全ボランティア活動など多くの事例を、学校だよりや学校ホームページで紹介して今後の協力連携も進める。

4．学校評議員との会議だけでなく、PTAとともに地域住民や地域の自治会などとの会議も開き、地域に学校の施設開放なども推進するようにして、より一層地域との結び付きを深めるようにする。

5．学校評価に地域との連携の項目を設け、学校の教育活動に対する評価を受け、次年度の計画作成時に改善策を考え、地域との連携協力の発展を図っていくようにする。教頭個人の動きや能力には限界があり、校長や教務主任などと連携しながら、組織的に推進する決意である。

16 学校運営協議会への対応〈教育論〉

問題

保護者や地域住民が一定の権限を持って、積極的に学校経営に参加することで学校改善を進めていくために設けられたのが学校運営協議会制度です。学校運営協議会のある学校に着任した場合、あなたは教頭としてどのように対応しますか。具体的に述べなさい。(800字程度)

解答例

学校運営協議会はコミュニティ・スクール制度と呼ばれる合議制の機関である。その委員は、保護者、地域住民、その他教育委員会が必要と認めるもののうちから、教育委員会によって任命される。私は教頭として校長の指導のもと、学校運営協議会を学校教育推進の協力者と捉え、本制度の活用を図り学校活性化に努め、信頼される学校づくりに取り組む。

学校運営協議会は、校長が作成した学校運営の基本的な方針を承認し、学校の運営について教育委員会や校長に対して意見を述べ、学校の職員の人事について教育委員会に対して意見を述べるといった権限を有するが、教頭としてまず正確な情報を学校運営協議会委員に提供するように努める。

校長は承認された基本的な方針や学校運営に関する意見に基づき、学校運営の責任者として具体的な事項について決定し校務を行うが、教頭として校長の指示に基づき円滑な学校運営を行う。さらに学校運営について、学校運営協議会に対して十分に説明を行い委員と意見を交換し、この過程を通じて保護者や地域住民が、学校運営に関する自らの責任を自覚し、学校運営の支援に積極的に関わってもらうようにする。また学校運営協議会の委員には、保護者や地域住民を代表するものとして、学校に対する保護者の要望や地域のニーズを学校運営に積極的に反映させることが期待されているが、教頭として教職員の理解を求め、学校運営が発展するように努める。

学校運営協議会制度は、全国の学校に広がりつつある制度であり、教頭として着任した学校にこの制度があった場合、最も大切な学校教育に関する正確な情報を提供して的確な運用にあたってまいりたい。また、学校運営に関する委員の意見を十分に尊重し活用して対応し、学校運営協議会の権限と教職員の考えとのバランスを取っていく覚悟である。

⑰ 家庭・地域の教育力の向上〈教育論〉

問題

子どもを取り巻く環境が大きく変化する中、家庭・地域などの社会全体の教育力の向上は重要な課題です。あなたは教頭として、家庭・地域などの社会全体の教育力の向上にどのように取り組みますか。具体的に述べなさい。（800字程度）

解答例

社会構造の変貌に伴う家族構成の変化、少子化や核家族化により、家庭の教育力は弱体化してきている。また、子育ての社会的支援の不備による親子の触れ合いの減少などで、家庭の教育力の低下を招いている。一方、地域社会でも、地域の教育力が低下し、地域コミュニティが崩壊しかけている。私は教頭として校長の指導のもと、次のように取り組む。

まず、学校の教育力を向上させるため、家庭・地域と連携した教育指導計画を教務主任・学年主任等と作成する。保護者や地域の人材を発掘し、授業や教育活動で理解協力を求め、家庭・地域との連携を深める。社会と連携・協働しながら「社会に開かれた教育課程」の実現を図れば、学校での教育活動や子どもたちへの理解が深まり、家庭・地域の教育力の向上をもたらすことになる。教職員には、校内研修を行い指導法の改善に努めさせ資質能力の向上を図る。

また、保護者・地域住民を対象にした定期的な授業公開を行い、研究内容を明記した学習指導案を事前に配布し授業後に参観者を加えて協議会を実施する。そこで出された反省や評価等については、以後の学校での教育活動に生かしていくようにする。この授業公開は各学期に１回行い、年間３回の実施をする。２月には、最後の検討会を行い、翌年度の実施計画に生かし学校・家庭・地域の協力でそれぞれの教育力の向上をめざしていくようにする。また、学校・家庭・地域合同の教育講演会を実施し、子どもたちのよりよい成長のために何が大切なのかを研修、啓発する。

学校が直面する課題に、家庭・地域の協力は欠かせない。「早寝・早起き・朝ごはん」運動などはそのよい例で、子どもたちの健やかな成長には適切な運動、バランスの取れた食事、十分な休養・睡眠が大切である。これらの基本的生活習慣を確立すれば、学校での学習に真剣に取り組み、基礎学力の向上が期待できる。教頭として粘り強く実践し、家庭・地域の教育力向上をめざす。

●著者紹介

久保田正己（くぼた・まさみ）

学校管理職試験研究会会長
1948年埼玉県生まれ。東洋大学経営学部卒。大学卒業後、金融機関に勤務したあと、1975年に埼玉県の小学校教員になる。39歳で教頭試験に合格、42歳で教頭、44歳で校長試験に合格、47歳で校長となり（教頭・校長ともに当時県下最年少で着任）、教頭５年、校長13年の学校管理職生活を送る。学校管理職試験研究会を組織し、多くの校長・教頭試験合格者の育成を図る。
学校安全の普及と向上への貢献から、平成20年度文部科学大臣賞表彰。
『学校管理職試験　法規の攻略法〈第１次改訂版〉』、『学校管理職試験　判定者の心をつかむ！　面接合格の全技術』（以上、学陽書房）、『校長・教頭（副校長）・主任の実務』（小学館）など著書多数。

学校管理職試験　採点者の心をつかむ！
合格論文の全技術

2022年４月27日　初版発行
2023年８月８日　２刷発行

著　者　久保田正己（くぼたまさみ）
発行者　佐久間重嘉
発行所　学 陽 書 房
〒102-0072　東京都千代田区飯田橋1-9-3
営業部／電話　03-3261-1111　FAX　03-5211-3300
編集部／電話　03-3261-1112
http://www.gakuyo.co.jp/

ブックデザイン／佐藤　博
DTP制作／ニシ工芸
印刷・製本／三省堂印刷

ISBN 978-4-313-64606-3 C2037